SIEGLINDE ROSENBERGER
OLIVER GRUBER

INTEGRATION ERWÜNSCHT?

Österreichs Integrationspolitik zwischen Fördern, Fordern und Verhindern

GEGRÜNDET
1999

Sieglinde Rosenberger
Oliver Gruber

INTEGRATION ERWÜNSCHT?

Österreichs Integrationspolitik zwischen
Fördern, Fordern und Verhindern

Czernin Verlag, Wien

Gedruckt mit Unterstützung der Stadt Wien, Kultur

Rosenberger, Sieglinde, Gruber, Oliver: Integration erwünscht? Österreichs Integrationspolitik zwischen Fördern, Fordern und Verhindern / Sieglinde Rosenberger, Oliver Gruber
Wien: Czernin Verlag 2020
ISBN: 978-3-7076-0681-2

Lektorat: Laura Zechmeister
Umschlaggestaltung und Satz: Mirjam Riepl
Druck: Buch Theiss GmbH
ISBN: 978-3-7076-0681-2

Inhaltsverzeichnis

I. Einstiege: Begriffe und Konzepte

Integration ist ein schillernder, ja hybrider Begriff mit positiven und negativen Zuschreibungen, emotionalen Erwartungen und Ansprüchen, strategischen Annäherungen und Abgrenzungen. Diese Vielschichtigkeit und Uneindeutigkeit setzt sich in der Integrationspolitik fort und macht in diesem Buch einen Einstieg sinnvoll, der neben einer klassischen Einleitung auch terminologische und konzeptionelle Klärungen vornimmt. In den folgenden zwei Kapiteln werden Integration und Integrationspolitik perspektivenreich ausgeleuchtet, um eine gemeinsame Verständigungsgrundlage herzustellen. Selbstredend beanspruchen die gewählten Definitionen und Operationalisierungen nicht Ausschließlichkeit, sie helfen einzig dabei, das Fundament zu benennen, auf dem die anschließende Diskussion von Zielen, Feldern und Dimensionen der Integrationspolitik sowie die analytischen Schritte der Untersuchung erfolgen können.

Einleitung: Integration erwünscht!

Migration und Integration

Die österreichische Gesellschaft ist kulturell, ethnisch, religiös und sprachlich vielfältig. Im Jahr 2018 hatten zwei Millionen Menschen, also 23 Prozent der Wohnbevölkerung, eine Migrationsbiografie – ohne jene Personen mitzuzählen, die innerhalb von Österreich wanderten. Arbeits- und Bildungszuwanderung überwiegend aus dem EU-Raum sowie Fluchtmigration, aber auch Weiter- und Abwanderung sind Fakten, auch dann, wenn diese lange Zeit nicht anerkannt wurden und selbst heute einzelne Politiker*innen noch anderes behaupten.

Die österreichische Gesellschaft ist also eine Migrationsgesellschaft. Als solche ist sie divers und zudem ungleich an Ressourcen, Möglichkeiten und Chancen zwischen Zugewanderten und Nicht-Zugewanderten. Marginalisierung und Segregation, Diskriminierung und Rassismus begleiten Zuwanderungsgesellschaften und schlagen sich in Teilnahmeungleichheit am Arbeitsmarkt und an Bildungsinstitutionen, in niedrigeren Einkommen und schlechteren Wohnbedingungen nieder. Besonders drastisch sind politische Ausschlüsse und die geringe Vertretung von Zugewanderten in Parteien, Regierungen und Parlamenten. So ist österreichweit jeder sechsten dauerhaft hier lebenden Person wegen fehlender österreichischer Staatsbürgerschaft die Teilnahme an Wahlen verwehrt. Der politische Ausschluss sowie die jahrzehntelange Infragestellung des Faktums Zuwanderung tragen zu äußerst ungünstigen Rahmenbedingungen für Integrationsprozesse bei.

Was heißt Integration und was umfasst Integrationspolitik? Eine erste grundlegende Annäherung an *Integration* kann über die Perspektive der Eingliederung und Teilhabe von mobilen, wandernden Menschen in gesellschaftliche Teilbereiche erfolgen. So gesehen ist Integration die Kehrseite von Segregation, Ausgrenzung und Spaltung. Die individuelle Komponente der Integration betrifft Integrationsleistungen der Zugewanderten und der hier Geborenen ebenso wie individuelle Einstellungen und

Kontakte. Die kollektive Komponente verweist hingegen auf den Zusammenhalt in bzw. die Kohäsion von diversen Gesellschaften insgesamt. Diese Differenzierung zwischen individuellen und kollektiven Komponenten bringt die Integrationspolitik als Politikfeld ins Spiel.

Integrationspolitik widmet sich den Herausforderungen der sozialen Ungleichheit, kulturellen Differenzen sowie der gesellschaftlichen Diversität. Sie gestaltet sowohl die strukturellen, rechtlichen und sozialen Rahmenbedingungen der Integrationsprozesse von Einzelnen als auch jene der Gesellschaft.

Integrationspolitik ist Interessenspolitik, d. h. sie ist umstritten. Politische Parteien, Regierungen, Parlamentarier*innen ebenso wie Sozialpartner und zivilgesellschaftliche Initiativen thematisieren unterschiedliche Probleme, verfolgen unterschiedliche Ziele, setzen unterschiedliche Maßnahmen und Instrumente ein. Sie haben instrumentelle Absichten für Arbeitsmarkt, Wirtschaft oder Kultur und politisieren nicht nur um der Problemlösung Willen, sondern auch, um politischen Nutzen zu generieren – stets aber beeinflusst ihr Reden, Handeln und Entscheiden die Bedingungen des individuellen Teilhabens und Teilnehmens ebenso wie die Grundpfeiler einer funktionierenden vielfältigen Gesellschaft.[1] Empirisch betrachtet besteht meist eine zweifache politische Verengung: Einerseits richtet sich Integrationspolitik primär an die Gruppe der Zugewanderten und stellt den Gestaltungsbedarf der diversen Gesellschaft zurück. Integrationspolitik bemüht sich andererseits eher um kulturelle Anpassung als um soziale, ökonomische und politische Eingliederung. Eine kulturell ausgerichtete Integrationspolitik forciert Maßnahmen, um Zugewanderte an Praxen, Traditionen und Interessen der Aufnahmegesellschaft anzugleichen. Eine strukturell ausgerichtete Integrationspolitik hingegen bezieht sich auf die Rechte, Möglichkeiten und Unterstützung zur sozialen, ökonomischen und politischen Teilhabe. Sie korrespondiert tendenziell mit dem Integrationsverständnis des deutschen Soziologen Aladin El-Mafaalani, wenn dieser schreibt: Integration »bedeutet zunächst, dass der Anteil der Menschen, die teilhaben können und wollen, wächst«.[2] Inwieweit diejenigen, die können und wollen, tatsächlich auch dürfen und reüssieren, hängt, so das zentrale Argument dieses Buches, zu einem wesentlichen Teil von strukturellen und rechtlichen Bedingungen sowie deren Gestaltung, also von Integrationspolitik, ab.

Interessensgeleitete Integrationspolitik – wie jegliche Politik – enthält sowohl ideologische als auch normative Komponenten. Sie ist Gesellschaftspolitik der widerstreitenden Ideen und Interessen über die Rechte und Pflichten des Einzelnen sowie über die gemeinschaftlichen Werte und Bindekräfte. Als solche ist sie tief in Zielvorstellungen über die Gesellschaft, in der wir leben (wollen), verwurzelt.[3] Pragmatismus und Ideologie geraten in Konflikt, Vorstellungen von einer kulturell vielfältigen Gesellschaft streiten mit Vorstellungen von einer national-homogenen Bevölkerung; darin treffen Wünsche nach einem liberal offenen oder ethnisch abgeschotteten Zusammenleben aufeinander.[4]

Trotz der konträren politischen Ziele, Interessen sowie gesetzten Maßnahmen gibt es in der Politik einen verbindenden kommunikativen Strang: Sie wird nicht müde zu betonen, dass Integration der Zugewanderten notwendig und erwünscht ist. An diesem Konsens knüpfen aber eine Reihe von Fragen an: Welche Integration – Teilhabe, Anpassung oder sowohl als auch – ist gemeint? Wen betrifft sie – Zugewanderte und hier Geborene gleichermaßen? Und welche Aufgabe kommt der Politik zu: Fördern, Fordern oder Verhindern?

Der österreichischen Politik eilte lange Zeit nicht der Ruf voraus, sich als Einwanderungsland zu verstehen und folglich das für Integration notwendige strukturelle Rahmenwerk zur Verfügung zu stellen. Jahrzehntelang fand Migration statt, Integration war dennoch kein politisches Anliegen.[5] Problematisiert wurden vielmehr die Zuwanderung an sich und die Zugewanderten als die Gruppe der Anderen. Die Integrationsdebatte ist seit den 1990er-Jahren vom Wir-versus-Andere-Schema durchzogen. Zu Beginn der 2000er-Jahre forcierte die ÖVP-FPÖ-Regierung eine Integrationspolitik, die sich auf Werte und Sprache konzentrierte. In einer Zeit, als die globalisierte Wirtschaft vor Ort Gewinner und Verlierer erzeugte, als Unternehmen längst nicht mehr nur national agierten, widmete sich die Politik der kulturellen Dimension der Integration und der Bestimmung des »Wir«, dem die »Anderen« sich anzupassen hätten. Der sachpolitische Umgang mit Teilhabegestaltung hingegen blieb überwiegend der lokalen Ebene, den Städten und Gemeinden, vorbehalten.[6] Ab 2006 bemühten sich SPÖ-ÖVP-Bundesregierungen, mit Institutionalisierungsschritten zur Versachlichung der aufgeheizten Debatte beizutragen. Gesetzliche Reformen führten dazu, dass die österreichische Migrations- und Integrationspolitik, die bis dahin im internationalen Vergleich als äußerst restriktiv bewertet worden war, nun in einigen gesellschaftlichen Bereichen inklusiver eingestuft wurde.[7]

Die Reaktionen auf die Fluchtzuwanderung seit 2015 veränderten Österreich und Europa gesellschaftlich und vor allem politisch. Europaweit nutzen politische Parteien des rechten Spektrums Zahlen und Bilder der Massenflucht für einen Aufstand gegen Werte der liberalen Demokratie. Nationalismus bzw. Nativismus als die Bevorzugung der »Alteingesessenen« sind die ideologischen und praktischen Versatzstücke, die seither auch die Integrationspolitik eingeholt haben. Appelle und Positionen zur Integration als Teilhabe konkurrieren mehr denn je mit Positionen und Appellen nationalstaatlicher Souveränität über Grenzen und Zugehörigkeit.[8] Aus den Ereignissen von und nach 2015 gingen aus Wahlen dezidiert rechtspopulistische Parteien gestärkt hervor, konservative Parteien übernahmen ebenfalls rechtspopulistische Stile, Rhetoriken und Inhalte. Rechtspopulistische Politik findet nicht mehr nur in der parlamentarischen Opposition statt, sondern ist in zahlreichen Ländern Teil von Regierungspolitik geworden. Die damit einhergehende Politik bedeutet eine »Normalisierung des Rechtspopulismus«, der im politischen Mainstream Platz greift.[9]

In Österreich veränderte der regierende Rechtspopulismus das ohnehin noch recht junge Politikfeld Integration. Wie wir in diesem Buch zeigen werden, gewinnen Steuerungsinstrumente wie Ge- und Verbote statt Unterstützungs- und Fördermaßnahmen an Bedeutung. Mit symbolischen Maßnahmen gegenüber Zugewanderten wird primär die wählende Mehrheitsgesellschaft adressiert, davon negativ betroffen sind jedoch Zugewanderte. Interessant ist, dass die gravierenden inhaltlichen Veränderungen der letzten Jahre auf einer Kontinuität aufbauen: Die ÖVP ist seit dem Jahr 2000, also seit 20 Jahren, die dominante Kraft der Integrationspolitik auf Bundesebene. Wenngleich mit wechselnden Regierungspartnern, hatte sie ungebrochen das zentrale Ressort und die Kompetenzen zur Gestaltung der Integration inne, ehe sie diese 2018 zu einem Gutteil der FPÖ übergab. Von da an trug also just die integrationskritischste aller Parlamentsparteien die ministerielle Hauptverantwortung für das Aufgabenfeld Integration – was den Fokus des Buches auf diese Perioden begründet.

Fokus und Aufbau

Das Buch behandelt die Entwicklung der Integrationspolitik in Österreich, ihre Akteur*innen, Institutionen, Leitverständnisse, Regierungsstile, Maßnahmen und Instrumente. Es macht sowohl die Entstehung des Politikfeldes als auch den inhaltlichen Politikwandel nach 2015 bzw. 2016 deutlich. Die Annahme der Instrumentalisierung der Integrationspolitik für ein rechtspopulistisches Politikprojekt bildet den spannungsreichen Bogen für die Rück-, Ein- und Ausblicke.

Das Buch bemüht sich um Antworten auf folgende Fragestellungen: Wie ist Österreichs Integrationspolitik entstanden, wie hat sie sich im Zeitverlauf entwickelt und wie hat sie sich unter den Bedingungen der verstärkten Fluchtzuwanderung sowie dem schleichenden rechtspopulistischen Mainstream verändert? Welche Kontinuitäten und Brüche sind zwischen der SPÖ-ÖVP-Koalitionsregierung und der ÖVP-FPÖ-Koalitionsregierung ab Ende 2017 zu beobachten? Welche gesetzlichen Maßnahmen und Instrumente dominieren? Die Antworten auf diese Fragen sind in vier Teile strukturiert:

Teil I nimmt konzeptionelle Einführungen zu den zentralen Begriffen und grundlegenden Konzepten der integrationspolitischen Forschung vor. Dieser Teil legt die theoretischen Grundlagen für die Auseinandersetzung mit Integrationspolitik sowie für die Analyseraster und Beurteilungsmaßstäbe zur Untersuchung der integrationspolitischen Maßnahmen des dritten Teils dar.

Teil II kontextualisiert die Integrationspolitik und zeichnet den Weg Österreichs von der widerwilligen Migrationsgesellschaft zur umstrittenen Integrationsgesellschaft nach. Das Kapitel *Migrationsgesellschaft* behandelt demografische und soziale Grundlagen der Integration, skizziert die wesentlichen Formen der Zuwanderung und benennt strukturelle Teilhabedefizite einzelner zugewanderter Gruppen. Das Kapitel *Politisierte und wahrgenommene Integration* rekonstruiert die politischen Konflikte in Zusammenhang mit Migration und Integration im Parteienwettbewerb und in der öffentlichen Meinung. Das Kapitel *Integration migriert in die Institutionen* skizziert die Etappen der Institutionalisierung von Integrationspolitik und macht Motive, Konfrontationen und Kompromisse bei der politischen Steuerung und Koordinierung deutlich.

Der empirische Kern des Buches, Teil III, untersucht das integrationspolitische Regieren des »rechten Populismus mit höflichem Gesicht«. Wir verwenden dieses in Medien und Publikationen häufig genutzte Bild zur Charakterisierung der Politik der ÖVP nach 2015, die – so die unterlegte These – zunehmend mit rechtspopulistischen Positionen und Stilen konvergiert. In der vergleichenden, kontrastierenden Analyse der Maßnahmen und Instrumente zeigen wir neben der Konvergenz auch, wie der Rechtspopulismus schleichend in die Regierungsarena einzog: Dafür werden die Veränderungen der integrationspolitischen Leitverständnisse untersucht. Die soziostrukturellen Integrationsmaßnahmen in den Bereichen Arbeit, Bildung sowie politische Teilhabe, die soziokulturellen Integrationsmaßnahmen in den Bereichen Religion und Werte sowie veränderte Regierungsstile und Kompetenzen zeigen die Einschnitte und den Wandel der Integrationspolitik. Die Verdichtung der Befunde verdeutlicht, dass Sanktionierung und Disziplinierung der Zugewanderten die Politik der Förderung sukzessive abgelöst haben und dass die symbolische, identitätspolitische Adressierung der wählenden Aufnahmegesellschaft die rechtspopulistische Integrationspolitik charakterisiert. Die Zusammenschau der Maßnahmenanalyse versieht den häufig vernommenen Imperativ »Integration!« mit einem Fragezeichen: Die verabschiedeten Maßnahmen lassen nicht eindeutig Integration als politisches Anliegen erkennen, auch Desintegration scheint ein strategisches Ziel zu sein. Ähnlich wie die Migrationspolitik von Debatten der Steuerung zu gewollter und nicht gewollter Zuwanderung dominiert ist, hat auch die Integrationspolitik die Differenzierung zwischen erwünschter und nicht erwünschter Integration erreicht.

Der abschließende Teil IV, »Ausblicke: Integrationsgesellschaft gestalten«, richtet den Blick nach vorne und beschäftigt sich mit Überlegungen zu einer lösungsorientierten Politik für eine gelingende Integrationsgesellschaft. Die präsentierten Orientierungs- und

Haltegriffe kommen aus der empirischen Analyse dieses Buches und greifen darüber hinaus auf Forschungsarbeiten, Praxiserfahrungen und normative Überlegungen zurück.

Ziele und Grenzen

Die inhaltlichen Ausführungen basieren auf Studien der Migrations- und Integrationsforschung, auf öffentlichen Berichten und Dokumenten sowie auf empirischen Forschungen, die wir in den letzten Jahren durchgeführt haben.[10] Das Buch verfolgt eine vorwiegend politikwissenschaftliche Perspektive, die sich auf die konstitutiven Elemente des Politikfeldes Integration, nämlich auf Institutionen, Akteur*innen, Diskurse und Maßnahmen, konzentriert. Es will damit Zusammenhänge zwischen Migration und Integration verdeutlichen und das Thema in machtpolitische, ideologische und interessensgeleitete Erwägungen zu Gesellschaft, Gleichheit und Chancen einbetten.

Im Anspruch, Integrationspolitik zu situieren und ihre Maßnahmen zeitlich vergleichend zu beobachten, hat das Buch Stärken, aber auch Limitationen. Eine dieser Limitationen ist die Konzentration auf die bundespolitische Ebene, die in der politischen Realität keineswegs die einzige relevante Handlungsebene darstellt. Die Europäische Union tritt ebenfalls, wenn auch vergleichsweise zurückhaltend, als Akteurin der Integrationspolitik auf; trotzdem kommt sie hier nur dann vor, wenn nationale Gesetze direkt auf Richtlinien der EU zurückgehen. Zudem sind Gemeinden und Städte von großer Relevanz für die Integration und den Zusammenhalt im lokalen Raum. Tatsächlich haben Bundesländer, Städte und Gemeinden viel früher den politisch-gesellschaftlichen Handlungsbedarf erkannt und agieren bis heute pragmatischer und lösungsorientierter: Sie setzen Initiativen, entwickeln Leitbilder und praktizieren Monitoring, unterstützen zivilgesellschaftliche Initiativen vor Ort, öffnen Infrastrukturen für Kinder und Erwachsene und begleiten so in einer aktiven Art und Weise individuelle Integrationsprozesse.[11] Eine weitere Einschränkung ist der Fokus auf Maßnahmen, die sich an Zugewanderte und ihre Nachkommen richten, während generische Maßnahmen zur gesamtgesellschaftlichen Integration nur insofern Berücksichtigung finden, als sie sich explizit auch an Zugewanderte wenden. Diese Schwerpunktsetzung auf das Migrationsspezifische ist forschungspraktischen Überlegungen geschuldet, da eine Analyse aller potenziell indirekt integrationsbegünstigender/-hemmender Instrumente arbeitsökonomisch nicht leistbar gewesen wäre.

Ziel und Anliegen des Buches ist es, mit faktenbasiertem und an Zusammenhängen orientiertem Wissen zu einem besseren Verständnis der Relevanz, des Zustandekommens sowie der Funktionsweise der Integrationspolitik beizutragen. In diesem Sinne ist das Buch darum bemüht, wissenschaftliche Befunde aus unterschiedlichen politischen Kontexten aufzugreifen und eigenständige Analysen einem an Politik und insbesondere an Integrationspolitik interessierten Publikum zur Verfügung zu stellen. Zur Unterstützung dieses Anliegens, die engen Grenzen der akademischen Analyse zu verlassen, bieten wir einige Lesehilfen an: Informationsboxen zu zentralen Begriffen und internationalen Vergleichsstudien; Kontroversen der Integrationspolitik als Kapiteleröffnungen sowie Anhänge, die die relevanten gesetzlichen Nationalratsbeschlüsse zwischen 2014 bis 2019 auflisten und einen Überblick über Regierungsperioden geben. Für die bessere Lesbarkeit werden Eigennamen in kursiver Schrift dargestellt.

Ein Buchprojekt setzt freilich viele Beteiligte voraus, die zu seinem Gelingen beitragen: Unser besonderer Dank gilt Noah Schermann für seine umfassenden Recherchearbeiten und die professionelle Unterstützung bei der Aufbereitung der gesetzlichen Maßnahmen zur Integration. Laura Zechmeister sind wir zu großem Dank für das aufmerksame Lektorat des Manuskripts verpflichtet.

Umstrittene Zugänge

Warum den Begriff *Integration* verwenden?

Im sozialwissenschaftlichen Denken benennt Integration ein Beziehungsverhältnis, der »Verbindung einzelner Teile zu einem Ganzen, einer Einheit«.[12] Während soziologische Studien vor allem das Verhältnis von Individuen (Sozialintegration) sowie von gesellschaftlichen Institutionen (Systemintegration) behandeln, gilt das politikwissenschaftliche Interesse stärker dem Verhältnis politischer Einheiten (z. B. von Staaten in der Europäischen Integration) sowie dem politischen Umgang mit gesellschaftlicher Diversität. Dabei ist der Integrationsbegriff nicht auf bestimmte Diversitätskategorien eingeschränkt, dennoch gewinnt er insbesondere in Bezug auf migrationsbedingte Diversität an Bedeutung. In diesem Kontext meint Integration die »Gestaltung der Eingliederung von Minderheiten in Politik, Gesellschaft und Kultur«.[13]

Im Zusammenhang mit Zuwanderung ist der Integrationsbegriff also weit verbreitet und gleichzeitig heftig umstritten. Wissenschafter*innen stellen infrage, ob der Begriff als Denk- und Handlungsansatz überhaupt geeignet ist oder ob er das Nachdenken über Zuwanderung und Zugewanderte nicht eher in problematische Bahnen lenkt und deshalb gemieden werden sollte. Die vieldimensionale Kritik an Kategorien, Imaginationen und Implikationen des Begriffes Integration wird im Buch *Imagined Societies* von Willem Schinkel eingehend ausgeführt. Schinkel betont die Unschärfe des Begriffes, die es erlaube, Unterschiedliches anzusprechen, was dessen Verwendung so attraktiv mache. Integration sei geradezu ein leerer Signifikant geworden, also ein Begriff mit aufgeladener Bedeutung ohne empirischen Gehalt.[14]

Spezifische akademische Kritikpunkte richten sich gegen:

- Die Vorstellung einer Integration von Migrant*innen in *die* Gesellschaft. Dieser Zugang unterstelle, dass Gesellschaft etwas Ganzes sei, in das Einheimische im Unterschied zu Zugewanderten bereits vollständig integriert wären. Integration sei jedoch vielmehr etwas Relatives und Flüchtiges. Denn, wie Michael

Bommes schreibt, alle Menschen sind mit Integration konfrontiert, »kein Individuum (ist) auf Dauer in ›die Gesellschaft‹ als solche integriert (...) stets nur auf Zeit in die jeweils bedeutsamen sozialen Zusammenhänge.«[15] Die Engführung des Integrationsbegriffs auf Zugewanderte ignoriere also die unterschiedlichen Einbindungs-, Eingliederungs- und Marginalisierungsgrade, die jedoch ihrerseits konstitutiv für moderne Gesellschaften sind.[16]

- Den methodologischen Nationalismus, der den Nationalstaat als Bezugsraum sozialer Prozesse setzt. Das ziehe Ein- und Ausschlussgrenzen des Nationalen nach sich, die zu hinterfragen seien. Denn wenngleich Nationalstaaten nach wie vor regulativ agieren, decke sich der nationale Raum dennoch nicht zwingend mit der Lebensführung, den Mobilitätsformen und Identitätsentwürfen von Menschen.[17]
- Den starken Fokus auf Integrationsleistungen von Einzelnen, infolgedessen strukturelle Ungleichheiten und Diskriminierungen, die sich einer gleichberechtigten Teilhabe entgegenstellen, aus den Augen verloren werden.[18]
- Die Priorisierung der Kategorien Ethnizität und Nationalität, die die Gleichzeitigkeit von sozialen, geschlechtlichen, kulturellen, religiösen Differenzen vernachlässigt.[19] Damit stütze die Analyse eine reale Integrationspolitik, die Migrant*innen qua ihres Merkmals Migrationshintergrund und nicht auch aufgrund von sozialer Herkunft, Bildung oder Geschlecht als Problem erfasse. Der damit einhergehenden Ethnisierung und Kulturalisierung von Ungleichheit, also der Begründung von Ungleichheit durch Ethnizität und Kultur, werde so Vorschub geleistet.[20]

In der Integrationsforschung führten diese Kritikpunkte bisweilen zu alternativen Begriffen wie Inklusion oder Inkorporation.[21] Da diese aber im Kontext von Migration vielfach synonym verwendet würden, so die Gegenkritik, sei der analytische Mehrwert nicht unbedingt erkennbar. Deshalb sollten Integration und insbesondere Integrationspolitik als Gegenstand des Denkens und der Analyse nicht verworfen, sondern eher neu aufgerollt werden. Begründet wird die Verwendung auch damit, dass Integration mittlerweile in vielen Staaten einen etablierten Politikbereich bezeichnet und dieser der kritischen Analyse zugänglich gemacht werden soll.

Integration sei terminologisch näher am politischen Gegenstand, an politischen Programmen, Maßnahmen, Instrumenten und rechtlichen Grundlagen als alternative Bezeichnungen es wären.[22] Als Arbeitsinstrument erlaube der Integrationsbegriff deshalb die bessere Anschlussfähigkeit an bzw. Intervention in gesellschaftliche und politische Debatten und Entscheidungen.[23]

Mit diesen knappen Hinweisen zur akademischen Debatte um den Integrationsbegriff lehnen wir uns bei der inhaltlichen Bestimmung des Gegenstandes dieses Buches, der Integrationspolitik, an Rinus Penninx und Blanca Garcés-Mascareñas an. Die beiden international renommierten Integrationsforscher*innen verstehen Integrationspolitik als Eingliederungspolitik und heben zwei Momente hervor: a) Prozesse der Problematisierung und der Zielformulierung der Eingliederung sowie b) die Entwicklung und Implementierung von Maßnahmen und Instrumenten zur Steuerung und Begleitung der individuellen Integrationsprozesse.[24]

Diese Bestimmung erfasst wesentliche Ebenen der Integrationspolitik, ohne bereits vorwegzunehmen, in welche inhaltlich-ideologische Richtung diese geht oder welche Instrumente für die jeweiligen Ziele gewählt werden. Dennoch fußt die international viel zitierte Definition auf einer normativen Grundannahme, nämlich dass die Integrationsbereitschaft der Einzelnen für erfolgreiche Teilhabe und nachhaltige Eingliederung allein nicht ausreicht. Individuelles Engagement ist lediglich die notwendige Voraussetzung für Integrationsleistungen; zur Realisierung braucht es Strukturen, Grundlagen, Rechte und fördernde Maßnahmen – so die Ausgangsannahme.

Welche integrationspolitischen Ansätze werden in der Forschung unterschieden? Welche inhaltliche Ausrichtung verfolgen sie? Wo liegt der Fokus der Problembenennung? Integrationsmodelle, denen meist eine nationalstaatliche Bezugsgröße unterlegt ist, versuchen Antworten auf diese Fragen zu geben.

Integrationsmodelle und -ansätze

Der politische Umgang mit kulturellen Differenzen und struktureller Ungleichheit in Bezug auf Migration variiert zwischen einzelnen Staaten. Die Integrationsforschung versucht diese Unterschiede mit der Bildung von Idealtypen auf den Punkt zu bringen. In die Konstruktion von Idealtypen gehen sowohl Problemdeutungen – was gilt als Problem bei der Eingliederung? – als auch normative Ziele – wie soll die heterogene Gesellschaft gestaltet sein? – ein.

Mit einem Fokus auf kulturelle Aspekte unterscheidet der Migrationsforscher Rogers Brubaker klassisch zwischen republikanischen, multikulturellen und ethnonationalen Modellen. Frankreich, Großbritannien, die Niederlande sowie Deutschland repräsentieren die jeweiligen Modelle in dieser viel zitierten Gegenüberstellung.[25] Stephen Castles zieht sowohl kulturelle als auch strukturelle Ausprägungen in Erwägung und kommt zu Modellen der Assimilation, des Pluralismus sowie der differentiellen Exklusion. Auch Castles ordnet die oben genannten Staaten diesen, wenn auch anders benannten, Modellen zu.[26] Insgesamt bleibt festzuhalten, dass viele nationale Integrationsmodelle[27] die Politik der kulturellen Differenzen gegenüber der Politik der strukturellen Ungleichheit priorisieren. Soziokulturelle Modelle greifen in erster Linie die Frage auf, ob sich Zuwanderungsgesellschaften als alleinige Normgeberinnen verstehen, also Assimilation und Leitkultur verfolgen, oder ob Werte und Praxen nebeneinander existieren können und vielleicht sogar staatlich gefördert werden.

Soziokulturelle Integration: Von Multikulturalismus bis Anpassung

Kulturzentrierte Ansätze konzentrieren sich auf ethnokulturelle, nationale und religiöse Aspekte in der Beziehung zwischen Zugewanderten und der Einwanderungsgesellschaft. Die oben erwähnten republikanischen, multikulturellen und ethnonationalen Idealtypen fassen in dieser Hinsicht die unterschiedlichen integrationspolitischen Grundausrichtungen zusammen.

Im multikulturellen Modell werden ethnische, religiöse oder nationale Unterschiede von Zugewanderten und Minderheiten anerkannt, akzeptiert und dafür Einrichtungen und kollektive Rechte bereitgestellt. Die kulturelle Autonomie von Einzelnen und von Gruppen verdient, respektiert und aktiv unterstützt zu werden. Das liberale Argument für multikulturelle Politik geht dahin, dass die individuelle Integration die Akzeptanz von Gruppen und Gruppenrechten voraussetzt. Nach dem Politikwissenschafter Will Kymlicka, einem profunden Repräsentanten der theoretischen Debatten zu multikulturellen Rechten, ist aber stets die interne liberale Verfasstheit der kulturellen Gruppen die Voraussetzung für die Gewährung separater Gruppenrechte (wie Sprache, religiöse Praktiken und Rechtspluralismus).[28]

Das häufig referierte Beispiel für Multikulturalismus ist Kanada, wo Zugewanderten nicht nur individuelle, sondern auch Gruppenrechte gewährt werden. Nicht eine Kultur, sondern mehrere Kulturen und deren Praxen koexistieren, wie etwa in Feiertagsregelungen zum Ausdruck gebracht wird. Das Verständnis von Kultur reicht von den wenig umstrittenen Ethno-Restaurants bis zum mittlerweile äußerst kritisch diskutierten Rechtspluralismus, der in Großbritannien beispielsweise das Heranziehen von Scharia-Gerichten in privaten bzw. familiären Streitfällen anerkennt, soweit sich ihre Entscheidungen im Rahmen der Rechtsordnung bewegen. Die Kritik richtet sich darauf, dass multikulturelle Rechte häufig den privaten Bereich betreffen und z. B. in Bezug auf Geschlechterverhältnisse ein Einfallstor für die Rechtfertigung von patriarchalen Strukturen darstellen würden. Die politische Philosophin Susan Moller Okin sucht deshalb nach Antworten auf die Frage, ob der Multikulturalismus schlecht für Frauen sei. Sie kommt zum Ergebnis, dass alle Kulturen ein Problem mit den Grundpositionen des Feminismus haben und folglich die Rechte für Kulturen eine kritische Herangehensweise verlangen.[29]

In Österreich ist die öffentlich-rechtliche Anerkennung einer Reihe von Religionsgemeinschaften und der damit verbundenen individuellen und kollektiven Religionsrechte als ein Ausdruck von Multikulturalismus zu sehen. Es gilt der Grundsatz der Gleichbehandlung der Angehörigen anerkannter Minderheitsreligionen mit dem Katholizismus. Gerade in dieser Hinsicht dringt die Frage bzw.

das Argument der Geschlechtergleichbehandlung versus Religionsfreiheit zunehmend lautstark an die Öffentlichkeit. Multikulturelle Rechte gelten weiters für autochthone Minderheiten, etwa im Bereich schulischer Bildung und öffentlich-rechtlicher Medien.[30]

Die Kehrseite des Multikulturalismus ist das republikanische Modell, das Anpassung an Grundverständnisse, an Traditionen und Werte des Aufnahmelandes verlangt. Um die beiden Seiten zu kontrastieren, werden zur Beschreibung der Zuwanderungs- und Aufnahmepolitik gerne die auf den amerikanischen Soziologen Milton M. Gordon zurückgehenden Bilder des Schmelztiegels und der Salatschüssel verwendet. Während Ersteres für die Einebnung der Unterschiedlichkeiten steht, steht Letzteres dafür, dass die verschiedenen Gemüsesorten zwar ein Ganzes bilden, aber dennoch für sich bestehen bleiben.[31] In Europa hat sich mittlerweile die Rede vom zweiseitigen Integrationsprozess, der Zugewanderte und Aufnahmegesellschaft gleichermaßen erfasst, verbreitet und ist in den Gemeinsamen Grundprinzipien (GGP) für die Politik der Integration von Einwanderern der Europäischen Union verankert. Gleichzeitig pochen konservative und nationalistische Kräfte verstärkt auf die einseitige Anpassung der Eingewanderten, im Sinne einer ethnonationalen Assimilation. Und tatsächlich hat die Aufnahmegesellschaft die kommunikative und materielle Macht, Anpassung zu verlangen, ohne sich selbst zu verändern. Nicht zuletzt deshalb wird die Aufnahmegesellschaft auch als Dominanzgesellschaft bezeichnet.[32]

Zu Beginn der 2000er-Jahre wandte sich die Politik in zahlreichen europäischen Ländern einer Debatte zu, die auf das Ende bzw. die Abkehr vom Multikulturalismus pochte. In diesem Sog haben Regierungen mit aber auch ohne Beteiligung rechtspopulistischer Parteien verpflichtende Maßnahmen zu Sprache und Werten ausgebaut (Maßnahmen, die als »civic integration« bezeichnet werden).[33] Bis heute stehen in integrationspolitischen Debatten Themen wie Sprache, Religion und Werte im Zentrum und dienen nicht zuletzt der identitätspolitischen Auseinandersetzung. Dieser Zugang impliziert, dass auf die Sichtbarkeit und Präsenz von Migrant*innen mit kulturellen bzw. religiösen Merkmalen nicht selten mit restriktiven, verbietenden Maßnahmen geantwortet wird.

Einen wichtigen Punkt dieser politischen Debatte spricht der oben bereits zitierte Willem Schinkel an: Er argumentiert, multikulturelle

Modelle im Sinne einer aktiven Förderung von Vielfalt habe es in Europa kaum gegeben. Der Hinweis auf das Versagen der Politik des Multikulturalismus sei, so Schinkel, in weiten Teilen eine ex post konstruierte Unterstellung gewesen, um Assimilationspolitiken davon abgrenzen und so glaubhaft legitimieren zu können.[34]

Soziostrukturelle Integration: Von chancengerechter Teilhabe bis Desintegration

Teilhabeorientierte Zugänge sind ressourcenorientiert angelegt und verfolgen einen Empowerment-Ansatz. Die teilhabeorientierte Integrationspolitik strebt danach, rechtliche Barrieren abzuschaffen und Strukturen zu schaffen, die Einstiege, sozialen Aufstieg und Chancengleichheit erlauben.[35] Die Problemdiagnose erfasst Ungleichheiten, sozioökonomische Schwächen, fehlende Netzwerke, geringe Bildungsressourcen und Ausbildungsmöglichkeiten sowie institutionelle und strukturelle Benachteiligungen bzw. Ausschlüsse. So fehlen bestimmten zugewanderten Gruppen Rechte, die für Einheimische selbstverständlich und für die gesellschaftliche und ökonomische Integration und die soziale Mobilität wichtig sind: der uneingeschränkte Zugang zum Arbeitsmarkt, zu Bildungsangeboten und zu sozialen Leistungen beispielsweise.[36]

Die strukturellen Grundlagen und die Förderinstrumente betonen u. a. auch der britische Integrationsforscher Alastair Ager und die britische Integrationsforscherin Alison Strang. Ihr Analysemodell basiert darauf, dass die tatsächliche Teilhabe an gesellschaftlichen Teilbereichen wie Arbeitsmarkt, Bildung und Politik von grundsätzlichen Rechten des Zugangs und von unterstützenden Faktoren abhängt.[37] Ager und Strang sprechen von vier Ebenen der Integration, an denen teilhabeorientierte Politik ansetzen müsse: Basis, Unterstützungsressourcen, Beziehungen, Teilbereiche der Integration.

- *Basis* jeglicher Integration stellt die rechtliche Anerkennung von Personen als grundsätzlich legitime Bürger*innen der Gesellschaft dar. Ohne rechtliche Grundlagen werde der Integrationsprozess strukturell behindert und werden Personen in die Illegalität gedrängt.

- *Unterstützende Ressourcen:* Der Integrationsprozess benötigt zudem Ressourcen wie Sprache oder das Gefühl, in Sicherheit zu leben. Je stärker Basis und Ressourcen gewährleistet sind, desto wahrscheinlicher sei es, dass die individuelle Integration in und über gesellschaftliche Beziehungen gelingt.
- *Gesellschaftliche Beziehungen*: Hier wird zwischen Beziehungen zu eigenen Angehörigen bzw. zu Zugewanderten der Community (*bonds*), zur Aufnahmegesellschaft (*bridges*) und den staatlichen Kerninstitutionen (*links*) unterschieden. Jede dieser Beziehung sei wertvoll für Zugewanderte. Aus Sicht des Aufnahmelandes liege das Interesse aber freilich in den zuletzt genannten Beziehungen. Denn diese begünstigen die Integration in verschiedene gesellschaftliche Teilbereiche am stärksten.
- *Teilbereiche* der Gesellschaft wie Arbeit und Erwerbstätigkeit, Wohnen, Bildung und Gesundheit stellen einerseits *Markierungspunkte* (*markers*) dar, an denen sich der Integrationsgrad einer Person ablesen lasse, zugleich seien diese Teilbereiche aber auch *Instrumente* (*means*), die selbst zur Integration insgesamt beitragen.

Aus diesen Komponenten der Integrationspolitik ist abzuleiten, dass Teilhabepolitik versucht, den Staatsbürgerbonus abzuflachen und Chancengleichheit zwischen neuen und alten Bewohner*innen zu fördern.[38] Sie kompensiert Schwächen in Bildung und Ausbildung oder Sprachkenntnissen, sie wirkt gegen Nachteile durch fehlende Netzwerke und Beziehungen und sie kompensiert hemmende und ausgrenzende rechtliche Maßnahmen und Hürden in anderen Politikbereichen. Die Teilhabepolitik kommt am ehesten dem nahe, was Gesellschaften der gleichen Möglichkeiten und Sicherheiten für alle auszeichnet. Gleichwertige Teilhabe am sozialen, beruflichen und politischen Leben, unabhängig davon, ob Menschen Migrationserfahrung aufweisen oder nicht, ist ein normatives Ziel von Integrationsgesellschaften, an dem folglich die alltägliche Wirklichkeit gemessen werden kann.

Teilhabeorientierte Integrationspolitik enthält auch gesamtgesellschaftliche Funktionsinteressen. Gesellschaften sind auf Integrationspolitik nicht nur zur Integration der Einzelnen angewiesen, sondern auch zur Sicherung der sog. Systemintegration. Anders gesagt: Die Integration *als* Gesellschaft ist die Herausforderung.

Rechte und Maßnahmen, die strukturelle Ungleichheiten ausbalancieren und Benachteiligungen aufgrund ethnischer, religiöser, sprachlicher oder aufenthaltsrechtlicher Merkmale bekämpfen, sind Säulen einer kohäsiven Gesellschaft. In dieser wird – von manchen Autor*innen auch als postmigrantische Gesellschaft bezeichnet – die aus der Migration entstandene Diversität als Normalität anerkannt, über die Dichotomie Migration / Nicht-Migration hinausgegangen und versucht, Strukturen und Rechte für Diversität allgemein zu etablieren.[39]

Der Gegenpol auf der teilhabeorientierten Achse ist die Politik der Desintegration. In diesem Setting wird Teilhabe für alle bzw. für bestimmte Zuwanderungsgruppen entweder ungenügend verwirklicht oder sogar aktiv unterlaufen, unterbunden und verhindert.[40]

So sehen Reimund Anhut und Wilhelm Heitmeyer im Phänomen der Desintegration ungenügende Integrationsleistungen einer Gesellschaft.[41] Die Autoren interpretieren gestörte Integrationsverläufe sowie Prozesse des gesellschaftlichen Auseinanderfallens als Desintegration. Die Störung in Form von Spaltungen betrifft potenziell alle Menschen einer Gesellschaft, unabhängig davon, ob zugewandert oder nicht. Die Ursachen werden im Fehlen gesellschaftlicher Grundlagen verortet und nicht im individuellen Unvermögen ausgemacht. Diese Überlegungen der Spaltung aufgrund gesellschaftlicher Voraussetzungen können auf die Integrationspolitik gegenüber Migrant*innen übertragen werden. Wie in der Sozialpolitik die soziale Teilhabe durch prekäre Lebensverhältnisse und fehlende staatliche Auffang- bzw. Ausgleichsmaßnahmen konterkariert werden kann, können in der Integrationspolitik fehlende integrative Maßnahmen und fehlende Rechtssetzungen Integrationsprozesse Zugewanderter und ihrer Nachkommen behindern.

Die Desintegrationsforschung fasst neben den angesprochenen uneingelösten gesellschaftlichen Integrationsleistungen aber auch Maßnahmen, die die Integration gezielt unterbinden und verhindern. Vicki Täubig spricht hinsichtlich der Lebenssituationen von Asylsuchenden, die systematisch von der Teilhabe am sozialen Leben und von Leistungen ausgeschlossen werden, von sog. »organisierter Desintegration«.[42] Zu gleichzeitiger Integration und Desintegration kann es laut Michael Collyer, Sophie Hinger und Reinhard Schweitzer dann kommen, wenn einerseits bestimmte Personengruppen von

Integration ausgeschlossen werden, um andererseits die Ressourcen für die Integration anderer Personengruppen zu verwenden.[43]

Resümierend ist festzuhalten, dass in vielen Ländern Desintegrationspolitik neben Integrationspolitik existiert. Diese Gleichzeitigkeit ist wichtig zu konstatieren, denn wenn allein die integrationspolitischen Maßnahmen in den Blick genommen werden, könnte nur die halbe Geschichte der Integrationspolitik erzählt werden. Erst das Hereinnehmen des Desintegrationsansatzes erlaubt es zu erkennen, dass im Politikfeld Integration nicht nur integriert wird, sondern dass desintegrative Maßnahmen integrative Maßnahmen konterkarieren können.

Diagramm 1 visualisiert die diskutierten integrationspolitischen Modelle entlang von zwei Achsen.[44] Die kulturell orientierte Politik ist zwischen den Polen der Assimilation einerseits und aktiver Förderung multikultureller Rechte und Freiheiten andererseits ausgerichtet. Von der kulturellen Fokussierung unterscheiden sich Modelle, die sich auf strukturelle Phänomene der Eingliederung konzentrieren. Strukturelle Ungleichheit als Problem und Förderung von Chancengleichheit als Ziel einerseits, Verhinderung von Teilhabe und Exklusion andererseits bilden demnach hier die Pole. Wir sprechen folglich von einer *soziostrukturellen Teilhabeachse*, die fördernde bis verhindernde Maßnahmen und Instrumente umfasst, und von einer *soziokulturellen Anpassungsachse*, die assimilierende bis pluralistische Maßnahmen und Instrumente verortet.

Dieses Schema ist angelehnt an Arbeiten von Stephen Castles, Rainer Geißler und Martin A. Schain. Dabei bleibt aber stets zu bedenken: Integrationspolitikmodelle sind Konstruktionen, die aus empirischen Betrachtungen in diversen Ländern resultieren. Die soziale und politische Realität ist jedoch weit vielschichtiger und nuancierter, als es diese Modelle suggerieren mögen.[45] Integrationspolitisches Handeln ist selten nur auf einer Achse, auf der soziokulturellen oder der sozioökonomischen, und selten nur an einem Pol zu verorten. Deshalb stoßen Modellbetrachtungen auch auf Kritik. Integrationsforscher wie Christophe Bertossi oder Sergio Carrera weisen Zuordnungen von Ländern zu Idealtypen zurück.[46] Tatsächlich bewegen sich nationale Politiken eher graduell in die eine oder andere Richtung. Es existieren Inklusionsmechanismen

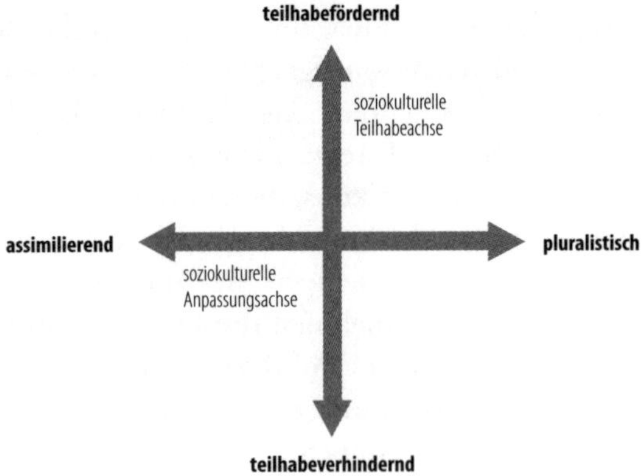

***Diagramm 1:* Soziostrukturelle Teilhabeachse und soziokulturelle Anpassungsachse**
Quelle: Eigene Darstellung auf Basis von Castles (1995), Geißler (2004), Schain (2010)

in bestimmten Bereichen (z. B. auf dem Arbeitsmarkt) und gleichzeitig Exklusionsmechanismen in anderen Bereichen (z. B. bei Sozialleistungen oder bei der politischen Teilhabe). Sie können auch selektiv hinsichtlich Zielgruppen sein, sich also auf einzelne Gruppen wie Geflüchtete oder Saisonarbeiter*innen beschränken. Das Konzept der *differentiellen Inklusion bzw. Exklusion* beschreibt diese Synchronität des Ein- und Ausschlusses aufgrund stratifizierender Bestimmungen.[47]

Dennoch bieten diese Modelle, die die vielen empirischen Details verdichten und von Einzelereignissen abstrahieren können, eine wertvolle heuristische Hilfe für den Vergleich der Integrationspolitik zwischen Staaten und / oder zwischen Perioden. Sie liefern daher auch für folgende Abschnitte den grundlegenden Bezugsrahmen.

Schlüsselbegriffe auf einen Blick

Migration bezeichnet einen auf längere Dauer angelegten freiwilligen wie unfreiwilligen Wechsel des Wohnortes. Wenn diesem Wechsel eine grenzüberschreitende Wanderung zwischen Ländern vorausgeht, dann handelt es sich um internationale Migration. EU-Binnenmigration bezeichnet Wanderungen innerhalb des EU-Territoriums, Binnenmigration jene innerhalb der Grenzen eines Staates.

Migrationshintergrund benennt den Umstand, dass der Geburtsort einer Person bzw. der Geburtsort eines Elternteils oder beider Elternteile (je nach Studie) außerhalb des Staates ihres aktuellen Wohnsitzes liegt. **Migrationsgeschichte / Migrationserfahrung / Migrationsbiografie** bringen zum Ausdruck, dass biografische Erfahrungen einer Person mit der grenzüberschreitenden Wanderung zusammenhängen.

Migrationsgesellschaft verweist darauf, dass die Gesellschaft von dauerhafter Zu- und Abwanderung ebenso wie durch Pendelmigration und Transmigration geprägt ist; damit gehen vielfältige Identitäten, Sprachen, Erfahrungen ihrer Mitglieder einher, die Aushandlungsprozesse und -räume verlangen.

Ausländer sowie **Fremde** sind sowohl juristische als auch alltägliche Begriffe. Niederlassungs- und Aufenthalts-, Ausländerbeschäftigungs- sowie Staatsbürgerschaftsgesetze kategorisieren jene Menschen als *Ausländer* bzw. als *Fremde*, die nicht die österreichische Staatsbürgerschaft besitzen (EU-Bürger*innen, Drittstaatsangehörige, Staatenlose). Die Größe dieser Kategorie hängt nicht nur vom Zuwanderungsvolumen ab, sondern sie wird wesentlich von der Einbürgerungspraxis bestimmt. Eine restriktive Einbürgerungspolitik führt zu einer hohen Zahl an *Fremden* in einem Land. *Ausländer* ist, jenseits der Staatsbürgerschaft, aber auch ein alltagssprachlicher und politischer Begriff zur (vielfach abwertenden) Fremdbezeichnung sowie vereinzelt zur Eigenbezeichnung von

Menschen als »Anderen« auf Basis von Merkmalen wie Hautfarbe, Sprache oder Religion, nicht der Nationalität.

Als **Drittstaatsangehörige** gelten jene Personen, die keine Staatsbürger*innen eines der 28 Mitgliedstaaten der **EU** oder der vier Mitgliedstaaten der Europäischen Freihandelsassoziation (**EFTA**; Island, Liechtenstein, Norwegen, Schweiz) sind. Der Europäische Wirtschaftsraum **EWR** umfasst wiederum sämtliche Mitgliedstaaten der EU und der EFTA mit Ausnahme der Schweiz.

Asyl bezeichnet ein Gewähren von Schutz für Personen, die sich aus wohlbegründeter Furcht vor Verfolgung aufgrund von »Rasse«, Religion, Nationalität, politischer Gesinnung oder Zugehörigkeit zu einer bestimmten sozialen Gruppe außerhalb ihres Heimatlandes befinden (Flüchtlingsdefinition der Genfer Flüchtlingskonvention). Geflüchtete können einen Antrag auf Asylverfahren stellen, bis zu dessen Abschluss sie als **Asylwerber*innen** besonderen Bestimmungen hinsichtlich Wohnort, Beschäftigung, Bewegungsradius etc. unterliegen. Bei positivem Entscheid des Asylverfahrens gelten sie als **Asylberechtigte** (bzw. anerkannte Flüchtlinge) und sind Österreicher*innen in weiten Bereichen gleichgestellt.

Subsidiärer Schutz wird jenen Personen gewährt, deren Asylantrag aufgrund fehlender Verfolgungsgründe gemäß der Genfer Flüchtlingskonvention zwar abgewiesen wurde, deren Leben oder Gesundheit jedoch im Herkunftsstaat bedroht wird und deren Abschiebung daher unzulässig wäre (Non-Refoulement). Sie erhalten einen befristeten Schutz vor Abschiebung mit dem Status eines *subsidiär Schutzberechtigten*, der bei Fortbestehen der Gefährdungssituation nach Ablauf der Frist verlängert werden kann.

II. Kontexte: Das Politikfeld entsteht

Zu Beginn der 2020er-Jahre kann man in Österreich zu Recht von der Existenz des *Politikfeldes Integration* sprechen. Die für ein Politikfeld konstitutiven Merkmale liegen vor: gesellschaftliche Relevanz des Themas, konkurrierende Problemwahrnehmungen ebenso wie abweichende Problemlösungen, gestaltende Akteur*innen, Institutionen und Normen sowie steuernde Maßnahmen und Instrumente. Politisch und administrativ Verantwortliche verhandeln Integration und koordinieren die Arbeit von staatlichen wie nichtstaatlichen Einrichtungen sowie politischen Ebenen. Wie hat bundespolitisch dieses Politikfeld Konturen angenommen? Welche Ereignisse und Akteur*innen gaben die Anstöße bzw. blockierten und wer lieferte Ideen dazu? Die folgenden drei Kapitel – *Migrationsgesellschaft, Politisierte und wahrgenommene Integration* sowie *Integration migriert in die Institutionen* – versuchen in komprimierter Weise darauf Antworten zu geben und die Entwicklung des Politikfeldes zu skizzieren.

Migrationsgesellschaft

Die österreichische Gesellschaft ist eine Migrationsgesellschaft mit ethnischer, kultureller, sprachlicher und religiöser Vielfalt. Aktuell haben mehr als ein Viertel der hier lebenden Personen einen sog. Migrationshintergrund, d. h. sie oder ihre Eltern sind im Ausland geboren. Gleichzeitig wuchs der Anteil der ausländischen Wohnbevölkerung von knapp neun Prozent zur Jahrtausendwende auf rund 17 Prozent im Jahr 2019.

Ungeachtet dieser Zahlen verstanden sich Teile der Gesellschaft und der Politik jedoch lange Zeit nicht als Einwanderungsland.[48] Selbst 2017 stellte die spätere Regierungspartei FPÖ dies noch in Abrede.[49] Die »Widerwilligkeit des Einwanderungslandes«,[50] das Faktum der Einwanderung zu akzeptieren, hat diverse Schieflagen der Eingliederung und Teilhabe begünstigt: Ressourcen sind ungleich verteilt, und zwar zwischen Migrant*innen und Nicht-Migrant*innen ebenso wie zwischen einzelnen Zuwanderungsgruppen.

Über welche Formen Menschen nach Österreich zuwandern, wie Migrationsformen mit Integrationsmaßnahmen zusammenhängen und in welchen Bereichen strukturelle Teilhabeungleichheit und folglich integrationspolitischer Handlungsbedarf besteht, darüber spricht dieses Kapitel.

Zuwanderungsdynamiken

Migration ist kein neues Phänomen. So war Österreich beispielsweise auch im 19. Jahrhundert von Migrationsdynamiken geprägt: Im Vielvölkerstaat der Habsburger-Monarchie wanderten Menschen aus Böhmen, Mähren, Galizien oder der Bukowina in die deutschsprachigen Gebiete zu.[51] Ende des 19. Jahrhunderts setzte eine Emigration von Österreicher*innen nach Westen und zur Jahrhundertwende verstärkt nach Übersee ein.[52] Nach dem Ersten Weltkrieg verließen viele das geschrumpfte »Deutschösterreich« in die Nachfolgestaaten der Donau-Monarchie und auch die Auswanderung nach Übersee ging weiter. Insgesamt überwog in der Ersten Republik Abwanderung die Zuwanderung.[53] Ab 1934 setzten Fluchtbewegungen von politisch

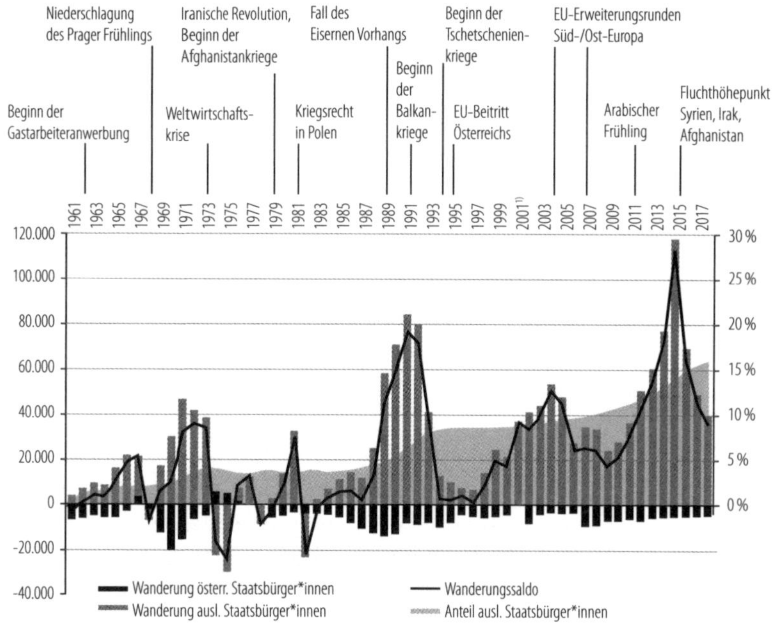

***Diagramm 2:* Zu- und Abwanderung, nach Österreich, nach Staatsbürgerschaft (absolut) sowie Ausländeranteil an der Jahresdurchschnittsbevölkerung (in %) von 1961 bis 2018**
Quelle: Statistik Austria, Bevölkerungsfortschreibung 1961 bis 1995 (ab 1996 Wanderungsstatistik) sowie Statistik des Bevölkerungsstandes
Anmerkung: [1] Geschätzte Ergebnisse für 2001

Verfolgten ein, ab 1938 schließlich die Vertreibung von Juden und Roma, bald darauf erfolgten Deportationen in Vernichtungslager der nationalsozialistischen Herrschaft.[54] Doch selbst während und insbesondere nach dem Zweiten Weltkrieg fand auch Zuwanderung statt: Menschen aus Südtirol optierten ins Deutsche Reich (1943) und blieben nach 1945 in Österreich, deutschsprachige Minderheiten flüchteten aus Rumänien und Tschechien hierher.

Nach 1945 setzte sich die Auswanderung nach Westeuropa sowie nach Übersee fort. Während zu Beginn der 1950er-Jahre die Emigration noch die Immigration überwog,[55] veränderte sich nach dem Staatsvertrag 1955 und dem Wirtschaftsaufschwung die Situation: Zuwanderung begann in den 1960er-Jahren Abwanderung zu überwiegen (siehe Diagramm 2).

Ab den 1960ern erfolgte die gezielte Anwerbung von Arbeitskräften. Zunächst über ein wenig erfolgreiches Abkommen mit Spanien (1962), in der Folge nachhaltiger über Abkommen mit der Türkei (1964) und Jugoslawien (1966). 1973, als vor dem Hintergrund der Öl- und Wirtschaftskrise die Anwerbepolitik gestoppt und Gastarbeiter*innen in größerer Zahl nach Hause geschickt wurden, war die ausländische Bevölkerung auf etwa vier Prozent der Gesamtbevölkerung angewachsen (zu Beginn der Gastarbeiteranwerbung war es ein Prozent gewesen). Es folgte eine Phase bescheidener Nettozuwanderung: Einige der angeworbenen Gastarbeiter*innen blieben und holten Familienangehörige nach. Bis Ende der 1980er blieb der Anteil ausländischer Wohnbevölkerung konstant.

Neben der Arbeitsmigration waren Wanderungen zur Zeit des Kalten Krieges auch politisch bedingt. Aus den sowjetisch-dominierten Ländern Süd-Osteuropas flüchteten Menschen und erhielten Asyl. Spitzen der Flüchtlingsbewegungen waren 1956 nach dem Aufstand in Ungarn, 1968 während des sog. Prager Frühlings in der Tschechoslowakischen Republik sowie 1981 nach der Ausrufung des Kriegsrechts in Polen. Ab den 1970er-Jahren kamen Menschen über die vom UNHCR vermittelten Kontingente auch aus Asien und Südamerika nach Österreich.[56]

Die 1990er-Jahre waren ein Jahrzehnt großer Umbrüche. Der Fall des Eisernen Vorhangs, eine gute wirtschaftliche Konjunktur sowie Flucht infolge der Kriege am Balkan führten zu größeren Zuwanderungsbewegungen zu Beginn des Jahrzehnts. Allein zwischen 1989 und 1993 wanderten über 300.000 Menschen zu (was etwa der Zahl aller bis dahin in Österreich ansässigen ausländischen Staatsbürger*innen entsprach).[57] Um den Migrationsanstieg zu bremsen, reagierte die Bundesregierung mit aufenthalts- und asylrechtlichen Beschränkungen. Der EU-Beitritt Österreichs im Jahr 1995 und die damit einhergehende Niederlassungsfreiheit für EU-Bürger*innen brachte zunächst noch keine unmittelbare Steigerung der EU-Zuwanderung. Menschen wanderten weiterhin überwiegend aus Drittstaaten zu, wie v. a. aus der Türkei, Serbien, Bosnien und Herzegowina. Der Anteil der ausländischen Wohnbevölkerung erreichte Ende des Jahrhunderts knapp neun Prozent, war also etwa doppelt so hoch wie vor dem Wendejahr 1989.

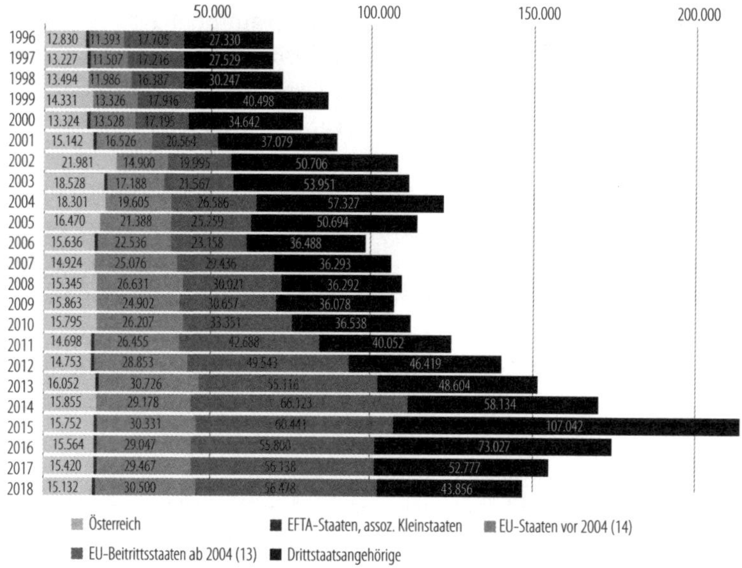

***Diagramm* 3: Jährliche Zuwanderung nach Österreich 1996 bis 2018, nach Staatsbürgerschaft**
Quelle: Statistik Austria, Wanderungsstatistik
Anmerkung: Wanderungen zwischen Österreich und dem Ausland (Außenwanderungen)

Ab den 2000er-Jahren beeinflusste die EU-Erweiterung nach Ost- bzw. Südosteuropa nachhaltig die Migrationsentwicklung im EU-Mitgliedsland Österreich. Zuwanderung ist seitdem vor allem europäische Binnenzuwanderung im Rahmen der Personen- und Niederlassungsfreiheit: Seit 2004 machen EU-/EFTA-Bürger*innen etwa zwei Drittel der jährlichen Nettozuwanderung aus. Eine Ausnahme ist die jüngste Episode der Jahre 2015 und 2016: Die Fluchtbewegungen aus Syrien, dem Irak und Afghanistan machten Drittstaatsangehörige kurzfristig zur Hauptgruppe. Seither sinkt diese Form der Zuwanderung wieder (Diagramm 3).

Die jährliche Zuwanderung nach Österreich setzt sich aus unterschiedlichen Formen zusammen: Die Rückkehr österreichischer Staatsbürger*innen und die EU-Binnenmigration machten 2018 über zwei Drittel aus. Drittstaatsangehörige kommen weniger über den Weg als Schlüsselkraft mit einer *Rot-Weiß-Rot-Karte* oder *Blauen Karte EU* (ein Prozent). Größer ist der Anteil der kontingentierten Saisonarbeit (zwei Prozent), gefolgt von Erstaufenthaltsberechtigten wie Schüler*innen, Studierende oder Au-Pairs (vier Prozent).

Eine numerisch wichtige Schiene ist der Familiennachzug (neun Prozent); die größte Gruppe unter den Drittstaatsangehörigen aber sind Zugewanderte im Rahmen des Asylsystems (neun Prozent).[58]

Diese regulären Schienen münden in verschiedene Formen der Niederlassung bzw. des Aufenthalts.[59] Aktuell bestehen über 20 Aufenthaltstitel bzw. Dokumentationen mit jeweils unterschiedlichen Berechtigungen und Verpflichtungen, und die Tendenz ist steigend. Zudem sind für Asyl und subsidiären Schutz eigene Regelsysteme für Zugang und Aufenthalt vorgesehen. Das Niederlassungs- und Aufenthaltsrecht ist selbst höchst fragmentiert und hat für die individuellen Integrationsverläufe ebenso wie für die integrationspolitischen Angebote und Verpflichtungen unterschiedliche Konsequenzen, weshalb häufig für eine Vereinfachung und Reduktion der Titel plädiert wird.[60]

Zusammenfassend lassen sich auf der Grundlage der rechtlichen Systeme drei Muster der Zuwanderung im vergangenen Jahrzehnt hervorheben:

Erstens bestand ein Zehntel der jährlichen Zuwanderung aus der Rückkehr österreichischer Staatsbürger*innen, 90 Prozent aus dem Zuzug ausländischer Staatsbürger*innen. EU-/EFTA-Bürger*innen stellen darunter den mit Abstand größten Teil dar, während Drittstaatsangehörige (mit Ausnahme von 2015 und 2016) in der Regel rund ein Drittel dieses Zuzugs ausmachen.

Zweitens: Seit der EU-Osterweiterung ist der Anteil der EU-Bürger*innen an der ausländischen Wohnbevölkerung kontinuierlich gestiegen: Von 15 Prozent (EU-15) beim EU-Beitritt 1995 auf 28 Prozent (EU-27) nach der EU-Osterweiterung im Jahr 2004, auf 44 Prozent (EU-28) Anfang 2010 und auf 50 Prozent im Jahr 2018. Die meisten Menschen stammen aus Ländern der unmittelbaren Nachbarschaft sowie der Türkei. Unter den Herkunftsländern dominiert Deutschland, gefolgt von Bosnien, der Türkei, Serbien, Rumänien, Ungarn und Polen. Seit 2015 machen Syrer*innen (drei Prozent) und Afghan*innen (zwei Prozent) einen nennenswerten Anteil an der Bevölkerung mit Geburtsland außerhalb Österreichs aus (Diagramm 4).

Drittens: Entsprechend dem globalen Trend erfolgt die Zuwanderung überwiegend in die Städte. Die Stadt ist der Raum der Diversität: Österreichweit hatte 2018 ein Viertel der Gesamtbevölkerung

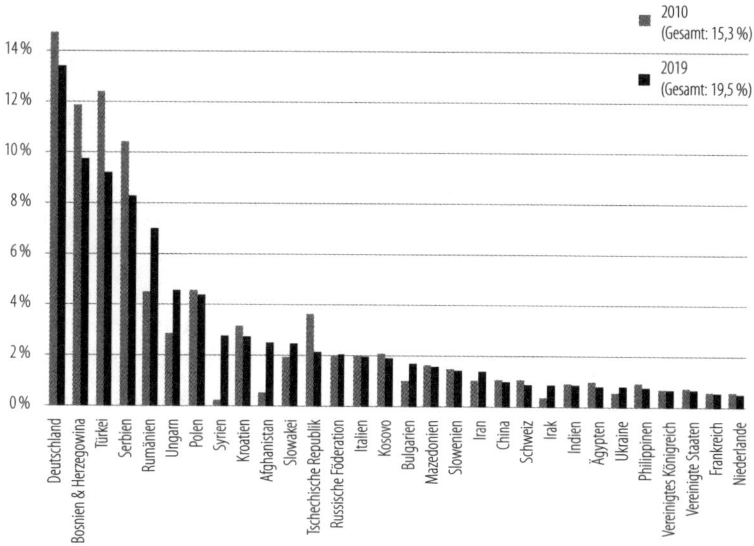

***Diagramm 4:* Bevölkerung zu Jahresbeginn 2010 und 2019, nach Geburtsland**
Quelle: Statistik Austria, Statistik des Bevölkerungsstandes
Anmerkung: Angeführt sind jene Geburtsländer, die 2019 mehr als 1 % der Gesamtzahl von im Ausland geborenen Gruppen in Österreich ausmachten

Migrationshintergrund, in Wien lag der Anteil bei mehr als 40 Prozent, in Städten mit 50.000 bis 300.000 Einwohner*innen (wie Graz, Linz, Salzburg, Innsbruck, Klagenfurt, Villach, Wels oder St. Pölten) bei durchschnittlich über 30 Prozent, in Kleingemeinden unter 5.000 Einwohner*innen hingegen bei weniger als 15 Prozent.[61]

Migrationssteuerung – Integrationsmaßnahmen

Die Synopsis der Zuwanderungsformen verweist auf die Grenzen der nationalstaatlichen Migrationssteuerung. Der Großteil der Zuwanderung ist heute nicht mehr nationalstaatlich steuer- und kontrollierbar, denn sie findet überwiegend im Rahmen von internationalen und europäischen Regelwerken statt. Dies gilt für die Personenfreizügigkeit im EU-Raum und teilweise für den Familiennachzug sowie für Flucht und Asyl.[62]

Den rechtlichen Normen und Verträgen stehen allerdings lautstarke Forderungen und Versprechungen der Migrationsbeschränkung seitens der Politik gegenüber. Das Resultat ist eine Kluft zwischen Diskurs und Handlungsmöglichkeiten und führt zu teils heftiger Kritik am internationalen Rahmenwerk von Migration und Flucht. Politische Parteien und Regierungen plädieren, besonders in Wahlkampfzeiten, nicht nur für eine restriktive Migrationspolitik, sondern stellen zunehmend auch internationale und europäische Regelungen infrage. Das sog. liberale Paradoxon,[63] das die Spannung zwischen liberalen internationalen Regelungen und restriktiver nationaler Legitimation durch Wahlen benennt, verschiebt sich zunehmend in Richtung nationalstaatlicher Souveränitätsinteressen und deren rechtspopulistischer Instrumentalisierung (siehe dazu Teil III in diesem Buch).

Was bedeutet die eingeschränkte migrationspolitische Kompetenz für integrationspolitisches Handeln? Während die Zuwanderung den nationalen Steuerungsansprüchen zu einem Gutteil entzogen ist, haben Staaten wesentlich mehr Kompetenz hinsichtlich der Gestaltung von Integrationsmaßnahmen. Aber auch hier gilt, dass vom Zuwanderungstitel das Angebot sowie die Verpflichtung zur Teilnahme an Maßnahmen abhängen. Dieser Umstand führt zur Unterscheidung zwischen freiwilligen und obligatorischen Instrumenten.[64]

Freiwillige integrationspolitische Instrumente

Freiwillige Instrumente und Angebote sind beanspruchbar von Menschen aller Aufenthaltstitel. In Österreich sieht der Gesetzgeber seit 1992 grundsätzlich die Möglichkeit der staatlichen Unterstützung für Integrationsmaßnahmen vor. Die *Integrationshilfe* beinhaltet durch den Bund finanzierte Angebote wie Sprachkurse, Aus- und Weiterbildungskurse, Veranstaltungen zu Kultur und Geschichte, Begegnungen und soziale Kontakte oder Informationen zum Wohnungsmarkt für niederlassungsberechtigte Fremde. Das *Integrationsgesetz* 2017 schränkt diese Hilfe[65] auf Drittstaatsangehörige ein, d. h. EU-Bürger*innen sind seither explizit ausgeschlossen. Zugleich wurde aber 2017 die Integrationshilfe für Asylberechtigte auf Asylwerber*innen mit hoher Zuerkennungswahrscheinlichkeit ausgeweitet.[66] Die Umsetzung dieser Maßnahmen liegt sowohl bei privaten Einrichtungen (wie humanitären NGOs, Einrichtungen der Kirchen oder der Wohlfahrt) als auch bei Gemeinden und Städten sowie bei Institutionen des Bundes (wie dem Österreichischen Integrationsfonds). Länder und Kommunen entwickelten vielfach eigene Integrationsangebote. In Wien etwa bietet das *Start Wien*-Programm Orientierungskurse, Basisbildungsangebote und Deutschförderung für Zugewanderte an.[67] Das Land Vorarlberg hat seit 2001 mit der Projektstelle *okay.zusammen leben*, einer Koordinationsstelle für Integrationsangelegenheiten in der Landesverwaltung, einem Integrationsleitbild sowie regelmäßigen Integrationskonferenzen eine eigene Struktur mit Angeboten für Zugewandert und ihre Familien aufgebaut.[68] Auch das Land Steiermark hat 2016 ein vierjähriges *Arbeitsprogramm Integration* mit Aktivitäten und Initiativen in verschiedenen Handlungsfeldern aufgesetzt und mit dem *Startpunkt Deutsch* eine Anlaufstelle geschaffen.[69]

Obligatorische integrationspolitische Instrumente

Das Kennzeichen obligatorischer Instrumente ist, dass Neuzugewanderte staatlicherseits zur Teilnahme bzw. Absolvierung an Programmen und Kursen verpflichtet werden. Die Verpflichtung trifft auf bestimmte Gruppen zu, ausgenommen davon sind EU-/EFTA-Bürger*innen. Ausgenommen sind weiters österreichische Staatsbürger*innen mit Migrationshintergrund sowie zumeist auch langansässige Migrant*innen. Diese genannten Gruppen können lediglich im Rahmen allgemeiner Integrationsmaßnahmen zur Teilnahme verpflichtet werden. Faktisch richten sich also Integrationsverpflichtungen nahezu ausschließlich an neuzugewanderte Drittstaatsangehörige, seit 2015 in besonderem Maße an Geflüchtete.

Obligatorische Integrationsmaßnahmen haben unterschiedliche Ziele – sachliche wie politisch-strategische. Zum einen zielen sie auf die bessere Orientierung in der Aufnahmegesellschaft wie auch auf bessere Voraussetzungen zur Teilhabe am Arbeitsmarkt oder in Bildungseinrichtungen ab. Zum anderen werden solche

Integrationsverpflichtungen als Instrument eines disziplinierenden Politikansatzes eingesetzt. Die Nichterfüllung von obligatorischen Instrumenten zieht dann Sanktionen nach sich. Obligatorische Maßnahmen funktionieren in zunehmendem Maße auch als Bedingung für den Zugang zu anderen öffentlichen Leistungen. Etwa durch die Verankerung von Staatsbürgerschaftstests, materieller Selbsterhaltungsfähigkeit oder Sprachkenntnissen als Erfordernisse für Aufenthaltstitel, für bestimmte Rechte oder für soziale Leistungen (mehr dazu siehe Teil III).[70]

Da obligatorische Maßnahmen rechtlich nur für einen Teil der Zugewanderten möglich sind, greift Integrationspolitik auch auf Ansatzpunkte jenseits von Staatsbürgerschaft und Aufenthaltstitel zurück. So bekommt z. B. die Amts- und Unterrichtssprache Deutsch zunehmend die Funktion, über Rechte und Pflichten am Arbeitsmarkt, im Sozialsystem oder in der Bildung zu entscheiden. Auf diese Weise werden auch EU-/EWR-Bürger*innen und Österreicher*innen mit Migrationshintergrund bestimmten integrationspolitischen Maßnahmen unterworfen.

Ungleiche Teilhabe: Arbeitsmarkt, Bildung, Einkommen, Wohnraum

Kennzahlen zur Partizipation an Bildungseinrichtungen und am Arbeitsmarkt, zur Verteilung von Einkommen und des wohlfahrtsstaatlichen Schutzes zeichnen ein differenziertes Bild der zugewanderten Bevölkerung. Während Personen aus den älteren EU-Staaten bzw. EFTA-Staaten ähnliche bis teilweise bessere Kennzahlen aufweisen als in Österreich Geborene, schneiden Personen aus den Beitrittsländern der Ost-Erweiterung 2004, aus den jüngsten EU-Erweiterungsländern sowie aus Drittländern (teilweise deutlich) schlechter ab.

So liegt insgesamt die Erwerbstätigenquote von Personen mit Migrationshintergrund unterhalb jener der Personen ohne Migrationshintergrund. Dieser Befund gilt allerdings nicht für Personen mit Migrationshintergrund in EU-15-/EFTA-Ländern, sondern für Zugewanderte mit Wurzeln in südosteuropäischen EU-Erweiterungsländern nach 2004 und in Drittstaaten. Ein

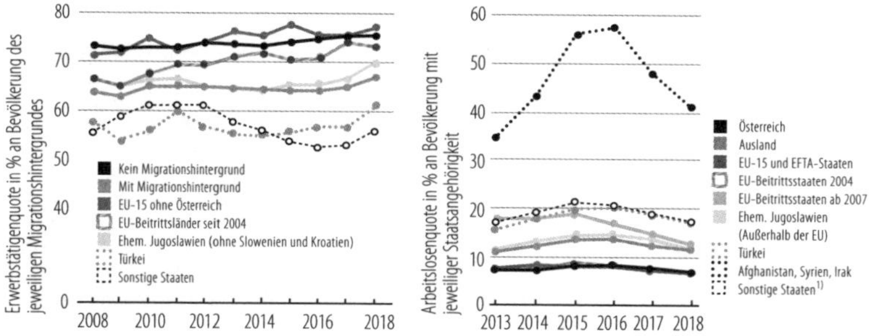

***Diagramm 5:* Erwerbstätigenquote 2008 bis 2018, nach Migrationshintergrund / Arbeitslosenquote 2013 bis 2018, nach Staatsbürgerschaft**

Quelle: Statistik Austria, Mikrozensus-Arbeitskräfteerhebung
Anmerkung: Jahresdurchschnitt über alle Wochen. Bevölkerung in Privathaushalten im Alter von 15 bis 64 Jahren. Zuordnung von Personen nach den Richtlinien der int. Arbeitsorganisation (ILO)

Quelle: AMS Österreich, Arbeitsmarktstatistik, nach Statistisches Jahrbuch »Migration und Integration 2019«.
Anmerkung: [1]Ohne Personen mit unbekannter Staatsangehörigkeit

ähnliches Bild zeigt die Arbeitslosenquote: Zugewanderte aus den EU-25 sind ähnlich häufig arbeitslos wie Österreicher*innen, während Drittstaatsangehörige eine doppelt so hohe Arbeitslosenrate aufweisen.

Hier besteht ein enger Zusammenhang mit dem Bildungsniveau: Geringere Erwerbsquoten und höhere Arbeitslosenquoten betreffen vor allem Personen, die höchstens über einen Pflichtschulabschluss verfügen. In allen übrigen Ausbildungsniveaus (Lehre / BMS, Matura, Hochschulabschluss) liegt eine ähnliche, wenn nicht niedrigere Arbeitslosigkeit bei ausländischen Staatsbürger*innen im Vergleich zu Österreicher*innen vor. Ein niedriger formaler Bildungsabschluss verschlechtert die Beschäftigungschancen für zugewanderte Personen und ihre Kinder also wesentlich stärker als für Österreicher*innen.

Doch gerade der Bildungsstand ist zwischen Herkunftsgruppen äußerst unterschiedlich ausgeprägt: Zugewanderte aus den EU-25 weisen seltener als Österreicher*innen niedrige Bildungsabschlüsse auf und verfügen zudem deutlich öfter über Matura oder Hochschulabschlüsse. Das trifft auch auf bestimmte Herkunftsgruppen

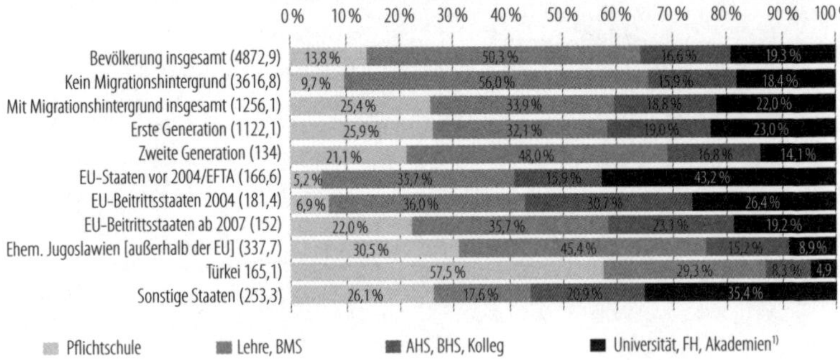

***Diagramm 6:* Bildungsstand der 25- bis 64-jährigen Wohnbevölkerung 2018, nach Migrationshintergrund**

Quelle: Statistik Austria, Mikrozensus-Arbeitskräfteerhebung, nach Statistisches Jahrbuch »Migration und Integration 2019«

Anmerkungen: Jahresdurchschnitt über alle Wochen. Bevölkerung in Privathaushalten. In Klammer die absolute Zahl der betreffenden Bevölkerungsgruppe. [1)] Universitäten inkl. Universitätslehrgänge

unter Drittstaatsangehörigen zu (nicht jedoch auf ex-jugoslawische und türkische Herkunftsgruppen, die deutlich seltener über einen Hochschulabschluss verfügen). Allerdings zeigen Drittstaatsangehörige im Schnitt auch häufiger als Österreicher*innen ein niedriges formales Bildungsniveau. Folglich sind sie am oberen und unteren Ende der Bildungsskala überrepräsentiert, im mittleren Bereich unterrepräsentiert (Diagramm 6).

Die ungleichen mitgebrachten Bildungsressourcen treffen in Österreich auf ein Bildungssystem, das die Vererbung der Bildungsniveaus von Eltern an ihre Kinder im internationalen Vergleich nur schlecht zu kompensieren vermag.[71] Dieses Strukturmerkmal der Bildungsmobilität zieht für zugewanderte Gruppen mit niedrigen Bildungsressourcen benachteiligende Folgen nach sich. Denn haben ihre Eltern maximal einen Pflichtschulabschluss, so gelangen Kinder aus zugewanderten Familien mehr als doppelt so oft nicht über das Pflichtschulniveau ihrer Eltern hinaus, während das für Kinder ohne Migrationshintergrund nur für knapp jedes vierte gilt (Diagramm 7).[72]

Diese Unterschiede in Bildung und Arbeit reflektieren die materielle Situation. So zeigt die Wohnsituation große Differenzen: Personen mit Migrationshintergrund aus den EFTA-/EU-15-Staaten

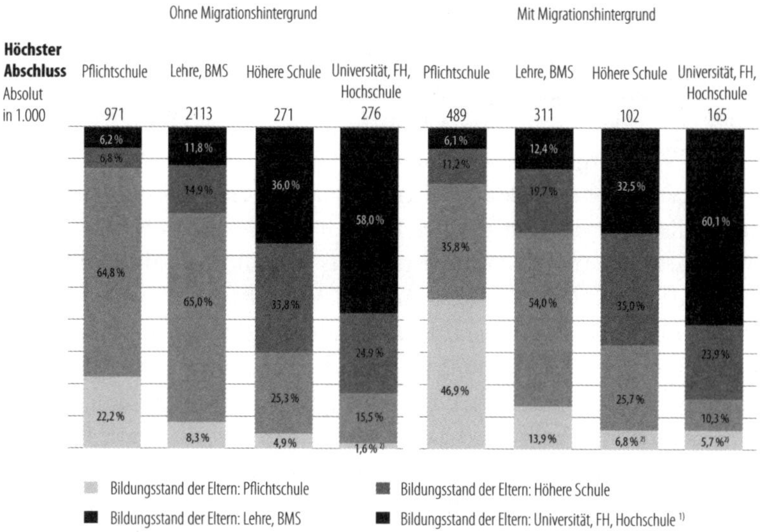

***Diagramm 7:* Bildungsstand der 25- bis 64-jährigen Bevölkerung 2014, nach Migrationshintergrund und Bildungsstand der Eltern**
Quelle: Statistik Austria, Mikrozensus-Arbeitskräfteerhebung, Ad-hoc-Modul »Arbeitsmarktsituation von Zuwanderern und ihren direkten Nachkommen«, nach Statistisches Jahrbuch »Migration und Integration 2019«
Anmerkung: Bevölkerung in Privathaushalten. Höchste abgeschlossene Ausbildung von Mutter oder Vater. [1)] Inkl. Universitätslehrgänge [2)] Felder mit weniger als hochgerechnet 10.000 Personen sind sehr stark zufallsbehaftet

verfügen über etwa denselben Umfang an Pro-Kopf-Wohnraum wie Österreicher*innen, während Personen aus südosteuropäischen EU-Erweiterungsländern und Drittstaatsangehörige mit einem Drittel bis zur Hälfte weniger Wohnraum auskommen müssen (Tabelle 1). Analog dazu divergieren die Netto-Jahreseinkommen: Berufstätige aus EFTA-/EU-15-Staaten unterscheiden sich diesbezüglich kaum von unselbstständig erwerbstätigen Österreicher*innen, während Zugewanderte aus den südosteuropäischen EU-Erweiterungsstaaten sowie aus Drittstaaten durchschnittlich ein Fünftel weniger Jahreseinkommen aufweisen.

Die Einkommens- und Bildungssituation macht Drittstaatsangehörige schließlich abhängiger von Sozialleistungen. Nach den großen Fluchtbewegungen wuchs der Anteil von Drittstaatsangehörigen (großteils Asyl- und subsidiär Schutzberechtigte) an Bezieher*innen der Mindestsicherung auf 42 Prozent an, während EU-Bürger*innen knapp acht Prozent ausmachten. Insgesamt bezog 2017 ein Achtel aller Drittstaatsangehörigen Mindestsicherung, während dies auf jeweils zwei Prozent der österreichischen Staatsbürger*innen und der EU-/EWR-Bürger*innen zutraf (Tabelle 2).

Trotz der höheren Beanspruchung von Mindestsicherung gehören ausländische Staatsbürger*innen insgesamt zu den Nettozahler*innen des Sozialsystems. Wie eine Studie des Sozialministeriums für das Jahr 2015 feststellt, »leisten Ausländerinnen und Ausländer 9,5 Prozent der Sozialbeiträge, beziehen allerdings nur 6,1 Prozent der Geldleistungen«.[73] Während Österreicher*innen im Jahr 2015 pro Kopf um € 970 mehr an Geldleistungen erhielten als sie einzahlten, zahlten ausländische Staatsbürger*innen pro Kopf um € 1.490 mehr in die Töpfe ein als sie an Geldleistungen beanspruchten. Diese Differenz erkläre sich u. a. durch das jüngere Durchschnittsalter ausländischer Staatsbürger*innen; d. h. überdurchschnittlich viele befinden sich im Erwerbsalter, also in einer Phase, in der mehr ins System eingezahlt als bezogen wird. Umgekehrt beziehen ausländische Staatsbürger*innen überdurchschnittlich viele staatliche Familienleistungen, da in ihren Haushalten – u. a. aufgrund ihrer Altersstruktur – häufiger Kinder leben.[74]

Für die Gruppe der seit 2015 nach Österreich Geflüchteten prognostizierte eine Studie des Departments für Migration und Globalisierung der Donau-Universität Krems auf Basis der Anzahl, dem Qualifikationsniveau und der Dauer der Asylverfahren, dass in den ersten Jahren die staatlichen Ausgaben stärker steigen würden als die Einnahmen. Die mittel- bis langfristigen Positiverträge Geflüchteter würden von der Wirtschaftslage, der Aufnahmefähigkeit des Arbeitsmarktes und nicht zuletzt einer erfolgreichen Integrationspolitik in Bezug auf Bildungs- und Arbeitsmarktintegration abhängen. Bei positiven Vorzeichen dieser Faktoren stünden aufgrund des unterdurchschnittlichen jungen Alters der Geflüchteten noch lange Erwerbsphasen und damit eine längere Nettoeinzahlung als -abfuhr aus dem Sozialsystem bevor.[75] Eine Studie des Joanneum Research-Instituts kam 2016 zu einem ähnlichen Ergebnis. Auch bei vorsichtiger Schätzung skizzierte sie das Nettosteueraufkommen positiv (durchschnittlich € 3.050 je asylberechtigter Person und pro Jahr). Diese Prognose hänge neben Wirtschaftslage,

Bevölkerung in Privathaushalten nach Migrationshintergrund [1]	Gesamt	Wohnfläche in m^2 1. Generation	2. Generation
Bevölkerung insgesamt	45	-	-
Kein Migrationshintergrund	50	-	-
Mit Migrationshintergrund insgesamt	31	30	36
EU-Staaten vor 2004/EFTA	45	45	44
EU-Beitrittsstaaten ab 2004	34	32	52
Ehem. Jugoslawien (außerhalb EU)	27	27	29
Türkei	23	22	25
Sonstige	27	27	44

***Tabelle 1:* Wohnfläche pro Kopf 2018, nach Migrationshintergrund der Haushaltsreferenzperson**

Quelle: Statistik Austria, Mikrozensus-Wohnungserhebung, nach Statistisches Jahrbuch »Migration und Integration 2019«

Anmerkung: Bevölkerung in Privathaushalten. [1] Migrationshintergrund der Haushaltsreferenzperson

Staatsbürgerschaft [3]	Absolut	% an Bezieher*innen	% an Gruppe [5]
	208.730	100 %	
Österreich	98.523	47 %	1 %
EU-15 (ohne Österreich)	3.104	1 %	2 %
EU-Mitgliedstaaten 2004	5.250	3 %	
EU-Mitgliedstaaten ab 2007	5.819	3 %	
Sonstige EWR-Staaten	86	0 %	
Drittstaaten	84.388	40 %	14 %
Sonstige [4]	11.561	6 %	

***Tabelle 2:* Anzahl der Personen[1] in der Mindestsicherung im Jahresdurchschnitt 2018, [2] nach Staatsbürgerschaft**

Quelle: Statistik Austria, Mindestsicherungsstatistik

Anmerkungen: [1] Mit Ausnahme von Niederösterreich einschließlich der Kinder, die nicht von der Mindestsicherung unterstützt werden (z. B. wegen Unterhaltsleistungen), aber in Bedarfsgemeinschaftshaushalten mit Mindestsicherungsbezug leben (die Bedarfsgemeinschaft ist die Einheit der Leistungsbemessung in der Mindestsicherung). [2] Summe der Monatswerte geteilt durch 12. [3] Angaben für Niederösterreich nicht verfügbar. [4] Staatenlose und unbekannte Staatsangehörige. [5] Vergleich mit Statistik des Bevölkerungsstandes zu Jahresbeginn 2017 und 2018

Bildungsangeboten, Qualifizierung und frühestmöglicher Arbeitsmarkteingliederung auch von der regionalen Verteilung von Asylberechtigten entsprechend des regionalen Arbeitskräftebedarfs ab.[76] Ähnliche Schlussfolgerungen zog eine Studie des Instituts für Familienforschung der Universität Wien sowie des EcoAustria-Instituts für Wirtschaftsforschung. Die fiskalischen und ökonomischen Effekte der Migrationsbewegungen von 2013 bis 2018 würden umso positivere Effekte zeigen, »(je) besser eine Gruppe in den Arbeitsmarkt integriert ist«.[77]

Fazit

Grenzüberschreitende Wanderung nach Österreich ist kein rezentes Phänomen. Seit den 1960ern nimmt die für die Zweite Republik charakteristische Migrationsgesellschaft als eine Gesellschaft, in der Migration und Diversität die Normalität und nicht die Ausnahme sind, Gestalt an. Flucht, Gastarbeiteranwerbung sowie Familiennachzug und europäische Binnenwanderung sind ihre dominanten Quellen. Durch die Ratifizierung europäischer und internationaler Bestimmungen verlor die österreichische Politik Entscheidungsspielräume. Nur ein Teil der Zuwanderung kann heute national gesteuert werden. Asyl, Familiennachzug, EU-Binnenmigration erfolgen über inter- und supranationale Bestimmungen, die dem nationalstaatlichen Handlungsrahmen weitgehend entzogen sind.

Die Ausgangsbedingungen der zugewanderten Menschen und ihrer Nachkommen sind unterschiedlich, ihre Ressourcen und Möglichkeiten bleiben ungleich. Einzelne Zuwanderungsgruppen rangieren auf sozioökonomisch besonders niedrigem Niveau. Die Unterschichtung, d. h. die überdurchschnittliche Besetzung von und der Verbleib auf statusniedrigen Positionen seitens zugewanderter Bevölkerungsgruppen, löst sich selbst im Generationenwechsel nicht auf, sondern verfestigt sich vielfach. Die institutionellen Regelwerke des Arbeitsmarktes und des Bildungssystems scheinen nicht ausreichend in der Lage zu sein, Ausgangsbenachteiligungen und Ungleichheiten zu kompensieren. Dies erlaubt die Schlussfolgerung, dass die Teilhabedefizite auch durch das Scheitern der Politik, soziostrukturell ausreichend zu integrieren, bedingt sind. Somit sind die referierten Kennzahlen zur Teilhabe als Auftrag an Gesellschaft und Politik zu interpretieren, faire und gleiche Teilhabe als Ziel anzuvisieren, Regelwerke anzupassen und Mittel für integrationspolitische Förderungsmaßnahmen für alle, auch für die zweite und dritte Generation, bereitzustellen.

Die Überzeugung, dass Integration politisch zu gestalten ist, tauchte in Österreich erst in den 1990er-Jahren auf. Da sich die Bundespolitik aber bis dahin nur als »Einwanderungsland wider Willen« verstand, wurden Integrationsaufgaben lange nicht auf dieser Ebene wahrgenommen und gestaltet, sondern lokalen Verwaltungen, der Zivilgesellschaft sowie den Zugewanderten überlassen. Es brauchte die öffentliche Auseinandersetzung und anscheinend auch die (negative) Politisierung im Parteienwettbewerb, um die Integrationspolitik auf die bundespolitische Ebene zu bringen.

Politisierte und wahrgenommene Integration

Migration und Integration werden emotionalisiert und konflikthaft diskutiert. Die beiden Themen stehen auf der politischen und medialen Tagesordnung, dominieren Wahlkämpfe und öffentliche Umfragen, bestimmen das strategische Verhalten politischer Parteien und bilden nicht zuletzt den inhaltlich-ideologischen Kern des Rechtspopulismus. Mit anderen Worten: Migration und Integration zählen in Österreich, aber auch in anderen europäischen Ländern, zu den meist politisierten Themenfeldern.

Der Begriff Politisierung drückt zuallererst aus, dass sich Politik eines bestimmten Themas annimmt, es auf die Tagesordnung setzt und kontrovers diskutiert. Nach der politikwissenschaftlichen Literatur liegt Politisierung dann vor, wenn zumindest zwei Bedingungen erfüllt sind: Salienz (d. h. Sichtbarkeit) des Themas und Polarisierung (d. h. divergierende Problembenennungen und -lösungen).[78] Nicht überraschend nahm die Salienz von Migration und Integration im politischen Wettbewerb ab den 1990er-Jahren im Zuge der steigenden Zuwanderung zu; sie ist zudem eng mit Veränderungen der Parteienlandschaft wie der Gründung neuer Parteien (Grüne, Liberales Forum) und dem Aufstieg des Rechtspopulismus verbunden. Die FPÖ stellte die Zuwanderung, mehr noch die Zugehörigkeit von Zugewanderten, infrage und beförderte ab- und ausgrenzende Diskurse. Grüne und Liberale stellten dem inklusive und pluralistische Diskurse gegenüber.[79] Diese Art der polarisierenden Politisierung trug zur Herausbildung und Verfestigung der europaweit zu beobachtenden Konfliktlinie »Integration versus Abgrenzung« bei.[80]

In diesem Kapitel skizzieren wir den Prozess, wie und durch wen Migration und Integration zum politischen Problem gemacht wurden und präsentieren exemplarisch Studienergebnisse zur Einstellung in der Bevölkerung gegenüber Integration. Beide Aspekte, Politisierung durch politische Parteien und Wahrnehmungen der Bevölkerung, bilden den Rahmen für die spätere Institutionalisierung des Politikfeldes Integration.

Politisierung: Vom parteipolitischen Rand ins Zentrum

Der Beginn der Politisierung von Migration und Integration liegt drei Jahrzehnte zurück. Zwar veränderte sich Österreich demografisch bereits seit den 1960er-Jahren in Richtung der heutigen Migrationsgesellschaft. Jedoch lösten die frühen Zuwanderungsepisoden keine parteipolitische Aufladung aus, vielmehr blieb die Migrationssteuerung den bürokratischen Foren des Arbeits- und Sozialministeriums sowie der Sozialpartner vorbehalten. Ab Mitte der 1980er-Jahre setzte mit den Veränderungen des Parteiensystems von einem hinkenden Zweiparteiensystem in Richtung eines moderaten Pluralismus (Diagramm 8) die Parlamentarisierung von Migration und Integration ein.[81]

Parlamentarisierung der Migrations- und Integrationspolitik

Mit der ab 1986 zunehmend populistisch ausgerichteten FPÖ, den 1986 erstmals im Nationalrat vertretenen Grünen und dem 1993 gegründeten Liberalen Forum betraten neue Parteien die politische Bühne und forcierten im Wettbewerb mit den etablierten Parteien neue Themen. Zuwanderung und Integration eigneten sich, die Koalitionsregierungen aus SPÖ und ÖVP (sie regierten als sog. Große Koalition durchgehend zwischen 1986 und 1999) von links wie von rechts herauszufordern. Die Oppositionsparteien übernahmen die Themenführerschaft und intensivierten die Politisierung im Lichte der verstärkten Zuwanderung der 1990er-Jahre. Das FPÖ-Volksbegehren *Österreich zuerst,* die Reaktion der *Lichtermeer*-Demonstrationen, die Abspaltung des Liberalen Forums vom rechten Flügel der FPÖ – all diese Ereignisse stehen für die wachsende öffentliche Aufmerksamkeit und Kontroversialität von Migration und Integration. Die FPÖ forderte eine restriktive Haltung gegenüber Migration und setzte in Bezug auf Integration auf kulturelle Unterschiede, die eine Eingliederung erschweren bis überhaupt verunmöglichen würden. Die regierenden Parteien im Zentrum, SPÖ und ÖVP, antworteten auf die gestiegenen Zuwanderungszahlen mit restriktiven Zuwanderungsgesetzen.[82] In puncto Politisierung reagierten sie jedoch nur langsam auf die wachsende

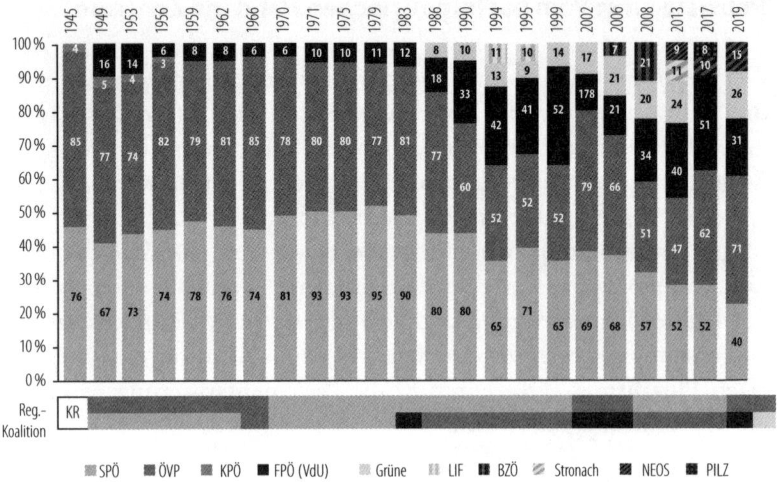

***Diagramm 8:* Österreichische Parteien im Nationalrat nach Mandaten sowie Regierungskoalitionen 1945 bis 2019**

Quelle: Wahlstatistik des Bundesministeriums für Inneres. Eigene Darstellung, nach Gruber 2014, S. 91

Anmerkung: Mandatszuordnung jeweils zu Beginn der Legislaturperiode auf Basis des Amtlichen Wahlergebnisses (ohne Berücksichtigung späterer Abspaltung von Fraktionen oder »Wilden Abgeordneten« während der Legislaturperiode). 165 zu vergebene Nationalratsmandate bis zur Nationalratswahl 1971, seitdem 183 zu vergebene Nationalratsmandate. KR = Konzentrationsregierung

Bedeutung, die die Oppositionsparteien den Migrations- und Integrationsfragen einräumten. Zeichneten sich die Wahlprogramme beider Regierungsparteien vorerst durch niedrige Salienz und eine Balance liberaler und restriktiver Elemente aus, bewegte sich die ÖVP bei der Nationalratswahl 1999 in Richtung einer restriktiven Programmatik. Anders hingegen Grüne und Liberales Forum, sie thematisierten Migration und Integration mit einer liberalen Perspektivierung und hoher Salienz (Diagramm 9).[83]

Im Jahr 2000 veränderten sich die Macht- und Regierungsverhältnisse gravierend: Erstmals kam es zu einer Koalition aus gemäßigten und radikalen Rechten (Regierung Schüssel I). Zugleich schied mit dem Liberalen Forum eine pro-migrantische Stimme aus dem Parlament aus und die SPÖ hatte sich nach 30 Jahren kontinuierlicher Regierungsbeteiligung in der Opposition zu positionieren. Die ÖVP-FPÖ-Regierung betonte die kulturelle Dimension

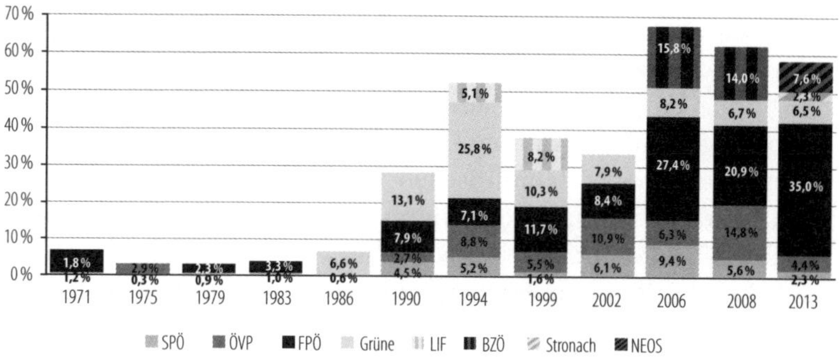

Diagramm 9: **Salienz von Migration, Integration und Diversität in Wahlprogrammen zum Österreichischen Nationalrat 1971 bis 2013**

Quelle: Gruber 2014, S. 135; für die Wahlen 2017 bzw. 2019 siehe weiter unten.

der Integration mittels obligatorischer Instrumente, indem sie die *Integrationsvereinbarung* verabschiedete.[84]

Bereits nach zwei Jahren lösten die interne Spaltung der FPÖ und der Knittelfelder Parteitag zwar Neuwahlen aus, die ÖVP-FPÖ-Koalitionsregierung wurde aber danach fortgesetzt. In deren Folge gründete sich die Partei Bündnis Zukunft Österreich (BZÖ), deren Funktionär*innen ab 2005 die Ministerämter in der Regierung Schüssel II übernahmen. Der rechtsnationale Parteiflügel der FPÖ unter Heinz-Christian Strache fand sich nun in der Opposition wieder und intensivierte die negativen Kampagnen zu Migration, Asyl und Integration. Dies zeigt sich u. a. in den Wahlprogrammen, die nun den Themen noch mehr Aufmerksamkeit widmeten als in den 1990er-Jahren (siehe Diagramm 9).[85] Auch der Ton verschärfte sich: Mit Slogans wie *Daham statt Islam, Abendland in Christenhand* oder *Pummerin statt Muezzin* traf die FPÖ die antimuslimische Dimension der Integration, zeichnete eine deutliche Ausgrenzungslinie *(Mehr Mut für unser ›Wiener Blut‹ – Zu viel Fremdes tut niemandem gut)* und verknüpfte diese mit Sicherheitsthemen *(Heimatliebe statt Marokkaner-Diebe)*.[86] Das Sicherheits- und Kulturframing von Integration war nach den islamistischen Terroranschlägen ab dem 11. September 2001 weltweit zu beobachten.[87]

Die parteipolitisch neue Situation ab 2005 brachte es mit sich, dass nun zwei rechtspopulistische Parteien den Anti-Migrationskurs, insbesondere den Anti-Islam-Diskurs, in einem insgesamt integrationsskeptisch dominierten Parlament führten. Den beiden rechtspopulistischen Parteien stand lediglich eine dezidiert promigrantische Partei, die Grünen, gegenüber. Im Zentrum bildeten SPÖ und ÖVP nach der Nationalratswahl 2006 wieder eine Koalitionsregierung (Regierung Gusenbauer) und verständigten sich angesichts dieser parteipolitischen Konstellation, der negativ dominierten Politisierung des Migrations- und Integrationsthemas künftig eine Politik der Versachlichung entgegensetzen zu wollen.[88] Der im Regierungsprogramm angekündigte Prozess begann mit der Schaffung einer *Integrationsplattform*, in der die Bundesregierung unter Einbindung außerparlamentarischer Gruppen erstmals eine nationale Integrationsstrategie erstellte (mehr dazu im Kapitel *Integration migriert in Institutionen*).

In den folgenden Jahren gewannen die Themen Flucht und Asyl an politischer Relevanz. Fragen des Bleiberechts für gut integrierte Geflüchtete, Debatten um die Organisation der Unterbringung sowie die rechtliche Novellierung des Asylverfahrens aufgrund langer Verfahrensdauer rückten in den Fokus.[89]

Nach 2008 verzeichnete die FPÖ mit ihrer prononcierten Anti-Migrationsstrategie bei Wahlen wieder Erfolge und gewann die Stimmen des BZÖ sowie jene des – zwischenzeitlich als Erbe des BZÖ aus Parteiübertritten entstandenen – Team Stronach zurück. SPÖ und ÖVP bildeten 2008 und 2013 die parlamentarisch kleinsten Großen Koalitionen der Zweiten Republik (Regierungen Faymann I und II). Mit dem Einzug der liberalen Partei NEOS (2013) in den Nationalrat ähnelte die parlamentarische Situation hinsichtlich Positionierung zu Migration und Integration nun wieder jener der Mitte der 1990er-Jahre – zwei kleinere progressive Parteien, zwei mittelgroße Parteien im Zentrum sowie eine mittelgroße rechtspopulistische Partei.

Fluchtjahr 2015 und seine Nachwirkungen

In diese Machtkonstellation fiel die Flüchtlingsbewegung des »langen Sommers der Migration«[90] 2015. Schon in den Monaten zuvor hatte es erhebliche politische Konflikte zwischen Bund und Ländern zur Organisation der Flüchtlingsunterbringung und überfüllten Erstaufnahmequartieren gegeben. Ein Durchgriffsrecht der Bundesregierung zur Errichtung von Quartieren war die Folge.[91] Der drastische Anstieg der Fluchtbewegung im September 2015 veränderte den öffentlichen Umgang mit Asyl. Waren davor nur einzelne Gemeinden und Städte von der Herausforderung der Flüchtlingsunterbringung tangiert gewesen, so war nun das gesamte Land involviert. Große Solidarität und zivilgesellschaftliches Engagement prägten die ersten Wochen. Der hohen Hilfsbereitschaft stand jedoch bald eine Stimmung der Skepsis, der Angst bis hin zur offenen Ablehnung gegenüber.[92] Asyl überlagerte auch die Integrationspolitik: Die bis dahin fein säuberliche Trennung der Themen Asyl und Integration seitens der Bundesregierung wurde von der Kraft des Faktischen eingeholt und sie präsentierte einen 50-Punkte-Plan zur Integration von Geflüchteten. Von 2014 bis 2017 stiegen die Asylanträge auf das Dreifache der Antragszahlen der vier vorhergehenden Jahre; dennoch war die Zahl der Asylanträge geringer als die EU-Zuwanderung, die im selben Zeitraum fast das Doppelte betrug.[93]

Die Flüchtlingszuwanderung wirkte auf die Parteienlandschaft: Beide Regierungsparteien fielen in den Meinungsumfragen hinter die FPÖ zurück. In der SPÖ trug die Flüchtlingspolitik zum Rücktritt von Bundesparteivorsitzendem und Bundeskanzler Werner Faymann im Jahr 2016 bei; in der ÖVP nutzte der Außen- und Integrationsminister Sebastian Kurz die Flüchtlingszuwanderung als Vehikel zur Profilierung und zur Übernahme der Parteiführung im Jahr 2017.[94] Asyl und Integration prägten auch den Nationalratswahlkampf 2017, andere Themen und Probleme rückten in den Hintergrund.[95] ÖVP und FPÖ zeigten in den migrations- und integrationspolitischen Positionen sowie zu Islam-Themen große Übereinstimmung – wenn auch die FPÖ stets ein Stück restriktiver bzw. radikaler war: Wo die ÖVP einen Stopp der illegalen Zuwanderung forderte, verlangte die FPÖ einen generellen Stopp der Zuwanderung; wo die ÖVP null Toleranz für den politischen Islam äußerte, hielt die FPÖ fest, dass der Islam grundsätzlich nicht zu Österreich gehöre. Bei den anschließenden Verhandlungen zur Regierungsbildung hatten die beiden Parteien dann hinsichtlich der Aufnahme und Integration von Zugewanderten keine gravierenden Unterschiede zu verhandeln, sie waren sich einig.[96]

Die folgende Koalitionsregierung von ÖVP und FPÖ demonstrierte in migrations- und integrationspolitischen Fragen ein hohes

Maß an Einigkeit, wie Franz Fallend festhält: »Die FPÖ stand loyal zum Kanzler, der seinerseits, um die Einheit nicht zu gefährden, auch bei antisemitischen und rassistischen ›Ausrutschern‹ aus der FPÖ meist stillhielt«.[97] Trotz dieser strategischen Harmonie währte die Zusammenarbeit nur kurz. Die Veröffentlichung des Ibiza-Videos über den FPÖ-Parteiobmann und Vizekanzler Heinz-Christian Strache löste eine Koalitionskrise aus, in deren Verlauf der Bundeskanzler die Zusammenarbeit beendete (»Genug ist genug«). In der Wahlauseinandersetzung zur vorgezogenen Nationalratswahl 2019 verlor das Thema Migration und Integration dann an Momentum, die Themen Korruption und Umwelt / Klima überlagerten das der Zuwanderung. Zwar führten die Wahlprogramme von FPÖ und ÖVP die migrations- und integrationspolitischen Schwerpunkte fort, ohne jedoch damit den politischen Raum dominieren zu können. In den Wahltagsbefragungen rangierte Zuwanderung an fünfter Stelle der meistdiskutierten Themen, mit klaren Unterschieden zwischen den Wähler*innengruppen: War das Thema Zuwanderung für FPÖ-Wähler*innen am wichtigsten (69 Prozent), so galt dies nur für 22 Prozent der ÖVP-, 12 Prozent der SPÖ-, zehn Prozent der NEOS- und sieben Prozent der Grün-Wähler*innen.[98]

Hohe Grundskepsis in der öffentlichen Meinung

Politisierung und öffentliche Meinung stehen in enger Beziehung. Während Politiker*innen sich gerne als Sprachrohr der Meinungen und Interessen der Bevölkerung darstellen, schaffen sie über die Politisierung mediale Resonanz und beeinflussen so die öffentliche Meinung, die sie in der Folge vorgeben zu vertreten.

Seit die Europäische Union in der zweimal jährlich stattfindenden Eurobarometer-Befragung nach den wichtigsten Themen für das eigene Land fragt, gehört Zuwanderung stets zu den relevanten Anliegen. In der Bedeutungsskala rangierte es zunächst hinter Themen wie Preise und Lebenskosten, Wirtschaftssituation oder Arbeitslosigkeit. Diese Relevanzeinschätzung änderte sich ab Herbst 2015: Angesichts der Flüchtlingsbewegungen nahmen die Befragten das Thema Zuwanderung als drängendste Herausforderung wahr. Erst seit 2019 gelten andere Themen wie Umweltschutz, die

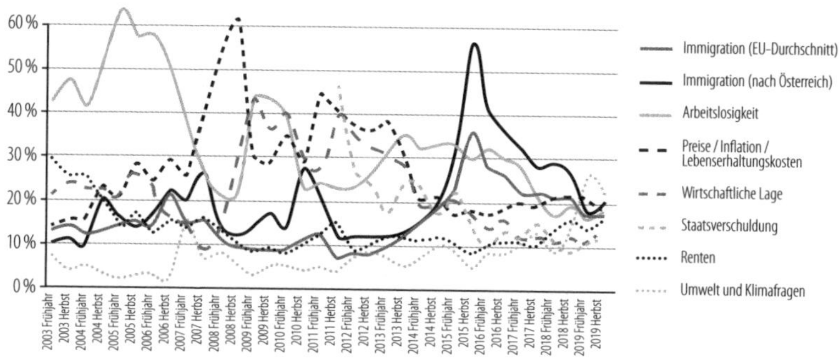

***Diagramm 10:* Wichtigstes aktuelles Problem für das eigene Land 2003 bis 2019**
Quelle: Eurobarometer 59–92 (200–2019), Europäische Union Datenbank
Anmerkung: Mehrfachantworten führen zu Summenwerten über 100 %

Lebenskosten bzw. das Gesundheitssystem wieder als ähnlich wichtig (Diagramm 10).[99]

Die hohe politische Relevanz ist von einer skeptischen Grundhaltung zu Zuwanderung und ethnischer Vielfalt begleitet. In Langzeitstudien, wie in der alle neun Jahre erstellten *Europäischen Wertestudie*[100], gehört Österreich (1990, 1999, 2008) stets zu den Ländern mit überdurchschnittlicher Antipathie gegenüber Personen nichtweißer Hautfarbe, Muslim*innen oder Zugewanderten.[101] Auch in dem seit 2002 zweijährlich durchgeführten *European Social Survey* glauben Menschen in Österreich öfter als andere Europäer*innen, dass Zugewanderte das Land zu einem schlechteren Lebensort machen würden. Die Einstellungen ähneln also eher jenen der migrationsskeptischen Länder Osteuropas als jenen Westeuropas. Allerdings sind die skeptischen Grundhaltungen in den gesellschaftlichen Teilgruppen unterschiedlich ausgeprägt, wie der *Social Survey Österreich* verdeutlicht: So sind ländliche Regionen negativer eingestellt als städtische, ältere Personen weisen eine höhere Ablehnung auf als jüngere und auch niedrige formale Bildungsabschlüsse bei Befragten gehen mit einer skeptischeren Haltung einher als mittlere oder höhere Abschlüsse. Alter, Bildungsressourcen, aber auch die Intensität von Kontakten schlagen sich also in Einstellungen gegenüber Migrant*innen nieder.[102] Wie oben gezeigt, sind Städte durch größere Pluralität geprägt als der ländliche Raum, und auch in den Einstellungen verläuft die Konfliktlinie zwischen Integration und Abgrenzung zwischen Stadt und Land.

Wie aber denken die Zugewanderten über Zugehörigkeit zur Aufnahmegesellschaft und das Miteinander zwischen Menschen mit und ohne Migrationshintergrund? Seit zehn Jahren lässt die Bundesregierung jährlich das sog. Integrationsklima erheben, bei dem neben Einheimischen auch Zugewanderte (allerdings nur jene mit türkischer oder ex-jugoslawischer Herkunft) zum Klima des Miteinanders befragt werden. Das Wahrnehmungsbild ist gegenläufig: Eine Mehrheit der befragten Österreicher*innen gibt an, dass die Integration von Personen mit Migrationshintergrund sehr bzw. eher schlecht funktioniere (im Jahr 2010 waren dies über zwei Drittel, 2018 noch 58 Prozent) und deutlich mehr erkennen eine Verschlechterung (2010: 44 Prozent, 2018: 42 Prozent) denn eine Verbesserung (2010: 12 Prozent, 2018: 16 Prozent) des Zusammenlebens. Anders äußert sich die Mehrheit der Befragten mit türkischem/ex-jugoslawischem Migrationshintergrund. Sie gibt an, völlig bzw. eher heimisch in Österreich (2010 noch 86 Prozent, 2018 bereits 92 Prozent) zu sein und sich mehrheitlich eher der neuen Heimat als der alten Heimat bzw. der Heimat ihrer Eltern zugehörig zu fühlen (2010 noch 56 Prozent, 2018 dann 68 Prozent).

Aufschlussreich ist abermals der Blick auf Einstellungen und Wahrnehmungen unterschiedlicher gesellschaftlicher Gruppen: So sind bei den Befragten mit österreichischer Staatsbürgerschaft vor allem Personen mit niedrigem Haushaltseinkommen der Meinung, dass sich das Zusammenleben verschlechtert habe und sich Zugewanderte mehr anpassen sollten. Unter den Befragten mit türkischem oder ex-jugoslawischem Migrationshintergrund sind es vor allem die Jüngeren (< 40 Jahre) sowie Personen mit niedrigerem Bildungsabschluss, die sich ihrem Herkunftsstaat (bzw. dem ihrer Eltern) mehr zugehörig fühlen als Österreich. Einen für Zugehörigkeit und Identität wichtigen Befund liefert zudem der sog. Migrationssurvey, eine Zusatzumfrage des *Social Survey Österreich 2016*.[103] Darin zeigen Bernadette Müller Kmet und Otto Bodi-Fernandez, dass für Zugehörigkeitsmessungen die Fragestellung mitentscheidend ist: Ist auf die Frage nach der Zugehörigkeit zum Herkunftsland oder zu Österreich nämlich eine dritte Antwortoption möglich (sowohl als auch), so fühlen sich 43 Prozent der ex-jugoslawischen und 40 Prozent der türkischstämmigen Befragten gleichermaßen zum (elterlichen) Herkunftsland wie zu Österreich zugehörig (und nur zu 29 Prozent bzw. 20 Prozent eher oder ganz zu Österreich). Im gleichen Jahr hatten in der dichotomen Erhebung des Integrationsklimas durch die Statistik Austria ex-jugoslawisch- und türkischstämmige Befragte auf diese Frage noch zu 62 Prozent mit »zu Österreich« und zu 38 Prozent mit »zum Herkunftsland« geantwortet. Die Befunde verdeutlichen eine große Zahl an Mehrfachidentitäten und werfen die Frage auf, inwieweit diese gesellschaftlich wie politisch Raum bekommen.[104]

Allerdings verweist der Migrationssurvey auf markante Unterschiede zwischen den Herkunftsgruppen: Nur 16 Prozent der ex-jugoslawischstämmigen, aber 41 Prozent der türkischstämmigen Befragten fühlen sich eher/ganz dem (elterlichen) Herkunftsland zugehörig. Der Bildungsstand ist hierfür nur ein teilweise erklärender Faktor: Zwar fühlen sich Befragte mit niedriger formaler Bildung stärker dem (elterlichen) Herkunftsland, Befragte mit mittleren Abschlüssen stärker einer dualen Identität zugehörig, ein Hochschulabschluss führt aber nicht linear zu mehr Österreich-Zugehörigkeitsgefühl, sondern zu allen drei Zugehörigkeitsformen gleichermaßen. Kmet und Bodi-Fernandez verwerfen daher Konzepte der Assimilation mit ausschließlicher Zugehörigkeit zum Zielland sowohl als empirisch unbelegbar wie auch als theoretisch unplausibel: Denn die Beziehung zum Herkunftsland werde ja nicht aufgegeben, sondern gehe eher in einer Mehrfachidentität auf. Die Daten zeigten vielmehr einen Herkunftseffekt: Die Zugehörigkeit zum (elterlichen) Herkunftsland sei selbst »in der zweiten Generation türkischer Migrantinnen und Migranten wesentlich höher als in der ersten Generation aus dem ehemaligen Jugoslawien.« Dies sei vor allem auf eine traditionellere Werthaltung bei Ersteren im Unterschied zu einer vergleichsweise liberaleren Werthaltung bei Zweiteren zurückzuführen.[105]

Die skizzierten Ergebnisse verdeutlichen, dass sich in den Einstellungen die Unzufriedenheit, sowohl bei Zugewanderten als auch bei Einheimischen, am deutlichsten bei den sozial schlechter Gestellten zeigt. Die schichtspezifischen Befunde könnten als Auftrag gelesen werden, die soziale und wirtschaftliche Situation durch Integrationspolitik zu verbessern. Anders gesagt: Integrationspolitik greift dann zu kurz, wenn sie soziale Ungleichheit als Problem der Herkunft und ethnischen Zugehörigkeit abtut und die soziale Ungleichheit als Ursache ausblendet. Zugleich verweisen Tiefenanalysen auch auf den Faktor des Traditionalismus und konservativer Werthaltungen. Sind diese in Herkunftsgruppen überdurchschnittlich stark ausgeprägt und womöglich von aktiver Diasporapolitik des Herkunftslandes begleitet, dann entwickelt sich das Zugehörigkeitsempfinden zum Zielland gebremster. Dies mag nicht zuletzt damit zu tun haben, ob bzw. welchen Platz diese Gruppen und ihre Selbstentwürfe in der Gesellschaft des Ziellandes einnehmen können oder ob sie darin als »Andere« markiert werden und bleiben.

Fazit

Politische Parteien politisieren Migration und Integration in Reaktion auf äußere Ereignisse, wie der Fall des Eisernen Vorhangs 1989 oder die Flüchtlingsbewegungen 2015 zeigen. Parteien politisieren diese Themen aber auch unabhängig von äußeren Anlässen, nämlich aus ideologischen oder parteitaktischen Überlegungen. Dabei werden Bedürfnisse, Interessen und Emotionen der wahlberechtigten Aufnahmegesellschaft adressiert und miterzeugt. Die nicht wahlberechtigten Zugewanderten selbst sind auf der politischen und medialen Bühne kaum repräsentiert. Mehr noch: Je größer die Gruppe Zugewanderter ist und je länger diese politisch ausgeschlossen bleiben, desto eher kann mit dieser Gruppe politische Stimmung gemacht werden und desto größer ist das Demokratie- und Partizipationsdefizit.[106]

Die Politisierung von Migration und Integration ist seit den 1990er-Jahren in Österreich zu beobachten. Die Richtung der Politisierung ist eng geknüpft an ein öffentliches Meinungsbild, das im europäischen Vergleich zu den migrationsskeptischeren Beispielen zählt. Die überwiegend negative Politisierung sowie die überwiegend skeptische öffentliche Meinung bilden hemmende Rahmenbedingungen für eine unterstützende Integrationspolitik. Zugleich machen Zuwanderung, steigende migrationsbedingte Diversität sowie die Wichtigkeit, die Integration für eine kohäsive Gesellschaft spielt, eine aktive Integrationspolitik umso notwendiger.

Diese Gemengelage aus skeptischen Einstellungen, provokativen Debatten sowie dem steigenden Handlungsdruck angesichts sozioökonomischer Marginalisierung sowie politischer Exklusion bestimmter Zuwanderungsgruppen bereitete schließlich den Boden für die Institutionalisierung der Integrationspolitik auf Bundesebene auf.

Integration migriert in Institutionen

Die Institutionalisierung der Integrationspolitik hinkte der Migrationsentwicklung in Österreich hinterher. Hatten einige Bundesländer und Kommunen bereits seit den 1990er-Jahren Leitlinien, Programme und administrative Einheiten zum Umgang mit Integrationsherausforderungen geschaffen, so lässt sich auf Bundesebene von Institutionalisierung erst nach 2006, also nach der Neuauflage der SPÖ-ÖVP-Koalitionsregierung, sprechen. Mit den Etappen, Handelnden, Gremien und Behörden, mit Zuständigkeiten, Aufgabenbereichen und Ressourcen der Integrationspolitik beschäftigen sich die folgenden Ausführungen.

Organisation staatlicher Kompetenzen

Föderale politische Systeme verhandeln politische Themen sowohl in *horizontalen* als auch in *vertikalen* Organisationsformen. Die horizontale Organisationsdimension betrifft die Koordination und Aufgabenverteilung auf derselben Politikebene, also z. B. auf Bundesebene zwischen den Bundesministerien sowie nachgeordneten Dienststellen des Bundes. Die vertikale Dimension erfasst die Koordination der Entscheidungen zwischen unterschiedlichen Politikebenen, also z. B. lokaler, regionaler, nationaler und europäischer Ebene.[107]

Hinsichtlich der horizontalen Organisation integrationspolitischer Entscheidungsfindung werden ressortübergreifende und ressortgebundene Regierungsstile praktiziert. Im Falle des ressortübergreifenden Politikstils besitzen mehrere Ministerien weitgehende Handlungsautonomie in Bezug auf Kommunikation, Maßnahmen und Budgets für Integrationsagenden. Der ressortgebundene Politikstil lokalisiert administrative, kommunikative und koordinierende Funktionen in einem Ressort.[108] Die Wahl für den einen oder den anderen Organisationsstil hängt von parteipolitischen ebenso wie von personalpolitischen und administrativen Überlegungen ab. Im politischen Alltag finden sich zudem weniger Entweder-Oder-Lösungen, sondern häufig ein Mix der beiden Organisationsformen. Während bestimmte Aufgaben,

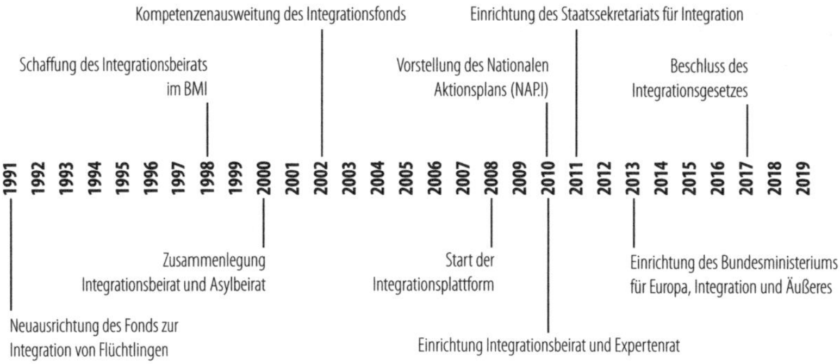

***Diagramm 11:* Etappen der Institutionalisierung des Politikfeldes Integration auf Bundesebene**
Quelle: Eigene Darstellung

Verantwortlichkeiten und Programme dezidiert einem Integrationsressort zugeordnet werden, werden andere in anderen Fachressorts wie Bildung oder Arbeit verhandelt. Ein ressortgebundener Politikstil erlaubt jedoch eine machtvollere Repräsentation des Themas in der Gesamthierarchie eines Regierungssystems als die verstreute Ansiedelung in unterschiedlichen Ministerien.

Die österreichischen Bundesregierungen gingen bei der Integrationspolitik den Weg von der ressortübergreifenden hin zur ressortgebundenen Kompetenzgliederung. Ab 2007 richteten SPÖ und ÖVP einen bundesweiten Integrationsdialog, administrative Gremien und später Ressorts ein, entwarfen strategische Handlungs- und Zielprogramme und stellten finanzielle Mittel zur Implementierung von Maßnahmen zur Verfügung. Seit 2011 wurde Integration in einen ressortgebundenen Politikstil eingebettet, zunächst über ein Staatssekretariat, ab 2013 über ein Integrationsministerium. Gleichzeitig sind wesentliche Entscheidungen weiterhin in einer Reihe von Ministerien – vom Bildungsministerium über das Arbeits- und Sozialministerium bis zum Innenministerium – angesiedelt. Ressortgebundene und ressortübergreifende Integrationspolitik finden parallel statt, teils mit übereinstimmenden, teils mit konkurrierenden Zielvorstellungen. Die Etappen der Institutionalisierung zeigt Diagramm 11.

Vorläufer: Administrative und rechtliche Etappen (bis 2006)

Die erste bundespolitische Einrichtung mit dem Titel Integration betraf die Betreuung Geflüchteter. In der Zeit des Kalten Krieges gewährte die Republik politischen Flüchtlingen aus Staaten des sowjetischen Einflussbereiches in Österreich quasi automatisch den Fluchtgrund der politischen Verfolgung.[109] Im Jahr 1956, im Zuge der Ungarnkrise, wurden institutionelle Vorkehrungen zur Unterstützung beim Ankommen und Eingliedern von Geflüchteten getroffen. 1960 schließlich richtete das Innenministerium, gemeinsam mit dem Flüchtlingshochkommissariat der Vereinten Nationen (UNHCR), den *Flüchtlingsfonds* der *Vereinten Nationen* ein. In der Folge entstanden getrennte ministerielle Zuständigkeiten für unterschiedliche Formen der Zuwanderung – für Flucht war das Innenministerium, für Arbeitsmigration das Arbeits- und Sozialministerium zuständig. 1991 wurde der Flüchtlingsfonds aus dem Innenministerium ausgegliedert und als *Fonds der Republik zur Integration von Flüchtlingen* eingerichtet.[110]

Der Arbeitsmigration widmete sich die Integrationspolitik erst später. Rotation und Rückkehr dominierten das politische Denken der Gastarbeiter-Ära. Politische Integrationsanstrengungen schienen nicht notwendig, da Arbeitskräfte nur vorübergehend bleiben sollten.[111] Selbst als sich bereits abzeichnete, dass – frei nach dem deutschen Schriftsteller Max Frisch – zwar »Arbeitskräfte gerufen wurden, jedoch Menschen gekommen waren« und diese dann auch blieben, fehlte die Einsicht, Eingliederung und Teilhabe aktiv zu gestalten und zu unterstützen.[112] Die vom Arbeits- und Sozialministerium in enger Abstimmung mit den Sozialpartnern gestaltete Zuwanderungspolitik der Nachkriegsjahrzehnte stand unter arbeitsmarktpolitischen Erwägungen und blieb der parlamentarischen Arena weitgehend entzogen. Integrationspolitik war lediglich ein Anhängsel der Migrationssteuerung; ihr fehlten Ressourcen und eine institutionelle Architektur.[113]

Es waren die Höchstgerichte, die Mitte der 1980er die Integrationspolitik einleiteten. Nach einer Beschwerde hob der Verfassungsgerichtshof im Jahr 1985 Bestimmungen zum Aufenthaltsverbot im Fremdenpolizeigesetz auf, da diese nicht mit der Europäischen

Menschenrechtskonvention zum Schutz des Privat- und Familienlebens in Einklang standen.[114] Das Urteil zwang den Gesetzgeber, künftig das individuelle Recht auf Familienleben gegen die arbeitsmarktpolitischen Interessen des Staates abzuwägen. Dieser »Perspektivenwechsel weg von der alleinigen Arbeitsmarkt- hin zu einer Niederlassungsperspektive«,[115] wie Bernhard Perchinig schreibt, markierte den Start für integrationspolitische Regelungen. Im Fremdenpolizeigesetz tauchte 1987 erstmals der Begriff Integration explizit auf, in dem die Integration von Fremden oder deren Familienangehörigen künftig als Kriterium in der Interessensabwägung bei Aufenthaltsverboten berücksichtigt werden musste.[116]

In den 1990er-Jahren stiegen die Zuwanderungszahlen und die öffentliche Debatte zu Migration und Integration setzte ein. In diesem Kontext nahm die Bundesregierung legistische und institutionelle Einlassungen vor. Besonders viel Aufmerksamkeit erfuhren die von der Koalitionsregierung von SPÖ und ÖVP betriebenen Reformen der Aufenthalts-, Asyl- und Fremdengesetze, die explizit das Ziel der Reduzierung der Zuwanderung verfolgten. Im Zuge der aufenthalts- und fremdenrechtlichen Reformen der Großen Koalition in den frühen 1990er-Jahren bewertete Rainer Bauböck die Situation für Zugewanderte als prekär: Durch die rechtlichen Einschränkungen ihrer Freizügigkeit, der sozialen Sicherung, des Zugangs zu Wohnraum sowie ihrer betrieblichen und politischen Interessenvertretung würden Zugewanderte »in die Position einer Unterklasse gedrängt und in ihren sozialen Aufstiegschancen blockiert«. Zudem verstärke »die staatliche Regulierung jene weitreichende ethnische und rassistische Diskriminierung, welche unabhängig von der Staatsbürgerschaft an kulturellen Zuschreibungen und der Herkunft bestimmter Einwanderergruppen ansetzt.«[117]

Neben der Reduzierung der Zuwanderung sah das Aufenthaltsgesetz 1992 zumindest erste Handlungsansätze für Integration vor, wie die Möglichkeit einer *Integrationshilfe*. Sprachkurse, Aus- und Weiterbildung, Informationen über den Wohnungsmarkt, Einführungsveranstaltungen in Kultur und Geschichte sowie Kontakte sollten die »(w)irtschaftliche, kulturelle und gesellschaftliche Einbeziehung sowie eine weitestmögliche Chancengleichheit mit österreichischen Staatsbürgern«[118] unterstützen. Die gesetzliche Verankerung hatte jedoch wenig praktische Effekte.[119] Ein Konzept für koordinierte integrationspolitische Maßnahmen fehlte ebenso wie Einrichtungen, die diese erarbeitet und umgesetzt hätten. Das Gesetz sah vielmehr »private, humanitäre und kirchliche Einrichtungen oder Institutionen der freien Wohlfahrt oder der Gemeinden« als Träger vor.[120]

Auch das *Integrationspaket* 1997 der SPÖ-ÖVP-Koalition erkannte selbstkritisch, dass bundespolitische Maßnahmen nach wie vor fehlen würden.[121] Das Integrationspaket – das erste mit diesem Namen – enthielt rechtliche Erleichterungen in Bezug auf vorübergehenden Aufenthalt sowie dauerhafte Niederlassung und betonte die Migrationssteuerung mit dem Leitmotiv »Integration vor Neuzuzug«.[122] Weiters ging das Integrationsmotiv in die Novellierung des Staatsbürgerschaftsgesetzes 1998 ein: Die »nachhaltige persönliche und berufliche Integration« wurden als begünstigendes Kriterium für den Staatsbürgerschaftserwerb festgehalten, »Kenntnisse der deutschen Sprache« als Voraussetzung für jegliche Staatsbürgerschaftsverleihung vorgesehen.[123]

Während der 1990er-Jahre entstanden Beiratsstrukturen, die der Bundesregierung beratend zur Seite stehen sollten. Der 1990 im Innenministerium eingerichtete *Asylbeirat* setzte sich aus zwölf Mitgliedern zusammen – Sozialpartnern, Gemeinde- und Städtebund, NGOs sowie anderen mit Asylfragen befassten Ministerien.[124] Ebenfalls im Innenministerium wurde 1997 der *Integrationsbeirat* mit 14 Mitgliedern aus Innen- und Sozialministerium, Sozialpartnern sowie Industriellenvereinigung, Caritas, Diakonie, Volkshilfe, SOS-Mitmensch, ARGE MigrantInnenberatung und Club International angesiedelt.[125] Der Politikstil der Regierung war um horizontale und vertikale Kooperation bemüht. Diese Orientierung spiegelte einerseits das korporatistische Politikverständnis der Nachkriegsjahrzehnte wider, entsprach andererseits der faktischen Bedeutung der Akteur*innen im Feld Integration.

Mit dem Regierungswechsel von SPÖ-ÖVP zur Koalition von ÖVP und FPÖ im Jahr 2000 gingen zahlreiche Veränderungen einher. So führte die ÖVP-FPÖ-Koalition die beiden bisherigen Beiräte zu einem *Beirat für Asyl- und Migrationsfragen* mit 22 Mitgliedern zusammen. Die Fusion reduzierte sowohl den Einfluss nichtstaatlicher Organisationen als auch den Integrationsfokus des Gremiums.[126]

Der Regierungswechsel verschob zudem die parteipolitische Zuständigkeit für Integration. Waren bis dahin beide für Integration hauptverantwortlichen Ministerien (Innenministerium sowie Arbeits- und Sozialministerium) im Einflussbereich der SPÖ gelegen, begann nun die lange ÖVP-Ära – von 2000 bis 2017 besetzte und kontrollierte die ÖVP das integrationspolitisch entscheidende Bundesministerium für Inneres sowie ab 2013 jenes für Integration (die SPÖ führte zwischen 2006 und 2017 das Arbeits- und Sozialministerium).

Mit der *Integrationsvereinbarung*[127] realisierte die ÖVP-FPÖ-Regierung ein Projekt der sog. staatsbürgerlichen Integration durch Sprach- und Landeskundekurse.[128] Die Maßnahme ging auf die FPÖ zurück und wurde als symbolische Konzession der ÖVP in einer insgesamt ÖVP-dominierten Gestaltung des Fremdenrechts durch das Innenministerium kommentiert.[129] Inhaltlich sah die Maßnahme für nach 1998 niedergelassene Drittstaatsangehörige eine Integrationspflicht in Form des Nachweises von Deutschkompetenzen auf dem Niveau A1 des *Gemeinsamen Europäischen Referenzrahmens für Sprachen* innerhalb von zwei Jahren vor. Dieser Nachweis galt als Voraussetzung für die Beantragung einer weiteren Aufenthaltsberechtigung. Der Beschluss der Integrationsvereinbarung schwächte die Rolle der NGOs und stärkte stattdessen den *Österreichischen Integrationsfonds (ÖIF)*. Mit der Umsetzung der 2003 in Kraft getretenen Regelung betraut, dehnte der ÖIF seine bis dahin auf Geflüchtete beschränkte Zuständigkeit auf weitere Zuwanderungsgruppen aus. Denn die für die Integrationsvereinbarung notwendigen Deutschkurse konnten nur Kursveranstalter mit einer Zertifizierung durch den ÖIF abhalten.[130]

Fundamente: Integrationsplattform, NAP.I, Beiräte (bis 2011)

Es blieb den Koalitionsregierungen von SPÖ und ÖVP nach 2006 vorbehalten, die Institutionalisierung des Politikfeldes nachhaltig auf Schiene zu bringen.

Schon die Regierungsverhandlungen nach den Nationalratswahlen 2006 sahen mittelfristig ein Staatssekretariat für Integration vor.

Die SPÖ forderte diese Einrichtung, die wahlweise im Bundeskanzleramt, im Arbeits- oder Sozialministerium angesiedelt hätte werden sollen.[131] Die Regierung einigte sich vorerst aber nur auf eine *Integrationsplattform*, die Leitlinien für eine bundespolitische Integrationsstrategie erarbeiten sollte. Diese war mit dem ausdrücklichen Anliegen verbunden, der negativen Politisierung von Integration entgegenzuarbeiten. Die Plattform sollte »zur Versachlichung dieses Themas« beitragen, Vertreter*innen von Bund, Ländern, Gemeinden, Sozialpartnern sowie Integrationsexpert*innen sollten Integrationsfragen evaluieren und entsprechende Maßnahmen für die Bundesregierung vorschlagen.[132]

Bis zur tatsächlichen Einrichtung der Plattform verging fast ein weiteres Jahr. Und kaum war die Einrichtung der Plattform 2007 erfolgt, musste das Regierungsprogramm neu geschrieben werden. ÖVP-Bundesparteiobmann und Vizekanzler Wilhelm Molterer hatte die Koalitionszusammenarbeit aufgekündigt (»Es reicht«). Am Ende des Jahres 2008 stand abermals eine Koalitionsregierung aus SPÖ und ÖVP, die den 2007 begonnenen Prozess fortsetzte. Das Regierungsprogramm 2008 konkretisierte nun das Anliegen für einen *Nationalen Aktionsplan für Integration* und den damit verbundenen Anspruch einer bundesweiten Koordination:

> Die österreichische Bundesregierung wird einen Nationalen Aktionsplan für Integration erarbeiten, der die österreichweite Zusammenarbeit für erfolgreiche Integrationsmaßnahmen strukturiert und dessen Vollzug optimiert. (...) Aufbauend auf den geleisteten Vorarbeiten und in Zusammenarbeit mit allen beteiligten Ressorts, den Ländern und Gemeinden sowie anderen interessierten Stellen der Zivilgesellschaft wird der Nationale Aktionsplan für Integration erarbeitet, der die österreichweite Zusammenarbeit für erfolgreiche Integrationsmaßnahmen strukturiert.[133]

Substanziell ist der *Nationale Aktionsplan für Integration (NAP.I)* das Ergebnis eines Dialogprozesses zwischen Bund, Ländern, Gemeinden, Interessenvertretungen und Zivilgesellschaft. Gespräche in informellen Diskussionsrunden mit Migrant*innenorganisationen und Expert*innen flossen in die Formulierung des 2010 der Öffentlichkeit vorgestellten Plans ein (wenngleich am tatsächlichen Ausmaß der Einbindung Zweifel geäußert wurden).[134] Das Interesse an der Erstellung des NAP.I kann auch auf Impulse der Europäischen

Union zurückgeführt werden, die derartige Pläne anregte und förderte,[135] ebenso wie auf Erfahrungen aus Deutschland, wo ein Nationaler Aktionsplan wenige Jahre zuvor erarbeitet worden war.[136] Das Dokument bemüht sich um eine inhaltliche Balance zwischen zwei Mainstream-Parteien. Konkret achtet der Plan auf eine ausgewogene Nennung kritischer und positiver Aspekte von Migration und Integration. Das Bemühen um Sachlichkeit ist sowohl in den inhaltlichen Anliegen als auch im Stil erkennbar.

Der NAP.I gilt als bundespolitisches Gründungsdokument der Integrationspolitik. Wie Gudrun Biffl und Anna Faustmann festhalten, wurde erst mit seiner Initiierung »eine zielorientierte, koordinierte Integrationspolitik« entwickelt, die systematisch »zu einer Verbesserung der Rahmenbedingungen für die Eingliederung von Migrant*innen« beigetragen habe.[137]

Im Sog des NAP.I kam schließlich die weitere Institutionalisierung in Schwung. Zunächst durch neue Beiratsstrukturen: Ein *Integrationsbeirat* vernetzte Bundesministerien, Länder, Gemeinden, Sozialpartner sowie karitative Organisationen. Ein operativer *Expertenrat für Integration* (bestehend aus Forschenden sowie Praktiker*innen) hatte die Aufgabe, die Umsetzung der Schwerpunkte des NAP.I fachlich zu begleiten. Beide Beiräte nahmen 2010 ihre Arbeit auf. Der *Expertenrat* sollte sich in der Folge zum integrationspolitischen Taktgeber der Bundesregierung entwickeln. Sein jährlich verfasster *Integrationsbericht* über die Entwicklung von Integration und Integrationspolitik unterstreicht diese Rolle.[138]

Institutionenarchitektur: Staatssekretariat, Bundesministerium, Integrationsgesetz, Budgets (bis 2017)

Ressortgebundene Verankerung der Integration

2011 wurde mit dem *Staatssekretariat für Integration* das Thema Integration ressortgebunden ins Regierungsgefüge eingeflochten. Die Gelegenheit dafür bot eine Regierungsumbildung während der 24. Legislaturperiode, bei der ÖVP-Bundesparteiobmann

Michael Spindelegger die bisherigen ÖVP-Staatssekretariate im Finanz- bzw. Wirtschaftsministerium abzog und sie dem Außen- sowie dem Innenministerium zuordnete. Im Innenministerium sollte nun, neben den fremdenpolizeilichen Materien, die gesellschaftlich sensiblere Integrationsagenda gestärkt werden. Beabsichtigt war eine institutionelle Trennung von Migration und Integration: Migration und Asyl verblieben in der Zuständigkeit der Innenministerin, Integration wanderte ins Staatssekretariat. Dieser strategische Zug erlaubte, unterschiedliche Wählersegmente im ÖVP-Spektrum, konservative und urban-liberale, gleichermaßen zu adressieren.

Mit Sebastian Kurz kam 2011 ein Politiker ins Amt, der zwar keine integrationspolitische Erfahrung mitbrachte, jedoch den Gegenstand mit jugendlichem Esprit in der Öffentlichkeit kommunizierte. Das Staatssekretariat verstand sich als Regierungsstimme im Politikfeld Integration. Die öffentlichen Kommunikationsaktivitäten nahmen deutlich zu, während es in der parlamentarischen Arena keinen unmittelbaren Anstieg an Tätigkeiten gab. Der Koalitionspartner SPÖ überließ die Kommunikation des Themas Integration weitgehend dem Staatssekretär.[139] Dieser trat seine Aufgabe mit einer Abgrenzung zum Rechtspopulismus der FPÖ an, wie er in einem seiner Antrittsinterviews ankündigte:

> Ich kann Ihnen nur sagen, wie mein Zugang ist: Ich möchte positiv an die Sache herangehen. Ich glaub', wenn wir uns mit dem Thema Integration beschäftigen, dann ist es mal wichtig abzugrenzen: Worum geht's da eigentlich. Da gibt's sehr viele, die werfen Glaubensrichtungen, Zuwanderung, Integration, Asyl, Flüchtlinge immer in einen Topf und glauben, es ist ein und dieselbe Sache. Integration beginnt dann, wenn jemand in Österreich legal lebt und auch mittel- und langfristig dableiben will. Und da geht's mir jetzt darum, sachlich an die Sache heranzugehen, das Gespräch mit Experten zu führen, und ich glaube, dass man sich da nicht zu polarisierenden Aussagen hinreißen lassen sollte. (...)
>
> Wenn man an das Thema herangehen will und in der Sache etwas weiterbringen will, dann geht's um Deutschkenntnisse, dann geht's um eine ordentliche Ausbildung für junge Menschen, die Migrationshintergrund haben, dann geht's um Chancengleichheit – da geht's auch um eine größere Vision. Und es geht nicht immer um

> die Frage, Kopftuch ja / nein, Minarett ja / nein oder Burka ja / nein. Ich glaub', das sind sehr populistische Themen, die zweifelsohne Menschen bewegen, ich glaub' nur, dass das nicht der Zugang ist, mit dem man in der Sache etwas weiterbringen kann.[140]

In zahlreichen Medien- und Veranstaltungsauftritten des Staatssekretärs mit *Integrationsbotschafter*innen* (prominenten Personen mit Migrationshintergrund und erfolgreichen beruflichen Karrieren) sollte das neu eingebrachte Narrativ *Integration durch Leistung* eine positive Annäherung an das Thema Integration ermöglichen. Das Narrativ signalisiert einen Schwerpunktwechsel von kulturellen Aspekten auf sozioökonomische Aspekte der Integration. Nicht mehr Herkunft, Kultur oder Religion sollten für die Integration einer Person entscheidend sein, sondern allein der Beitrag, den jemand zum materiellen Selbsterhalt sowie zum Wohle des Gemeinwesens (von der Steuerleistung bis zur ehrenamtlichen Tätigkeit) leistet, sollte der Maßstab sein.[141]

Die Leistungserzählung hatte nicht zuletzt strategische Vorteile für den Staatssekretär: Das Narrativ zählt zum Kernrepertoire konservativ-wirtschaftsliberaler Parteien und konnte auch auf das Politikfeld Integration übertragen werden. Im Integrationskontext birgt es aber die Tendenz der Individualisierung und Ethnisierung sozialer Ungleichheit. Denn wird allein Leistung als ausschlaggebend für Integration und Teilhabe von Zugewanderten gesehen, so können fehlende Erfolge sowohl als Ergebnis individueller Leistungsunwilligkeit als auch als ethnische, kulturelle oder religiöse Integrationsunfähigkeit interpretiert werden.[142]

Mit der Institutionalisierung setzte eine Phase ein, die insbesondere den Wandel der Kommunikation betraf. Der Wandel in den gesetzlichen Maßnahmen fiel hingegen bescheiden aus. Ein Zeitvergleich von Maßnahmen vor (2008 bis 2011) und nach (2011 bis 2013) der Einrichtung des Staatssekretariats für Integration[143] kommt lediglich zum Ergebnis der Vertiefung und Ausdifferenzierung der ab 2008 eingeschlagenen Integrationspfade. Spracherwerb, Bildungsintegration, Arbeitsmarktintegration, Selbsterhaltungsfähigkeit sowie eine aktive Teilnahme am sozialen Nahbereich waren die Schlüsseldimensionen. Vor allem im Bildungsbereich waren Schritte der Teilhabeförderung auszumachen (Ausbau von Sprachförderungsangeboten, schulische

Unterstützung, Erwachsenenbildung und Hochschulzugang bzw. Anerkennungserleichterung), gleichzeitig wurden Sanktionen bei der Schulpflichtverletzung beschlossen und als Integrationsmaßnahme begründet. Hinsichtlich der Familienzusammenführung erfolgten Erleichterungen beim Arbeitsmarktzugang. Konkretisiert wurden Eckpunkte der identifikatorischen Integration mit einer *Rot-Weiß-Rot-Fibel* zur österreichischen Werte- und Rechtsordnung. In puncto Antidiskriminierung kam es zur gesetzlichen Öffnung der Freiwilligenarbeit (z. B. in Feuerwehren) für Drittstaatsangehörige. Das Staatsbürgerschaftsrecht sah eine frühere Einbürgerungsmöglichkeit für sog. ausgezeichnet Integrierte nach sechs Jahren vor. Hinsichtlich politischer Partizipation blieben gesetzliche Veränderungen allerdings aus.[144]

Nach der Nationalratswahl 2013 führte die SPÖ-ÖVP-Koalitionsregierung den initiierten Institutionalisierungsprozess weiter und leitete das Staatssekretariat für Integration in ein Bundesministerium über. Der Staatssekretär hatte nach seinem erfolgreichen Vorzugsstimmenwahlkampf und dank hoher Sympathiewerte ein eigenes Ministerium für sich gefordert und war als Minister mit dem Außen- und Europaressort bedacht worden.[145] Dorthin migrierten auch die Integrationsagenden. Die Ressortentscheidung evozierte abermals integrationspolitische Verschiebungen: Einerseits erfolgte durch die Angliederung an das *Bundesministerium für Europa, Integration und Äußeres* (BMEIA) eine stärkere inhaltliche Anbindung an die Agenden der Auswärtigen Angelegenheiten. Im BMI verankert blieben die Zuwanderungskompetenzen, für die von 2014 bis 2016 ein *Migrationsrat* unter der Leitung von Prof. Paul Lendvai zuwanderungspolitische Szenarien und Empfehlungen erarbeitete.[146] Andererseits ging mit dem Wechsel die Umsiedelung der integrationspolitischen Verwaltung vom Innenministerium ins BMEIA sowie der Aufbau neuer Sektionen und der Wechsel der Beamtenschaft ins Außenministerium einher.

Neben den organisatorisch-administrativen Veränderungen bot die Leitung des Außenministeriums zusätzliche strategische Handlungsräume. So brachte es den Integrationsminister in eine Frontposition bei der nationalen und europäischen Flüchtlingspolitik ab 2015. In dieser Doppelfunktion erfolgte ein

Profilwechsel – Kurz wechselte von der Rolle des Verstehers der Migration und Integration in jene des restriktiven Entscheiders. Der Integrationsminister verlangte die Schließung der Balkanroute, kritisierte NGOs für ihr Engagement bei der Flüchtlingsrettung, unterstützte die Orban'sche Asylpolitik und stilisierte sich zum Vernetzer der Visegrád-Staaten für eine restriktive Linie in der Europäischen Flüchtlingspolitik.[147]

Integrationsgesetz 2017

Zehn Jahre nachdem die SPÖ-ÖVP-Koalition die Institutionalisierung der Integrationspolitik auf Schiene gebracht hatte, erfolgte im Jahr 2017 die Verabschiedung eines *Bundesgesetzes zur Integration rechtmäßig in Österreich aufhältiger Personen ohne österreichische Staatsbürgerschaft (IntG)*. Es war das erste so betitelte Integrationsgesetz auf Bundesebene und schuf organisatorisch einen einheitlichen Rechtsrahmen für die bereits bestehenden Integrationsinstitutionen – so werden die integrationspolitischen Zuständigkeiten des Integrationsministeriums und Österreichischen Integrationsfonds sowie des Arbeits- und Sozialministeriums und des Arbeitsmarktservice definiert. Der Gesetzgeber formalisiert Expertenrat sowie Integrationsbeirat und deren Aufgabenspektrum. Neu vorgesehen ist ein Integrationsmonitoring für die Sammlung und Aufbereitung von Daten aus den Bereichen Asyl und Aufenthalt, Schulbildung und Erwachsenenbildung, Sozialleistungen, Arbeitsmarkt, Deutschkurse, Werte- und Orientierungskurse und Wissenschaft. Dieses Monitoring soll künftig von einer Forschungskoordinationsstelle im Integrationsministerium verwaltet werden.

Inhaltlich bündelt das Gesetz viele der rechtlichen Maßnahmen der Regierungen seit den 1990er-Jahren. Es definiert das Ziel der »raschen Integration rechtmäßig in Österreich aufhältiger Personen« durch Integrationsförderung sowie Integrationspflicht, also Mitwirkungspflicht, von drei Gruppen: Asylberechtigten, subsidiär Schutzberechtigten sowie rechtmäßig niedergelassenen Drittstaatsangehörigen. EWR-Bürger*innen bzw. österreichische Staatsbürger*innen mit Migrationshintergrund sind vom Gesetz dezidiert nicht betroffen. Integration gilt darin als »gesamtgesellschaftlicher Prozess«, der die »Mitwirkung aller in Österreich lebenden Menschen« benötige, insbesondere aber jene der Zugewanderten. Zugleich formuliert das Gesetz einen teilhabeorientierten Anspruch: Zentral seien die »Teilhabe durch Erwerbsarbeit, der Zugang zu und die Annahme von Bildungsangeboten, die Gleichstellung der Geschlechter und das rasche Erreichen der Selbsterhaltungsfähigkeit«.[148]

In der integrationspolitischen Chronologie nimmt das Gesetz eine besondere Stellung ein: Der Beschluss des Integrationsgesetzes mit den Stimmen von SPÖ und ÖVP (gegen die Stimmen der Oppositionsparteien) am 16. Mai 2017 erfolgte zu einem Zeitpunkt, an dem der Integrations- und Außenminister bereits das Ende der Koalitionsregierung verkündet hatte.

Höheres Budget für das Integrationsressort

Abschließend sei noch ein Blick auf die finanzielle Komponente der Institutionalisierung geworfen. Die Institutionalisierung der Integrationspolitik war von einem Anstieg der finanziellen Mittel begleitet. Dies zeigt allein die Entwicklung des Detailbudgetpostens *Integration* im Bundesbudget für das jeweils für Integration hauptverantwortliche Bundesministerium: Ab 2013 wurde dieser Posten explizit im Budget des damals zuständigen Innenministeriums angeführt (Detailbudget 11.03.02), ehe er aufgrund des ministeriellen Zuständigkeitswechsels schrittweise (bis 2015 vollends) ins Budget des Außenministeriums übergeführt wurde (Detailbudget 12.02.03).[149] Lagen die Auszahlungen für Integration im Innenministerium 2013 bei rund € 32 Millionen, stiegen sie im BMEIA von rund € 20 Millionen (2014) auf € 73 Millionen (2016) und pendelten sich nach den Jahren der hohen Flüchtlingsbewegungen bei rund € 50 Millionen (2018) ein (Tabelle 3).

In diesem Detailbudget für Integration sind Beiträge an den Österreichischen Integrationsfonds, aber auch kofinanzierte Projekte des *Europäischen Asyl-, Migrations- und Integrationsfonds* und Förderungen von Einzelprojekten zu Integration wie Sprach- und Wertekurse enthalten.[150] An den Projektfördermitteln lassen sich die

	Jahr	Auszahlung
BMI	2013	31.561.141,89
Detailbudget »Integration« 11.03.02	2014	2.375.488,07
BMEIA Detailbudget »Integration« 12.02.03	2014	20.479.599,45
	2015	36.328.128,80
	2016	78.040.630,48
	2017	67.869.134,10
	2018	49.532.040,34

Tabelle 3: **Detailbudgets Integration 2013 bis 2018**
Quelle: Bundesrechnungsabschlüsse 2013–2018
Anmerkung: Angeführt sind die Auszahlungen in €

		2014	2015	2016	2017	2018
	EU-Mittel 2014	2.975.509	1.230.544	2.391.603	3.336.153	3.342.611
	BMEIA-Mittel 2014	5.056.171	3.043.388	5.295.916	11.775.895	10.465.397
	EU+BMEIA 2014	8.031.680	4.273.932	7.687.519	15.112.049	13.808.008
Anteil an BMEIA-Mitteln nach Handlungsfeld	Arbeit und Beruf	12 %	15 %	8 %	13 %	15 %
	Gesundheit und Soziales	11 %	9 %	10 %	7 %	16 %
	Interkultureller Dialog	9 %	9 %	14 %	6 %	6 %
	keine Zuordnung	9 %	0 %	2 %	2 %	3 %
	Rechtsstaat und Werte	1 %	2 %	5 %	5 %	2 %
	Sport und Freizeit	0 %	0 %	1 %	0 %	0 %
	Sprache und Bildung	59 %	65 %	60 %	46 %	45 %
	Wohnen und Regionales	5 %	13 %	14 %	21 %	21 %

Tabelle 4: **Projektförderungen des Bundesministeriums für Integration**
Quelle: Projektdatenbank des Bundesministeriums für Europa, Integration und Äußeres
Anmerkung: Angeführt sind die Auszahlungen in €. Mehrfachkategorisierungen von Projekten führen zu Summenwerten über 100 %

Integrationsschwerpunkte ablesen. Dem Handlungsfeld Sprache und Bildung kommt mit Abstand der größte Anteil der Projektfördermittel zu. Handlungsfelder wie Arbeit und Beruf, Gesundheit und Soziales oder Interkultureller Dialog sind weniger umfangreich. Das Handlungsfeld Wohnen und Regionales entwickelte sich zum zweitwichtigsten Förderbereich (Tabelle 4).

Bis zum Jahre 2017 schlugen sich im Detailbudget des Integrationsministeriums (bis 2014 in jenem des Innenministeriums) auch finanzielle Mittel für die Länder nieder. So zahlte der Bund den für Kinderbetreuungseinrichtungen zuständigen Ländern seit 2008 auf Basis einer 15a-Vereinbarung (Vertrag zwischen Bund

und Bundesländern) die frühe sprachliche Förderung der drei- bis sechsjährigen Kinder in Kinderbetreuungseinrichtungen. Der jährliche Betrag umfasste fünf Millionen Euro bis 2015, danach jährlich 20 Millionen Euro. Seit 2018 sind diese Kosten budgetär beim Finanzministerium als Teil des Finanzausgleichskostenpunkts budgetiert.[151] Neben dem hauptverantwortlichen Integrationsministerium tätigen auch andere Bundesministerien laufende Ausgaben für integrative Maßnahmen. Jedoch werden für diese im Budgetbericht des Finanzministeriums keine abgrenzbaren Budgetposten für Integration angeführt.

Fazit

Die kontinuierliche Politisierung von Integration durch Oppositionsparteien im rechten und linken Spektrum ebenso wie der faktische Handlungsdruck aufgrund steigender Diversität provozierten den Marsch der Integrationspolitik in die Regierungsinstitutionen. Heute existiert eine formalisierte Integrationsarchitektur bestehend aus dem Integrationsministerium, dem Integrationsfonds, zwei Beiräten, einem erweiterten Integrationsbudget sowie einem Integrationsgesetz.

All dies kann als Ausdruck eines grundsätzlichen politischen Willens gewertet werden, die mit Migration einhergehenden Integrationsanforderungen auch politisch zu gestalten. Die seit den 1990er-Jahren eingeführten Verschärfungen im Aufenthalts- und Fremdenrecht und die obligatorischen Integrationsregelungen wie die Integrationsvereinbarung wurden schrittweise um teilhabefördernde Maßnahmen und Instrumente ergänzt. Dies belegen die europaweit vergleichenden Erhebungen zu integrationspolitischen rechtlichen Maßnahmen. In der unten zu findenden Informationsbox 2 zu Österreichs Integrationspolitik im internationalen Vergleich fassen wir die Ergebnisse des *Migrant Integration Policy Index* (*MIPEX*) zusammen, um eine europaweite Verortung dieser inhaltlichen Entwicklung zu geben.[152]

Das sorgfältige Austarieren von Interessen links und rechts der Mitte, die Bestrebungen um eine Versachlichung der Debatte erodierten sukzessive nach 2015. Die gestiegene Flüchtlingszuwanderung

2015, die wieder erstarkte rechtspopulistische FPÖ, die Führungswechsel in SPÖ und ÖVP und schließlich der Regierungswechsel von einer SPÖ-ÖVP-Koalition zu einer ÖVP-FPÖ-Koalition veränderten Profil, Salienz und Inhalt der Integrationspolitik. Dieser integrationspolitischen Periode ist der dritte Teil des Buches gewidmet.

Österreichs Integrationspolitik im internationalen Vergleich

Eine vergleichende Studie im Auftrag des Europäischen Parlaments ordnete Österreich im Jahr 2006, also noch vor Beginn der Institutionalisierung auf Bundesebene, den Ländern mit exkludierenden und separierenden integrationspolitischen Programmen für Zugewanderte zu. Die exkludierende Integrationspolitik in Österreich verfolge ein rigides gesetzliches Rahmenwerk, das Migration nur als temporäres Phänomen betrachte. Dieses konzentriere sich, wenn überhaupt, auf kulturelle Aspekte und praktiziere eine Ausgrenzung von Zugewanderten aus wesentlichen gesellschaftlichen Teilbereichen, so das Studienfazit.[153]

Zu einem ähnlichen Ergebnis kam 2004 der *Migrant Integration Policy Index* (MIPEX). Er zeigte, dass über den Zeitverlauf auch markante Veränderungen der Integrationspolitik zu beobachten sind. Der MIPEX vergleicht in mehreren Wellen (2004, 2007, 2011 und 2014) nationale integrationspolitische Regelwerke in Europäischen Mitgliedstaaten sowie außerhalb Europas hinsichtlich der rechtlichen und politischen Chancen für Personen mit Migrationshintergrund, an der Gesellschaft und ihren wesentlichen Institutionen teilhaben zu können. Die Analyse inkludiert sowohl rechtliche Rahmenbedingungen als auch politische Maßnahmen für Zugewanderte und gibt den Grad des Zugangs zu gleichen Rechten, Pflichten und Chancen wieder. Mit den Etappen wuchs die Zahl der untersuchten Länder sowie der im Index berücksichtigten Indikatoren auf 167 Indikatoren. Dies bedeutet, dass einige Aspekte nicht durchgängig beobachtet wurden und somit rückblickend nicht vergleichbar sind. Dennoch erlauben die MIPEX-Daten eine wertvolle vergleichende Einschätzung nationaler Integrationspolitiken (siehe Diagramm 10).[154]

In der ersten Erhebungsphase (2004) stellte der MIPEX der Österreichischen Integrationspolitik ein sehr schlechtes Zeugnis aus. Das Land rangierte in allen fünf damals untersuchten Dimensionen deutlich unter dem Durchschnitt der Europäischen Mitgliedstaaten (EU-15). Während die Regelungen zum Daueraufenthalt dem Europäischen Durchschnitt am nächsten kamen, fielen die Zugangsbedingungen zum Arbeitsmarkt, die Rechte auf Familienzusammenführung, die Antidiskriminierungspolitik sowie die Einbürgerungspolitik deutlich restriktiver als bei anderen europäischen Ländern aus. Die Studie beurteilte Österreich als ein Land mit »wenig vorteilhafter Performance« hinsichtlich der Integration.

Drei Jahre später (2007) nahm nicht nur die Zahl der untersuchten europäischen Länder (EU-25) zu, es wurde mit der Evaluation »Politischer Partizipationschancen« auch eine weitere Analysedimension hinzugefügt. In dieser Dimension bewegte sich Österreich 2007 leicht unter dem Europäischen Durchschnitt. Vor allem aber wies Österreichs Integrationspolitik die restriktivste Einbürgerungspolitik und das zweitschärfste Regelungssystem für Familienzusammenführungen auf, während die Antidiskriminierung und die Arbeitsmarktzugangschancen weiterhin hinter dem Durchschnitt lagen. Eine inklusivere Regelung beim Daueraufenthaltsanspruch änderte nichts an der eher weniger günstigen Gesamtbeurteilung der Integrationspolitik.

Die dritte Erhebungsrunde (2011) bestätigte Österreich erstmals eine inklusivere Integrationspolitik. Der erweiterte MIPEX-Index umfasste nun zusätzlich auch die Bildungsintegration. Nicht zuletzt in dieser Hinsicht schnitt Österreich geringfügig inklusiver ab als der Durchschnitt der EU-27. Gemeinsam mit den Erleichterungen beim Arbeitsmarktzugang und beim Daueraufenthalt führte dies zum Urteil, dass sich die Integrationspolitik auf »halbem Wege in Richtung Best Practice« befinde und damit zum Mittelfeld aufgeschlossen habe. Dennoch rangierte Österreich noch im unteren Mittelfeld der EU-27, da in puncto Staatsbürgerschaftszugang, Familienzusammenführung, politischer Partizipation und Antidiskriminierung weiterhin restriktivere Regelungen als im Europäischen Durchschnitt bestanden.

In der bislang letzten Erhebungsrunde (2014) schloss Österreich in der Gesamtbewertung weiter zum Durchschnitt der EU-28 auf (Platz 14 von 28). Dies ist auch auf die Einführung der Integrationsdimension Gesundheit zurückzuführen, in der Österreich deutlich inklusivere Regelungen als der EU-Durchschnitt aufweist. In fast allen Integrationsdimensionen kam es zu einer inklusiveren Ausgestaltung (besonders deutlich in den Bereichen Arbeitsmarktzugang,

Familienzusammenführung und Antidiskriminierung), nur der Daueraufenthalt wurde restriktiver als bisher ausgestaltet. Insgesamt blieb Österreichs Integrationspolitik, so die Einschätzung der Studien, weiter auf »halbem Wege in Richtung Best Practice«,[155] mit nach wie vor auffällig restriktiver Gestaltung des Staatsbürgerschaftszugangs, aber inklusiver Gestaltung der (nun neu erhobenen) Gesundheitsintegration.

In Summe verdeutlicht der MIPEX-Zeitvergleich die gestiegene Aktivität an integrationspolitischen Maßnahmen zwischen 2004 und 2014. Er zeigt Bemühungen inklusiverer Gestaltung in einigen Teilbereichen der Integration (z. B. beim Arbeitsmarktzugang und der Antidiskriminierung), die vielfach Konsequenz der Umsetzung von EU-Richtlinien waren. Die Ergebnisse betonen die kaum veränderten restriktiven Eckpfeiler der Staatsbürgerschaftspolitik. Insgesamt bewegt sich Österreichs Integrationspolitik im Mittelfeld aller weltweit verglichenen Staaten, während die inklusiven Länder in Übersee (USA, Kanada, Neuseeland) sowie in Nord- und Westeuropa (Schweden, Finnland, Portugal, Belgien) liegen.

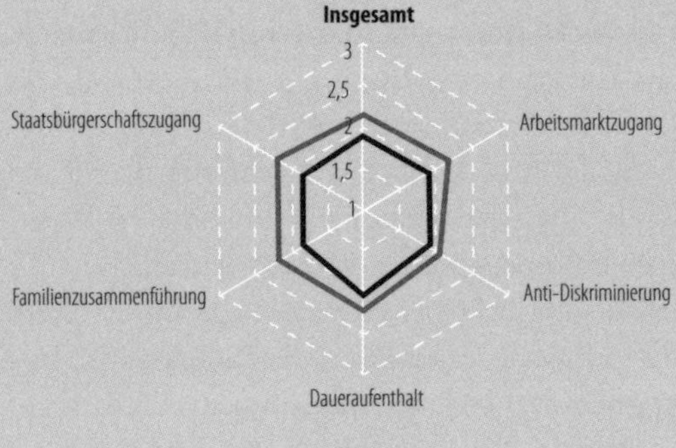

2004

EU-15
Österreich

Werteskala:

Ungünstig	1 –1,25
Tendenziell ungünstig	1,25–1,75
Halbwegs günstig	1,75–2,25
Tendenziell günstig	2,25–2,75
Günstig	2,75–3

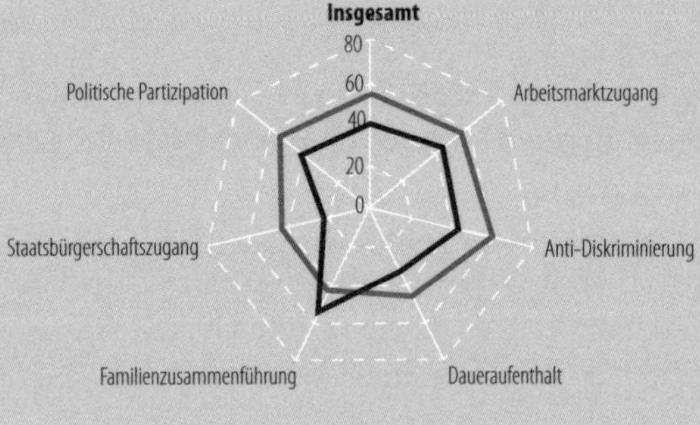

2007

EU-25
Österreich

Werteskala:

Ungünstig	1–20
Tendenziell ungünstig	21–40
Halbwegs günstig	41–59
Tendenziell günstig	60–79
Günstig	80–100

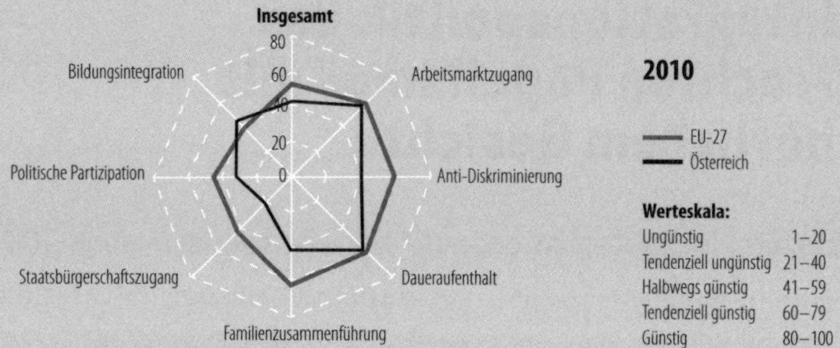

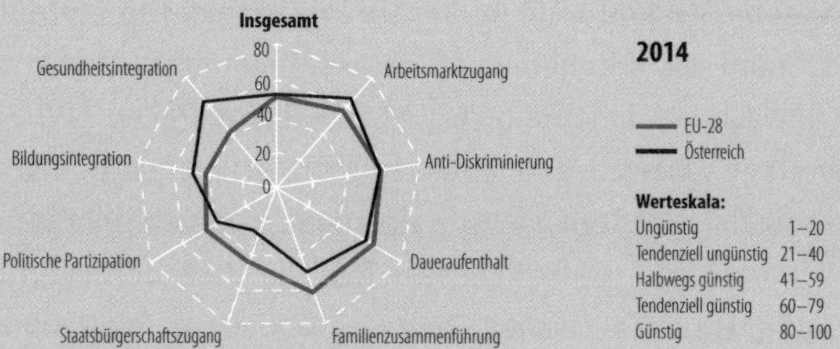

***Diagramm 11:* MIPEX-Vergleich Österreich & EU-Durchschnitt 2004 bis 2014**
Quelle: Migrant Integration Policy Index (Geddes u. a. 2005; Niessen/Huddleston/Citron 2007; Huddleston u. a. 2011; Huddleston u. a. 2015)
Anmerkungen: MIPEX bewertet die Integrationspolitik mit inzwischen 167 Politikindikatoren entlang der angezeigten Integrationspolitikbereiche. Die maximale Punktezahl pro Indikator wird erreicht, wenn die jeweilige Politik den Höchststandards für die Gleichbehandlung entspricht, die Hälfte der Punkte werden für Politiken vergeben, die den Höchststandards halbwegs nahe kommen, die minimale Punktezahl wird Maßnahmen zugewiesen, die von den Höchststandards denkbar weit entfernt sind. Existieren in einem Land für einen bestimmten Indikator keinerlei politische Regelungen, wird standardmäßig die Mindestpunktezahl vergeben. Die Erhebungsdimensionen Politische Partizipation (ab 2007), Bildungsintegration (ab 2011) sowie Gesundheitsintegration (ab 2014) wurden nicht über alle Wellen erhoben

III. Analysen: Integrationspolitik des »rechten Populismus mit höflichem Gesicht«

Österreichs Integrationspolitik steht seit dem Jahr 2016 zunehmend im Dienst rechtspopulistischer Strategien. Das »höfliche Gesicht« verbildlicht die Konvergenz zwischen ÖVP und FPÖ in diesem Politikfeld. Die Metapher stammt aus der medialen Charakterisierung eines Strategiewechsels innerhalb der Mitte-Rechts-Partei ÖVP, die seither sukzessive Anleihen an Themen und Positionen der radikalen Rechten nimmt – wenngleich vorgebracht in höflicherem und freundlicherem Ton. Die Veränderungen der integrationspolitischen Leitverständnisse, Maßnahmen und Instrumente sind der Kern dieses Abschnitts.

Rahmenbedingungen und Untersuchungsdesign

Wandel politischer Rahmenbedingungen

Die starke Flüchtlingszuwanderung der Jahre 2015/16 gilt als Schlüsselmoment der politischen Veränderungen in Europa und in Österreich. Mit den Flüchtlingsbewegungen ging eine hohe Text- und Bildsprache des Integrationsthemas einher. Infrastrukturen wie Unterbringungseinrichtungen, Bildungseinrichtungen und Arbeitsmarkt sahen sich großen Herausforderungen und Anstrengungen gegenübergestellt. Die anfängliche Willkommensstimmung wich der Ablehnung von Geflüchteten sowie der Skepsis in Bezug auf Integration. In den Parteien löste der Umgang mit der Flüchtlingszuwanderung erhebliche Turbulenzen aus: Der FPÖ verhalf die Entwicklung zu einem Höhenflug in den Meinungsumfragen. In der SPÖ verschärften sich ob der Bewältigung der Situation die internen Konflikte und führten zum Rücktritt von Bundeskanzler Werner Faymann. In der ÖVP war sie das Vehikel für eine personelle und inhaltliche Neuaufstellung, zunächst noch hinter den Kulissen, bald jedoch an vorderster Front.[156]

Ab 2011 hatte Sebastian Kurz als Staatssekretär und Integrationsminister im Aufgabenfeld Integrationspolitik eine tragende Rolle eingenommen. Seit 2016 wird der Politiker in Zusammenhang mit parteiinternen Strategiepapieren gebracht, die sich gegen die Politik des »bisherigen Systems« richten.[157] Im *Projekt Bundesparteiobmann* und *Projekt Ballhausplatz* bereiteten Mitarbeiter*innen des damaligen Außen- und Integrationsministers die inhaltliche und personelle Neuausrichtung der Partei vor. Die Strategievorgabe lautete:

> Wir müssen reframen => müssen ÖVP hintanstellen und SK zum Herausforderer stilisieren – allerdings neu: in einem Match gegen zwei andere. Einzige Möglichkeit, in dieser Situation politisch erfolgreich zu sein, ist eine Position einzunehmen, die diese Stimmung bedient. »Anders sein – Anti-Establishment«. Wir halten dagegen – gegen das »System«.[158]

Für die erfolgreiche Übernahme von Parteiführung und Kanzlerschaft wurde Kurz als eine Art »höflicherer Strache« positioniert, wie Barbara Tóth und Nina Horaczek schreiben.[159] Ein rechter Populismus mit höflichem Gesicht war das Ziel: »FPÖ-Themen, aber mit Zukunftsfokus«, hielt eines der Strategiepapiere fest. Inhaltlich kritische, ablehnende Positionen zu Migration und Integration, jedoch weniger aggressiv formuliert, sollten einen zentralen Platz in diesem strategischen Erneuerungsprojekt einnehmen.[160] Der von Kurz abgelöste Bundesparteiobmann Reinhold Mitterlehner schreibt über diese Entwicklung in Anspielung auf die FPÖ: »Es ging darum zu kopieren, was funktionierte.«[161]

Das Team um Kurz hatte die Flüchtlingskrise für einen Imagewechsel des Ministers genutzt und an der Übernahme der Parteiführung gearbeitet. Als Kurz nach Mitterlehners Rücktritt im Mai 2017 die ÖVP-Führung übernahm, kündigte er die Koalitionsregierung mit der SPÖ auf und verlangte eine vorgezogene Nationalratswahl. Er sicherte sich ein Durchgriffsrecht bei der Erstellung von Kandidatenlisten sowie Hoheit über die Wahlkampfstrategie. Diese wurde auf den Spitzenkandidaten zugeschnitten, alle anderen sollten sich diesem als »Jünger« unterordnen, wie es das Strategiepapier formulierte und auch Mitterlehner rückblickend festhält.[162] Die »Marke ÖVP« werde »beim Wahlkampf sehr spärlich verwendet, weil sie derzeit für ›alt‹ steht«, analysierte das Strategiepapier, deshalb brauche es einen »Bypass über die Person SK«.[163] War die ÖVP lange Zeit durch interne Heterogenität zwischen den Bünden, aber auch zwischen Landesparteien und Bundespartei geprägt gewesen, so kam es nun zur Zentralisierung und Personalisierung der Parteiorganisation unter dem veränderten Namen »Liste Kurz – Die neue Volkspartei« und neuer türkiser Farbgebung.

ÖVP und FPÖ führten den Nationalratswahlkampf 2017 mit ähnlich restriktiven, angstbeladenen Positionen zu Migration, Asyl, Islam und Integration. Ruth Wodak spricht diesbezüglich von einer »Normalisierung nach rechts« und zeigte diskursanalytisch am Wahlkampf auf, »wie sich die konservative Österreichische Volkspartei (ÖVP) zu einer rechtspopulistischen Partei normalisiert hat«.[164] Karin Liebhart machte in der Regierungsperiode eine Konvergenz zwischen gemäßigten und radikalen Rechten aus, im Zuge derer es zur »Normalisierung (des / der) rechtspopulistischen Diskurses und Politik in Österreich« gekommen sei.[165]

Die Koalitionsregierung zwischen der türkisen ÖVP und der FPÖ verschob das politische Machtzentrum. Die Regierungskoalition wechselte von einer Zusammenarbeit zweier Parteien des politischen Zentrums zu zwei Parteien im rechten politischen Spektrum. Eine rechtspopulistische Rechtsaußenpartei koalierte mit einer christdemokratischen Partei, die sich strategisch am Rechtspopulismus bediente, ihn jedoch mit höflicherem Gesicht vermitteln wollte. Insgesamt sollten es 16 Monate (Ende 2017 bis Mai 2019) werden. Eigentlich zu kurz, um einen substanziellen Wandel von Maßnahmen und Instrumenten in einem Politikfeld erwarten zu können. Denn Politikwandel ist, wenn überhaupt, nur in längeren zeitlichen Phasen zu beobachten.[166] Doch für das Regieren dieser beiden Parteien reichten bereits 16 Monate, um Integrationspolitik markant zu verändern.

Vermessung des Politikwandels

Teil III des Buches widmet sich der Vermessung des Politikwandels im Feld der Integration der ÖVP-FPÖ-Bundesregierung im Vergleich zur vorhergehenden SPÖ-ÖVP-Regierung. Diesen Wandel untersuchen wir anhand von drei Dimensionen: integrationspolitische Verständnisse, gesetzliche Maßnahmen sowie Kompetenzen und Stile des Regierens.

Integrationspolitische Verständnisse

Als Quelle für die Leitverständnisse ziehen wir die seit 2011 jährlich erscheinenden Integrationsberichte heran und untersuchen inhaltsanalytisch die Vorworte des jeweils politisch Verantwortlichen. Die Berichte erstellt der Expertenrat für Integration in enger Absprache mit dem zuständigen Staatssekretariat bzw. Ministerium. Der Staatssekretär bzw. der Minister / die Ministerin zeichnen namentlich das Vorwort und bringen so die Regierungsperspektive auf Integration zum Ausdruck.[167]

Das Material der Maßnahmenanalyse umfasst die integrationsrelevanten Beschlüsse des Nationalrats aus zwei Legislaturperioden: zwischen 2014 und 2017 während der SPÖ-ÖVP-Regierungskoalition (25. Legislaturperiode) und zwischen Ende 2017 und 2019 während der ÖVP-FPÖ-Regierungskoalition (26. Legislaturperiode). Die Beschlüsse wurden über die Parlamentsdatenbank mittels Stichwortsuche gesammelt.[168] Auf diese Weise fanden 87 parlamentarische Beschlüsse Eingang in die Untersuchung.[169] Die Liste dieser Beschlüsse findet sich im Anhang (Tabelle 5). Aufgrund der Kürze der Legislaturperiode wurde der Materialkorpus um jene Regierungsentwürfe und Initiativanträge ergänzt, die bereits vorgelegt wurden und sich im Prozess der Begutachtung befanden. Punktuell ergänzt wurde der Materialkorpus um Vorhaben der Regierungsparteien, die in der medialen Öffentlichkeit kontrovers diskutiert wurden, jedoch noch nicht in Form von Regierungsvorlagen, Anträgen oder Beschlüssen Eingang ins Parlament gefunden hatten.

Die Analyse berücksichtigt solche Beschlüsse und Vorhaben, die sich im Gesetzestext, in den Erläuterungen oder in den Forderungen explizit auf Migrant*innen oder Asylsuchende, Personen ausländischer Staatsbürgerschaft, Personen mit Migrationshintergrund oder mit anderen Erstsprachen als Deutsch sowie Personen von Minderheitenreligionen beziehen bzw. die auf ethnische oder kulturelle Diversität Bezug nehmen. Allgemeine Maßnahmen betreffend die Regelsysteme von Arbeitsmarkt, Bildung oder Soziales, die ebenfalls intendierte und nichtintendierte Konsequenzen für Zugewanderte haben, können aus arbeitsökonomischen Gründen hier nicht berücksichtigt werden. Die Analyse bezieht sich also auf migrations- und diversitätsspezifische Maßnahmen.

Der inhaltliche Wandel der Maßnahmen und ausgewählter Maßnahmenforderungen der Regierungsperiode (Ende 2017 bis Mai 2019) gegenüber der vorhergehenden Periode (2014 bis 2017) wird in drei Schritten analysiert:

Erstens wird jede Maßnahme bzw. Maßnahmenforderung dahingehend klassifiziert, ob sie a) eine Kontinuität und Vertiefung, b) einen Rückbau bzw. Streichung oder c) eine Neueinführung gegenüber der bisherigen Maßnahme bedeutet.[170]

Zweitens werden die Maßnahmen den im Kapitel 2 diskutierten Integrationsachsen zugeordnet: Der soziostrukturellen Integration und der soziokulturellen Integration.[171] Die soziostrukturelle Achse erfasst Teilhabemaßnahmen in drei gesellschaftlichen Bereichen: Arbeitsmarkt, Bildung und Politik. Mit dieser Differenzierung wird dem Umstand Rechnung getragen, dass es sich nicht um Integration in *die* Gesellschaft schlechthin handeln kann, sondern stets um Teilhabe in bestimmten Feldern. Die soziokulturelle Achse erhebt Maßnahmen bezüglich Religion und Werten. Diese Teilbereiche gelten in vergleichenden Studien als wesentliche Integrationsdimensionen. Tatsächlich waren sie in den Regierungsprogrammen beider Koalitionen die meist adressierten Handlungsfelder und zugleich von heftigen Kontroversen während der ÖVP-FPÖ-Koalition begleitet.[172]

Drittens wird die inhaltliche Ausrichtung der Maßnahmen klassifiziert. Wir bewerten die soziostrukturellen Maßnahmen nach ihrem inkludierenden oder exkludierenden Charakter und die soziokulturellen Maßnahmen nach ihrem assimilatorischen oder pluralistischen Charakter. Diese Bewertung ist ausschließlich relativ im Sinne der Veränderung zum Status Quo zu verstehen. Es wird der jeweilige Zuwachs oder die Abnahme von Teilhabe bzw. Assimilation / Pluralismus im Vergleich zur bisherigen Maßnahme erhoben und nicht, ob und wie stark bestimmte Maßnahmen an und für sich teilhabefördernd bzw. assimilatorisch sind.

Kompetenzen und Stile des Regierens

Das vierte Analysekapitel untersucht die Veränderungen der Kompetenzen und Zuständigkeiten anhand der ausgewählten Beschlüsse bzw. weiterer öffentlicher Dokumente. Die Veränderung von Regierungsstilen, d. h. der vertikalen staatlichen Organisationsform sowie der Konflikt- / Konsensorientierung wird zusätzlich über Medienberichte zur Koalitionsarbeit erhoben.

Auf Basis der Befunde der vier Analysekapitel erfassen und diskutieren wir schließlich Merkmale der rechtspopulistischen türkis-blauen Integrationspolitik. In dem Kapitel wird der Frage nachgegangen, ob Integration tatsächlich erwünscht ist und wenn ja, von welcher Integration, von welchen Instrumenten und von welchen Zielgruppen am Ende dieses integrationspolitisch ereignisreichen Jahrzehnts gesprochen werden kann.

Integrationspolitische Verständnisse

Ein Politikfeld besteht nicht nur aus Akteur*innen, Institutionen und Maßnahmen, sondern zuvorderst aus Ideen und Zielen. Denn politisches Handeln und Entscheiden wird nicht nur von strategischen Überlegungen, sondern auch von Überzeugungen, Normen und Zielen geleitet, die ihrerseits in taktische Problemwahrnehmungen und -lösungen einfließen. Leitverständnisse bilden die Orientierung für das politische Handeln.[173] Wie haben sich die integrationspolitischen Ziele der Regierungen im letzten Jahrzehnt verändert? Worin unterscheiden sich die Leitverständnisse der SPÖ-ÖVP-Koalitionsregierung von jenen der ÖVP-FPÖ-Koalition?

Eine Quelle zur Beantwortung dieser Fragen sind Regierungsprogramme. Tatsächlich und nicht überraschend bilden sich Veränderungen in den jeweiligen Regierungsprogrammen ab. Auffällig sind die unterschiedlichen Annäherungen an Probleme und Antworten im Regierungsprogramm von 2017 im Vergleich zu 2013. So einigten sich SPÖ und ÖVP im Regierungsprogramm 2013 (Regierung Faymann II) noch, Integration als »eine der großen Herausforderungen Österreichs für den Erhalt des sozialen Friedens und des wirtschaftlichen Erfolgs« bzw. die »Gesellschaftliche Vielfalt als Chance für Österreich« zu sehen. Außerdem sollten »die Potenziale von Personen mit Migrationshintergrund im Interesse aller Beteiligten noch besser (genutzt werden)«.[174] Das ÖVP-FPÖ-Regierungsprogramm von 2017 formulierte hingegen andere Befunde und Ziele: Zwar biete Österreich »weiterhin alle Chancen zur Integration«, wer diese jedoch nicht annehme »und seine Integration verweigert«, der müsse »mit Sanktionen rechnen«. Integrationspolitik könne »falsche Einwanderungspolitik nicht reparieren«, weshalb »Probleme im Bereich der Integration erkannt, offen angesprochen (und) gelöst (werden müssten) und nicht aus falsch verstandener Toleranz verschwiegen werden« dürften.[175]

Um nuancierten Entwicklungen auch innerhalb von Legislaturperioden auf die Spur zu kommen, braucht es freilich häufigere Beobachtungszeitpunkte. Die seit 2011 jährlich erscheinenden Integrationsberichte und deren einleitende Vorworte der jeweils politisch Hauptzuständigen können als eine derartige Quelle für die

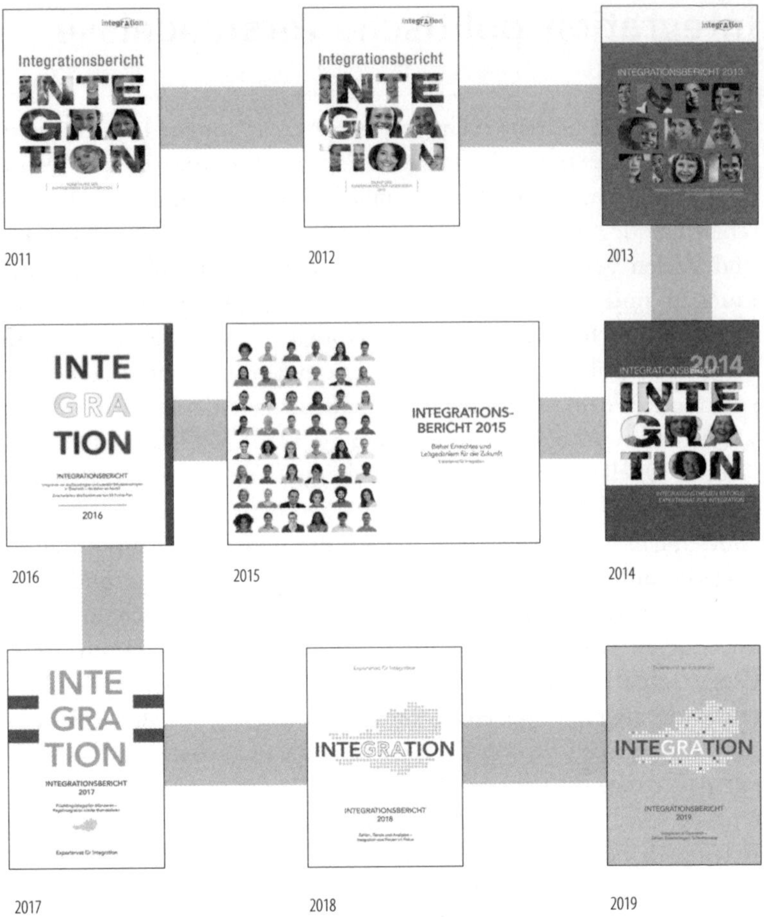

***Diagramm 12:* Titelbilder der Integrationsberichte der Jahre 2011 bis 2019**

Quelle: Integrationsberichte 2011–2019, Bundesministerium für Inneres (bis 2013); Bundesministerium für Europa, Äußeres und Integration (ab 2014)

Identifizierung von Leitverständnissen, deren Veränderungen sowie von Brüchen dienen.

Bereits der Vergleich der visuellen Aufmachung der Integrationsberichte (in der Folge kurz IB genannt) legt eine Veränderung der Grundausrichtung nahe: von einer positiv konnotierten Darstellung äußerlich vielfältiger Menschen hin zu einer anonymen, nationalzentrierten Darstellung von Landkarten und Schriftzügen (siehe Diagramm 12). In den Jahren 2011 bis 2015 wurde auf den Titelblättern ein personalisierter Zugang zu Diversität gewählt. Freundliche Gesichter von Personen unterschiedlicher Hautfarbe, unterschiedlichen Geschlechts und unterschiedlichen Alters waren das Motiv. 2016 wich diese freundliche, menschliche Präsentation einem zunehmend nüchternen, entpersönlichten Bild mit schlichtem Text und stärkerem rot-weiß-roten Farbeinsatz. 2018 bebilderte schließlich nur noch ein grafischer Umriss der österreichischen Landkarte auf weißem Hintergrund den Bericht; 2019 ist dieser grau hinterlegt, verschiedenfarbige Punkte mögen jedoch Vielfalt zumindest andeuten.

Der Wandel der bildlichen Präsentationen spiegelt einen Wandel der inhaltlichen Integrationsverständnisse, die sich in den geschriebenen Texten finden, wider. Dieser Wandel reicht von einer positiv vertrauenswürdigen zu einer kritisch negativen Darstellung, von Chancen der Vielfalt zur Notwendigkeit der Migrationsbeschränkung, von leistungsbezogener Teilhabeförderung der Einzelnen zu nationalen Identitätskonstruktionen. Im Folgenden wird auf Basis der Vorworte dieser Weg ausgeführt.

Das Narrativ *Integration durch Leistung* (IB 2011, 2012, 2013)

Die Vorworte der ersten drei Integrationsberichte (2011, 2012, 2013) stehen im Zeichen der neuen Proponenten – *Expertenrat für Integration* und *Staatssekretariat für Integration*. Sie geben der Integrationspolitik allein dadurch Dynamik, dass sie Leitideen überhaupt zu Papier bringen. So wies der Staatssekretär auf den Paradigmenwechsel in der Integrationspolitik hin, die mit der Erzählung Integration durch Leistung einen neuen Spin bekommen habe – nicht Herkunft, Hautfarbe oder Religion eines Menschen seien maßgeblich, sondern das zähle, was er / sie persönlich erreicht und in die Gesellschaft einbringt:

> Wir wollen Motivation schaffen. Engagement in Beruf, Verein, Sport und Kultur schafft Integration. Migrantinnen und Migranten gehören in die Mitte unserer Gesellschaft. Dabei gilt es auch Vorurteile abzubauen: Wer sich einsetzt und aktiv am sozialen Leben

> Österreichs teilnimmt, ist integriert und akzeptiert. Nicht Herkunft, sondern Leistung ist maßgeblich, um in Österreich erfolgreich zu sein. (IB 2011)

Diese Erzählung enthält die Bausteine eines erfolgreichen politischen Narratives, das ein komplexes und aufgeladenes Thema in einen leicht verständlichen und nachvollziehbaren Zusammenhang stellt. Politische Narrative folgen literarischen Erzählungen und enthalten folgende Komponenten:[176]

- *Plot:* Integration als Frage der Leistung, nicht der Herkunft,
- *Charaktere:* Migrant*innen müssen Leistung erbringen, Staat muss Leistung ermöglichen, Gesellschaft muss Leistung anerkennen,
- *Lösungen:* Fördermaßnahmen in den Bereichen Arbeit, Bildung etc. und eindeutige
- *Zusammenhänge:* Leistung führt zu sozialem Aufstieg und gesellschaftlicher Anerkennung.[177]

Obwohl das Narrativ integrationspolitische Fallstricke birgt, verspricht es gegenüber den bis dahin dominierenden kulturell ausgerichteten Integrationsdebatten auch Fortschritte. Das Leistungsnarrativ konnotiert Integration in positiver Weise. Diskursöffnend formulierte der Staatssekretär ein Jahr nach seinem Amtsantritt, dass »(…) der Mehrheitsgesellschaft der Mehrwert einer erfolgreichen Integration vermittelt werden (konnte), ein Faktum, welches in früheren Jahren oft nicht anerkannt wurde.« (IB 2012) Über diesen Kommunikationsweg sei es gelungen, die öffentliche Wahrnehmung von Integration zu verändern. Auch der früheren undifferenzierten Vermischung von Migration, Asyl und Integration und der damit einhergehenden Emotionalisierung sei mit Versachlichung begegnet worden, so der Staatssekretär.

Das Vorwort des Integrationsberichts 2012 stellte fest, dass das Maßnahmenprogramm des Expertenrats für Integration zu zahlreichen Verbesserungen wie etwa zur Ausweitung sprachlicher Frühförderung, zu sichtbaren Integrationsbotschafter*innen oder zum beschleunigten Staatsbürgerschaftszugang bei besonderen Integrationsleistungen geführt hätte. Zugleich gäbe es noch Optimierungspunkte, die eine höhere Leistungsfähigkeit von Personen mit Migrationshintergrund in den Funktionssystemen von Bildung und Arbeitsmarkt sicherstellen sollten: etwa die Anerkennung mitgebrachter Qualifikationen und ein zweites verpflichtendes Kindergartenjahr. Es gehe um die »Entfaltung der Potenziale von Menschen mit Migrationshintergrund« und die Vermittlung des positiven Werts von Migration und Integration gegenüber der Bevölkerung, so der Staatssekretär:

> Maßnahmen wie diese haben nicht nur positive Effekte für jede/n Einzelne/n, sondern sind für die gesamte Gesellschaft von Vorteil. Integration ist daher nicht mehr ein gesellschaftliches Randthema, sondern entscheidend für die Zukunft Österreichs – und somit in die Mitte der öffentlichen Diskussion gerückt geworden. (…) Wir wissen, dass wir qualifizierte Zuwanderung und darauf aufbauend erfolgreiche Integrationsleistungen brauchen, um unseren Wohlstand in Österreich sichern zu können. (…) Das Bewusstsein, Vielfalt als Chance zu begreifen, ist gewachsen. Herausforderungen im Kontakt zwischen unterschiedlichen Kulturen und Menschen mit ihren individuellen Lebensgeschichten dürfen dabei aber nicht ausgeblendet werden. Gerade hier geht es darum, Konflikte zu erkennen und Lösungen anzubieten. (IB 2013)

Ausweitung der Integrationsförderung (IB 2014, 2015)

Auch nach dem Wechsel der Integrationskompetenzen, vom Staatssekretariat im Innenministerium zu einem Integrationsministerium als Teil der Außen- und Europaangelegenheiten, hielten die positiv konnotierten Leitideen noch Kurs. Nicht nur die vielfaltsbejahende Bildsprache der Titelseiten blieb, auch die positive Rahmung von Integration in den Vorworten setzte sich fort. So betonte der damalige Integrationsminister Sebastian Kurz 2014, dass das Integrationsministerium als eine gesellschaftliche und nicht nur eine institutionelle Aufwertung zu verstehen sei. Er führte ein positives Meinungsklima nicht zuletzt darauf zurück, dass es gelungen sei, den vielfältigen Beitrag von Migrant*innen zum Wohlstand Österreichs hervorzuheben (IB 2014).[178] Zwar würden noch Herausforderungen bleiben, doch auch diese könne man lösen, wenn Integration als gesamtgesellschaftlicher Prozess betrachtet werde.

Neu kommt im Vorwort ab 2014 die Verknüpfung mit außenpolitischen Agenden hinzu. So sollten künftig gemäß dem Slogan

»Integration von Anfang an« Zugewanderte schon in ihren Herkunftsländern »bestmöglich auf ihr Leben in Österreich« vorbereitet werden. Abschließend bekannte sich der Bundesminister zur Willkommenskultur: »Unser Ziel ist es, zukünftig in allen Herkunftsländern der größten MigrantInnengruppen diese Willkommenskultur zu verbreiten.«[179] (IB 2014)

Selbst im Sommer 2015 sah der Integrationsminister die Integrationspolitik noch »auf einem guten Weg«. Er sprach die kulturelle und religiöse Integrationsdimension an, indem er auf die Verabschiedung des Islamgesetzes hinwies und die Vermittlung gemeinsamer Werte bzw. Diskussionen über Heimat und Identität betonte. Die Ausführungen schlossen im Sommer 2015 mit dem Hinweis, dass die Anforderungen an Integration auch in den nächsten Jahren nicht geringer werden würden, dass Österreich auch künftig von Zuwanderung geprägt sein würde und dass man sich deshalb nicht auf den bisher erreichten Erfolgen ausruhen dürfe, sondern weiterhin mit allen Partner*innen mit Engagement und Entschlossenheit handeln müsse. Dennoch resümierte der Integrationsminister – und das ist vor dem die politische Landschaft verändernden Herbst 2015 ein bemerkenswertes Zeitzeugnis –, dass »(...) (l)etztlich das Bewusstsein, Vielfalt als Chance zu begreifen, in den letzten Jahren gesteigert (wurde). Die positiven Veränderungen des Integrationsklimas innerhalb der letzten fünf Jahre machen deutlich, dass wir auf dem richtigen Weg sind.« (IB 2015)

Im Zeichen der Flüchtlingsbewegungen (IB 2016, 2017)

Die innenpolitischen Auseinandersetzungen kreisten im Herbst 2015 um die Anforderungen und Gefahren, die mit den Flüchtlingsbewegungen einhergingen. Rhetorisch kämpfte der Integrationsminister ab nun gegen die unerwünschten Formen der Migration. Dieser Ansatz findet sich auch in den Integrationsberichten 2016 und 2017: Nannte Kurz im Sommer 2016 die Schließung der Westbalkanroute, eine verstärkte Sicherung der EU-Außengrenzen und die Zusammenarbeit mit der Türkei als die entscheidenden Instrumente für die Reduktion des Flüchtlingszuzuges, so sprach er 2017 von der »Schließung der Balkanroute« sowie von der »Einführung einer Asylobergrenze« als den entscheidenden Schritten – also jene Maßnahmen, die er selbst lautstark gefordert hatte. Zugleich warnte der Integrationsminister, dass »der Migrationsdruck« auch weiterhin fortbestehen werde und dass es Maßnahmen bedürfe, »die einer Überforderung der heimischen Systeme vorbeugen« (ebenfalls eine Referenz auf die geforderte Asylobergrenze).

2016 zeichnete der Minister im Integrationsbericht ein nuanciertes Bild der Flüchtlingsbewegung. Er betonte, dass nicht nur Österreich seinen humanitären Aufgaben nachzukommen habe, sondern es eine europäische Lösung im Asylsystem brauche und er kritisierte eine bedenkliche Zunahme der gesellschaftlichen Polarisierung, für die »(v)erschiedenste Kräfte am linken und rechten Rand« verantwortlich seien. Diese Kräfte versprächen »einfache Lösungen bei enorm komplexen Herausforderungen«, während die Bundesregierung sachliche Lösungen liefern müsse. Dann äußerte der Integrationsminister erste kritische Töne – Integration sei zwar weiterhin als wechselseitiger Prozess zwischen Zugewanderten und Aufnahmegesellschaft zu verstehen, jedoch müsse »die Anpassungsleistung jener Menschen, die in Österreich bleiben dürfen, zweifellos größer sein. Denn die Grundwerte der österreichischen Gesellschaft sind nicht verhandelbar und daher einzuhalten.« Positiv äußerte sich der Integrationsminister zur integrationspolitischen Gestaltung: Tatsächlich Schutzbedürftige müssten so rasch wie möglich integriert werden, dafür seien entsprechende Ressourcen bereitzustellen und langfristig auszurichten. Insgesamt sei wichtig,

> (…) dass die Fehler der Vergangenheit nicht wiederholt werden. Integration darf nicht dem Zufall überlassen werden. Eine erfolgreiche Integrationspolitik, die frühzeitig investiert, vermeidet nicht nur Folgekosten einer versäumten Integration, sondern bringt auch einen Mehrwert für die gesamte Gesellschaft. (IB 2016)

Schließlich erinnerte Kurz daran, dass die Integrationspolitik neben den Geflüchteten nicht die übrigen 125.000 Zugewanderten vergessen dürfe. Vor allem Bildungsintegration bleibe die größte Baustelle, da die »Versäumnisse der letzten Jahre aufgrund der zusätzlich zu integrierenden Flüchtlingskinder nur noch offensichtlicher (werden) – und dies trotz der großen Anstrengungen vieler Lehrerinnen und Lehrer«. Aber auch die sich verändernde Berufswelt und der

Niedriglohnsektor würden künftig die Integration in einen Arbeitsmarkt erschweren, der nach wie vor nicht attraktiv genug für Hochqualifizierte sei.

Hatte der Integrationsminister 2016 also eine Kursänderung nur angedeutet, so verdichtete sich diese im Integrationsbericht 2017 zu einem integrationskritischen Ton. Der inzwischen zum ÖVP-Bundesobmann aufgestiegene Bundesminister strich in seinem letzten Integrationsbericht die »Eintrübung des Integrationsklimas« hervor. Insbesondere habe »die emotionale Zugehörigkeit einzelner – v. a. türkischer – Zuwanderungsgruppen zu Österreich« stark abgenommen. Dies sei Resultat »des Exports innenpolitischer Konflikte und ausländischer Wahlkämpfe«.[180] Das emotionale Verharren im Heimatland gepaart mit schwächerem sozioökonomischen Status könne zu Abschottung einzelner Gruppen und Parallelgesellschaften führen und sei zu unterbinden. Österreich habe in der Vergangenheit zu lange im Bereich der Integration weggesehen.

Mit diesen Zeilen zur Vergangenheit kritisierte der Minister de facto seine eigenen Versäumnisse bzw. jene seiner Partei. Denn in allen Regierungen seit 1986 hatte die ÖVP entweder die Mit-, wenn nicht die Hauptverantwortung für die Integrationspolitik getragen, seit 2011 war Kurz selbst der Hauptverantwortliche. Während der Minister also »integrationspolitische Versäumnisse der Vergangenheit« gegenüber den früher zugewanderten Herkunftsgruppen ortete, wurde auch in Bezug auf die Flüchtlingsintegration der Ton kritischer. Zwar habe man integrationspolitisch schnell auf die Fluchtbewegung reagiert und mit dem Integrationsgesetz und dem Integrationsjahrgesetz strukturell geantwortet. Jedoch trennt Kurz nun zwischen den »sich freiwillig engagierenden« Menschen einerseits und andererseits solchen Menschen, die »damit arbeiten müssen«:

> Anders als Menschen, die sich in der Flüchtlingshilfe freiwillig engagieren, gibt es zahlreiche Berufsgruppen (z. B. in Schulen, Gemeinden, im Gesundheitswesen oder in Vereinen), die nicht aufgrund einer bewussten Entscheidung, sondern aufgrund faktischer Gegebenheiten nun diesen Herausforderungen begegnen müssen. Hier muss es auch die Aufgabe der Integrationspolitik sein, auf den Erfahrungsschatz dieser Menschen zu hören und sie nicht alleinzulassen, denn sie leisten einen Großteil der Integrationsarbeit vor Ort. (IB 2017)

Damit änderte sich gegen Ende der SPÖ-ÖVP-Koalition im Sommer 2017 das Integrationsverständnis gegenüber Flüchtlingen. Der Minister ging auf Distanz zu den Freiwilligen in der Flüchtlingshilfe und erklärte seine Solidarität und schenkte sein Gehör stattdessen den sog. unfreiwillig Betroffenen der Flüchtlingsbewegungen. Damit war die Brücke zur restriktiven Interpretation von Integration der Folgejahre geschlagen.

Integrationskrise verhindern, Zuwanderer verpflichten (IB 2018)

Zu Jahresende 2017 formulierten ÖVP und FPÖ ein Regierungsprogramm, demzufolge Zugewanderte zwar »weiterhin alle Chancen zur Integration« in Österreich vorfänden, jene aber, die Integration verweigern würden, mit Sanktionen zu rechnen hätten. Für die Umsetzung der Integrationspolitik war nun nicht mehr die ÖVP zuständig, sondern die von der FPÖ nominierte Integrationsministerin Karin Kneissl. Und so trug das Vorwort im Integrationsbericht 2018 die Handschrift der FPÖ. Die Ministerin eröffnete, dass aufgrund Österreichs überproportionaler und vorbildlicher Erfüllung der Schutzpflichten gegenüber Flüchtlingen das Land nun bei der Integrationsarbeit vor großen Herausforderungen stehe. Damit aus der Flüchtlingskrise keine Integrationskrise werde, bedürfe es »der Mitwirkung und Mitverantwortung aller Zugewanderten.« Der Integrationsgrundsatz *Fördern und Fordern* blieb zwar bestehen, dem Fordern kam nun jedoch ein merklich größeres Gewicht zu. Denn, so Kneissl, zugewanderte Menschen müssten sich aktiver um ihre Integration und ihr Vorankommen in der Gesellschaft bemühen, Deutschkenntnisse erwerben, am Arbeitsmarkt teilnehmen sowie österreichische und europäische Werte verinnerlichen.

Dass eine kulturalisierte Problemwahrnehmung nun die leistungsorientierte Perspektive auf Integration ablösen sollte, zeigten die Schwerpunkte der Ministerin. Hierbei handelte es sich um drei klassische FPÖ-Themen: die patriarchale Unterdrückung von Migrantinnen, die Durchsetzung einer Österreich-Identität sowie die Bekämpfung des politischen Islam. Die Ministerin hob Frauen als Multiplikatorinnen im Integrationsprozess hervor. Gerade sie seien aufgrund ihrer häuslichen und familiären Aufgaben, ihrer Abhängigkeit und blockierten Arbeitsmarktteilhabe häufig Integrationsverliererinnen. Dies sei zurückführbar auf »(b)estimmte kulturelle Werte und patriarchale Strukturen der Herkunftsländer«, die zugewanderte Frauen zudem anfälliger gegenüber Gewalt machten. Ihre Stärkung in allen Lebensbereichen sei daher ein dringendes integrationspolitisches Ziel.

Jenseits der geschlechterspezifischen Benachteiligung ortete die Ministerin bei Migrant*innen auch Defizite im Bekenntnis zu Österreich: Integration bedeute auch »Identifikation mit dem Aufnahmeland« und ein »gemeinsames Fundament der verfassungsmäßig verankerten Werte« zu übernehmen. Diese Werte künftig stärker zu vermitteln und einzufordern sei der zweite Schwerpunkt ihrer Arbeit. Denn, drittens, sei Österreich als Folge der fehlenden Identifikation konfrontiert mit Abschottungstendenzen, antidemokratischen Ideologien und segregierten Milieus. Diese, so die Ministerin, würden eine ernsthafte Bedrohung für das friedliche Zusammenleben darstellen und »ein frühzeitiges und konsequentes Vorgehen gegen diese Entwicklungen notwendig« machen.

Das Leitverständnis begriff Integration somit primär als kulturelles Problem: Die kulturellen Unterschiede der Zugewanderten seien es, die Geschlechterdiskriminierung, Abschottung in Parallelgesellschaften und politische Radikalisierung produzieren würden; die richtige Antwort der Politik darauf sei das Vermitteln unserer Werte sowie Sanktionen von Verstößen gegen diese Werte.

Individuelle Verantwortung (IB 2019)

Der politische Kontext des jüngsten Integrationsberichts 2019 war schließlich vom vorzeitigen Ende der ÖVP-FPÖ-Bundesregierung und der zu diesem Zeitpunkt amtierenden Übergangsregierung geprägt. Im Vorwort konzentrierte sich der Integrationsminister der Expertenregierung, Alexander Schallenberg, auf die Bewertung der integrationspolitischen Arbeit gegenüber Geflüchteten. Er betonte die staatliche Verantwortung,

> (…) jene [sic] Menschen, denen in Österreich internationaler Schutz zuteilwird, geeignete Rahmenbedingungen für eine gelingende Integration zu bieten. Es gilt die ehestmögliche Selbsterhaltungsfähigkeit der MigrantInnen zu unterstützen und sie zu befähigen, aktiv und umfassend am gesellschaftlichen Leben in Österreich teilzunehmen. (IB 2019)

Dieser Aufgabe sei Österreich vorbildlich nachgekommen und die Integrationsstrukturen gälten im europäischen Vergleich als vorbildhaft. Nun bedürfe es des »eigenverantwortlichen Engagements« der Zugewanderten, die bereitgestellten Chancen zu nutzen und sich »in die Aufnahmegesellschaft zu integrieren«, so Schallenberg. Dazu gehöre nicht nur die Teilnahme am Bildungssystem und am Arbeitsmarkt, sondern auch »die Verinnerlichung der österreichischen Werte und Normen sowie die Identifikation mit dem Aufnahmeland.« Denn vor dem Hintergrund sozialer und kultureller Konflikte sei »die gemeinsame Verständigung über die verfassungsmäßig verankerten Werte und Grundhaltungen in Österreich besonders wichtig«.

Das Vorwort des Integrationsministers balanciert zwischen strukturellen und identifikatorischen Aspekten. In beiden Bereichen werden Probleme der Integration, wie hohe Arbeitslosigkeit bei Geflüchteten und soziale/kulturelle Konflikte an Schulen, benannt. Markant ist die Betonung der individuellen Verantwortung von Zugewanderten, die in Österreich ein, aus Schallenbergs Sicht, vorbildliches Integrationsregime vorfinden würden. Insgesamt lässt sich das Vorwort als Lob und Solidaritätsstatement des Ministers gegenüber dem Verwaltungsapparat lesen. Politische Forderungen fehlen weitgehend – was auch dem Amts- und Arbeitsverständnis der Übergangsregierung geschuldet sein dürfte. Im Ergebnis zeichnen die Aussagen des Integrationsministers eine Situationsbeschreibung, in der Integrationsdefizite als das Resultat individueller Unzulänglichkeit, mangelnder Kompetenzen, unzureichenden Leistungswillens bzw. fehlender Identifikationsbereitschaft erscheinen.

Fazit: Von der Vielfalt zur Homogenität

Die Leitverständnisse von Integration, ihre Problemwahrnehmungen und -antworten haben sich in den acht Jahren des Untersuchungszeitraums deutlich geändert. Optimistische Befunde zur Realität von Migration und Integration wurden von der Rede von der gescheiterten Integration bestimmter Gruppen abgelöst. Auch nahm die Betonung der Verantwortung der Zugewanderten für den Integrationserfolg im Zeitverlauf wieder zu, im Gegenzug ging die Betonung integrationspolitischer Instrumente des Staates zur Teilhabeförderung zurück.

Die Analyse der Integrationsberichte zeigt für die erste Hälfte des Jahrzehnts einen Pfad ökonomisch-pragmatischer Antworten auf die Realität kultureller Vielfalt, mit dem Anspruch der Versachlichung einer polarisierten Debatte zwischen Links und Rechts. Dieser Pfad veränderte sich in der zweiten Hälfte des Jahrzehnts in Richtung nationalistischer Verständigung und Homogenität mit dem Anspruch, der behaupteten Realität gescheiterter Integration endlich ins Auge zu sehen. Der Wandel der Verständnisse reicht von der Teilhabe in Richtung Anpassung, von einer vielfaltsbejahenden Mobilisierung im Dienste wirtschaftlicher Standortinteressen in Richtung einer integrationsskeptischen Instrumentalisierung für eine nationale Identitätsproduktion.

Bemerkenswert ist, dass die Ressourcenungleichheiten als Grund für integrationspolitisches Engagement über den gesamten Zeitraum unterbeleuchtet bleiben. Integration als ein Projekt der Chancengleichheitsförderung sowie der aktiven Antidiskriminierungspolitik zu verstehen, ist zu keiner Zeit auszumachen. Gleiches gilt für die Bedeutung der Aufnahmegesellschaft. Ihre Rolle – auch dann, wenn von einem zweiseitigen Verständnis von Integration die Rede ist – bleibt auf die Anerkennung von Integrationsbemühungen der Zugewanderten reduziert.

Der Wandel im Leitverständnis ist auf veränderte äußere Rahmenbedingungen wie die Zuwanderung zurückzuführen, mehr aber noch reflektiert er die strategischen Interessen der wechselnden Koalitionskonstellationen. Galt für SPÖ-ÖVP-Regierungen zu Beginn des Jahrzehnts, Integration zu versachlichen, um der Opposition den Wind aus den Segeln zu nehmen, so galt es für die ÖVP-FPÖ-Regierung, mit einem skeptischen bis angstbeladenen Diskurs zu Migration und einem sanktionierenden Integrationsverständnis Stimmungen zu erzeugen und zu bedienen. Dieser Wandel kündigte sich 2016 und 2017 in den Ausführungen des Integrationsministers Kurz an, ehe sie 2018 deutlich zutage traten. Sie sind Belege für den Strategiewandel von Person und Partei, der sich im Feld der Migrations- und Integrationspolitik eindrücklich nachvollziehen lässt.

Soziostrukturelle Maßnahmen

Liberaldemokratische, marktwirtschaftliche Gesellschaften basieren auf politischer, sozialer und wirtschaftlicher Teilhabe. Arbeitsmarkt, Bildungsinstitutionen, wohlfahrtsstaatliche Leistungen sowie Politik zählen zu den wichtigsten Teilbereichen individueller Integration und gesamtgesellschaftlichen Zusammenhalts. Integrationspolitik kommt folglich die Aufgabe zu, die funktionale Eingliederung aller Menschen, Zugewanderter und Nichtzugewanderter, in die verschiedenen Teilbereiche zu ermöglichen und zu unterstützen.

Den integrationspolitischen Maßnahmen zur Teilhabe am Arbeitsmarkt, in Bildungseinrichtungen und in der Politik widmet sich das folgende Kapitel. Auf der Grundlage des analytischen Schemas »Kontinuität / Rücknahme / Einführung« werden die Veränderungen der Maßnahmen zwischen der SPÖ-ÖVP-Regierung (2013–2017) und jenen der ÖVP-FPÖ-Regierung (2017–2019) verglichen.

Arbeit: Öffnung, Ausschluss und Austrocknung

Kontroverse
(Keine) Lehre für Asylwerber*innen

> Ich habe mich schon 2007 dafür ausgesprochen, dass Asylwerber etwas Vernünftiges tun sollen. Das lässt sich mit christlichsozial oder einfach mit Hausverstand begründen. Kann es daher nach den Gesetzen der Logik nicht so sein, dass ich nach wie vor die Position der Mitte habe und andere Teile der Partei ganz einfach nach rechts gerückt sind? Wobei Menschlichkeit gar nicht links oder rechts, sondern überhaupt nur eine einzige Kategorie sein sollte.[181]

Dieses Zitat des 2017 aus dem Amt geschiedenen ÖVP-Bundesparteiobmanns und Vizekanzlers Reinhold Mitterlehner deutet exemplarisch die unterschiedliche Erwünschtheit der Arbeitsmarktintegration an: Welche Interessen sind bei der Regelung des

Arbeitsmarktzugangs für ausländische Staatsbürger*innen, insbesondere für Geflüchtete, im Spiel – wirtschaftlicher Bedarf, politisch-strategische Beschränkung, Integration oder gar Werte wie Menschlichkeit?

Die Kontroverse um die Öffnung bzw. Schließung des Arbeitsmarktes hängt indirekt auch mit der eingeschränkten nationalen Gestaltungskompetenz zusammen. EU-Richtlinien weiten den Arbeitsmarktzugang für EU-Bürger*innen und für bestimmte Gruppen von Drittstaatsangehörigen, wie für Asylberechtigte, aus.[182] Bei Asylwerber*innen hat die Bundespolitik mehr Spielraum, den Zugang zum Arbeitsmarkt entweder zu öffnen bzw. ihn hinauszuzögern, indem Auflagen erlassen werden. So ermöglichte die SPÖ-ÖVP-Regierung im Jahr 2012 Asylwerber*innen als eine der wenigen Möglichkeiten, eine reguläre Beschäftigung aufzunehmen, den Zugang zur Lehre.

2018 entbrannte die Debatte um den Lehrzugang erneut: Unternehmen, Persönlichkeiten der Zivilgesellschaft sowie Politiker*innen appellierten an die ÖVP-FPÖ-Regierung, Asylwerber*innen die Möglichkeit zum Abschluss bestehender Lehrausbildungen zu gewähren und sie nicht während der Lehre abzuschieben. Die Bundesregierung verweigerte dies und schaffte die Möglichkeit einer Lehre für diese Gruppe gänzlich ab. Das Argument: Diese Option zur Berufstätigkeit würde sich als Pull-Faktor erweisen.

Arbeitsmarktteilhabe als Schlüssel für Integration

Die Teilhabe am Arbeitsmarkt gilt als Schlüssel der gesellschaftlichen Integration. Eine bezahlte Beschäftigung schafft die Basis für die Selbsterhaltungsfähigkeit der/des Einzelnen und seiner/ihrer Angehörigen. Und sie ist Grundlage für die Integration in anderen Feldern. Wo und wie jemand wohnt (wohnräumliche Integration), über welches Wissen und welche Qualifikationen jemand verfügt (Bildungsintegration), ja selbst Ausmaß und Form der politischen Partizipation hängen vom Einkommen ab.

Die Arbeitsmarkteinbindung von Zugewanderten berührt zudem finanziell die Aufnahmegesellschaft. Wer nicht arbeiten darf oder kann, bedarf in einer wohlfahrtsstaatlich organisierten Gesellschaft der sozialen Unterstützung. Integrationspolitische Maßnahmen, die die Selbsterhaltungsfähigkeit Zugewanderter unterstützen, vermeiden also vice versa mittel- und langfristig Kosten für die Aufnahmegesellschaft, auch wenn sie kurzfristig mit Ausgaben für Qualifizierung verbunden sind.

Trotz dieser bekannten Zusammenhänge ist die Teilhabe am Arbeitsmarkt für bestimmte Gruppen von Zuwanderern rechtlich eingeschränkt bis verunmöglicht. Der faktische Zugang hängt neben der Wirtschaftslage und dem Arbeitskräftebedarf auch von den rechtlichen Zugangsmöglichkeiten und von der Anerkennung bzw. Verwertbarkeit der individuellen Fähigkeiten und Qualifikationen am Arbeitsmarkt ab. In beiderlei Hinsicht verfügt die Politik über Instrumente, die Integration zu gestalten, zu verhindern, zu reduzieren oder zu fördern.

In welche Richtung bewegte sich nun die arbeitsmarktbezogene Integrationspolitik der ÖVP-FPÖ-Regierung im Vergleich zur SPÖ-ÖVP-Regierung? Welche Regelungen und Fördermaßnahmen wurden fortgeführt, welche neuen Maßnahmen eingeführt und welche bestehenden Maßnahmen rückgebaut? Das Ergebnis der Analyse hier vorweggenommen: Die Maßnahmen zeigen Kontinuität bei der Öffnung für Arbeitsmigrant*innen, einen Rückbau bzw. eine Schließung für Geflüchtete sowie einige pragmatische wie auch symbolpolitische Neuerungen über alle Gruppen hinweg.

Kontinuität: Öffnung für Arbeits- und Bildungsmigrant*innen

Im Vergleich aller arbeitsmarktbezogenen Integrationsmaßnahmen ist die größte Kontinuität im Bereich der qualifizierten Arbeits- und Bildungsmigration aus Drittstaaten zu beobachten. Die Beschlüsse der letzten Jahre erleichtern den rechtlichen Zugang zum Arbeitsmarkt und der daran geknüpften Aufenthaltserlaubnis. Diese Entwicklung ist teilweise auf die nationale Umsetzung von EU-Richtlinien sowie auf Höchstgerichtsentscheidungen zurückzuführen.

Anerkennung und Bewertung von Qualifikationen

Das *Anerkennungs- und Bewertungsgesetz 2016* der SPÖ-ÖVP-Koalition erleichterte den qualifikationsadäquaten Arbeitsmarktzugang für Personen mit ausländischen Abschlüssen. Entsprechend der *Europäischen Richtlinie über die Anerkennung von Berufsqualifikationen* (RL 2005/36/EG) vereinheitlichte der Beschluss die Verfahrensregeln für die Anerkennung und Bewertung von im Ausland erworbenen Bildungsabschlüssen und Berufsqualifikationen von Drittstaatsangehörigen. Die Vereinheitlichung bedeutete Vereinfachung und somit auch bessere Verwertbarkeit für den österreichischen Arbeitsmarkt.[183] Im Bildungsreformgesetz 2017 hob die SPÖ-ÖVP-Koalition zudem den sog. Inländervorbehalt bei Nostrifikationen von Schulabschlüssen für ausländische Studierende auf und bereinigte so die bisherige Ungleichbehandlung gegenüber inländischen Studierenden.[184] Diese Regelungen zur Anerkennung blieben von der ÖVP-FPÖ-Regierung weitgehend unberührt; allerdings brachte das Aussetzen der Aufenthaltsbewilligung für Studierende in einem Nostrifizierungsprozess eine Verschlechterung für jene Personen, die bislang ihre Aufenthaltsbewilligung als Studierende im Inland beantragen konnten, um den Nostrifizierungsprozess in Österreich durchführen zu können.[185]

Rot-Weiß-Rot-Karte und Mangelberufe

Kontinuität zeigte die ÖVP-FPÖ-Regierung mit der Vertiefung des bisherigen Pfades zur Steuerung qualifizierter Zuwanderung, insbesondere über die Rot-Weiß-Rot-Karte (RWR-Karte) und die Mangelberufslisten.

Die SPÖ-ÖVP-Regierung hatte zwischen 2014 und 2017 die Ausländerbeschäftigungs-, Niederlassungs- und Fremdenrechtsgesetzgebung in mehreren Aspekten inklusiver reformiert:[186] So ermöglichte sie etwa eine Inlandsantragstellung auf Aufenthaltsverlängerung für Forschende, Studierende und Stipendienbezieher*innen sowie für Besitzer*innen eines österreichischen Reife- / Reifeprüfungs- / Diplomprüfungszeugnisses von Schulen im In- und Ausland,[187] später auch die Inlands-Visabeantragung von Saisonniers (sie mussten bis dahin ausreisen, um Verlängerungsanträge zu stellen).[188] Für Drittstaatsangehörige mit einem Daueraufenthaltstitel EU eines anderen EU-Staates bzw. mit Niederlassung in einem anderen EWR-Staat wurde die Wiedererlangung des Aufenthaltstitels vereinfacht.[189] In Umsetzung der *Saisonarbeiter-Richtlinie* (RL 2014/36/EU) und der *ICT-Richtlinie* (RL 2014/66/EU) der Europäischen Union beschloss die Regierung Erleichterungen und Schutzbestimmungen beim Arbeitsmarktzugang von Saisonarbeiter*innen. Auch deren sozialversicherungsrechtliche Gleichstellung mit österreichischen Staatsangehörigen und Aufenthalts- und Beschäftigungserleichterungen für Familienangehörige von unternehmensintern transferierten Beschäftigten wurden verankert.[190] 2017 adaptierte die SPÖ-ÖVP-Regierung die RWR-Karte, die ursprünglich 2011 in Kooperation mit den Sozialpartnern zur Steuerung der qualifizierten Arbeitsmarktzuwanderung eingeführt worden war. Die Anpassungen betrafen Schwachstellen im Vollzug der RWR-Karte: Die Aufwertung der Kriterien Sprachkompetenzen und Berufserfahrung, eine Anhebung der Geltungsdauer, die Einbeziehung von Bachelor- bzw. PH. D-Absolvent*innen in das RWR-Regularium sowie die Anhebung des maximal zulässigen Beschäftigungsausmaßes für Bachelorstudierende, eine Verbesserung der Nutzungsbedingungen für selbstständige Schlüsselkräfte sowie den Einbezug eines eigenen RWR-Titels für Start-Up-Gründungen.[191] Studienabsolvent*innen aus Drittstaaten wurden nunmehr zwölf statt bisher sechs Monate zur Arbeitssuche in Österreich und der anschließenden Beantragung einer RWR-Karte eingeräumt.[192]

Die ÖVP-FPÖ-Regierung blieb auf diesem Kurs: Nach einem Erkenntnis des Verfassungsgerichtshofes zur gleichheitswidrigen Diskriminierung auf Basis des Alters von Antragsteller*innen nahm sie 2018 Änderungen bei der RWR-Karte vor. Die Reform betraf das Punktesystem der Mangelberufsliste, bei dem der Faktor Alter zugunsten der Sprachkompetenz und Berufserfahrung niedriger gewichtet wurde. Weiters kam es zur Lockerung der Mindestpunktezahl für Hochschulabsolvent*innen im Falle dringenden, anhaltenden Arbeitskräftebedarfs, um so die Zulassung hoch qualifizierter Schlüsselkräfte in besonders nachgefragten Berufen zu erleichtern.[193] Insgesamt erfuhr die Bundesliste der Mangelberufe eine Ausweitung von 27 auf 45 Berufe. In Umsetzung der *Forscher und Studenten-Richtlinie* (RL 2016/801/EU) wurden zudem für

Drittstaatsangehörige mit entsprechendem Titel die Verfahrensfristen begünstigt, Erleichterungen der Familienzusammenführung sowie klarere Mobilitätsrechte verankert.[194]

Nicht mehr zur Beschlussfassung gelangte ein Ministerialentwurf des Arbeits- und Sozialministeriums, der zur Attraktivierung der RWR-Karte niedrigere Gehaltsuntergrenzen für Schlüsselkräfte nach dem branchenüblichen Kollektivvertrag vorsah, ebenso wie die Aufhebung der Nachweispflicht des Rechtsanspruches auf eine ortsübliche Unterkunft – was eine Erleichterung für Arbeitsmigrant*innen aus Drittstaaten bedeutet hätte. Ebenfalls enthielt der Entwurf die Schaffung eines Aufenthaltstitels für Lehrlinge, sofern diese davor bereits einen Aufenthaltstitel als Schüler*innen innehatten (Asylwerber*innen wären vom Niederlassungstitel für Lehrlinge aber ausgenommen gewesen).[195]

Diese arbeitsmarktpolitischen Maßnahmen der ÖVP-FPÖ-Regierung tendierten also in Richtung selektiver Öffnung und Ausweitung des Arbeitsmarktes für die benötigten Arbeitskräfte in Mangelberufen bzw. im Hochqualifiziertensektor. Der bereits bestehende Pfad wurde ausgebaut. Die Kontinuität der Maßnahmen hänge, wie der Gesetzgeber festhält, damit zusammen, dass die bisherigen Regelungen nicht den gewünschten Erfolg erzielt hätten. Sie folgen damit einer funktional-pragmatischen Perspektive, um den Arbeitskräftebedarf der österreichischen Wirtschaft zu decken.

Rückbau: Schließung und Kürzung für Asylwerber*innen und Asylberechtigte

Ein Rückbau der Arbeitsmarkt- und Sozialintegration ist hingegen bei Geflüchteten zu beobachten. Am stärksten betroffen von desintegrativen Maßnahmen sind Asylwerber*innen. Aber auch Asylberechtigte sind sowohl hinsichtlich der fremdenpolizeilichen und Asylverfahrensregelungen als auch hinsichtlich der Arbeitsmarkt- und Beschäftigungsperspektive mit weniger Teilhabe und mehr Verboten konfrontiert.[196]

*Sperre des Lehrzugangs für Asylwerber*innen*

Asylwerber*innen während des Asylverfahrens einen Arbeitsmarktzugang zur unselbstständigen Erwerbstätigkeit einzuräumen, ist in Österreich seit Langem umstritten. Zwar sieht das Ausländerbeschäftigungsgesetz die Möglichkeit einer Beschäftigungsbewilligung für diese Gruppe nach drei Monaten vor, jedoch wurde diese Option 2004 mit dem sog. *Bartenstein-Erlass* (benannt nach dem damaligen ÖVP-Sozialminister Martin Bartenstein) ausschließlich auf Tätigkeiten im Rahmen der Saisonarbeitskontingente eingeschränkt.[197] 2012 öffnete die SPÖ-ÖVP-Koalition jungen Asylwerber*innen bis zur Vollendung des 18. Lebensjahres (ab 2014 ausgeweitet bis zum 25. Lebensjahr) den Zugang zur Lehre. In Mangelberufen konnte gearbeitet werden, wenn keine Inländer*in oder keine Ausländer*in mit Beschäftigungsbewilligung die entsprechende Stelle besetzen wollte. Die Lehre sollte ursprünglich für die gesamte Dauer der Lehrlingsausbildung aufrecht bleiben, diesen Passus änderte 2015 die SPÖ-ÖVP-Regierung: Bei negativem Verfahrensausgang war ab nun auch das Lehrverhältnis vorzeitig zu beenden.[198] Die gestiegene Fluchtzuwanderung 2015 intensivierte die Diskussion. Angesichts langer Asylverfahren und Lehrlingsmangel riefen Unternehmen dazu auf, den Zugang zu Lehrplätzen zu erleichtern und die begonnene Lehrausbildung – im Sinne des Lehrlings sowie der Planbarkeit für den Lehrbetrieb – auch bei negativem Asylentscheid abschließen zu lassen. Die Bundesrepublik Deutschland etwa hatte 2016 eine sog. *3+2-Regelung* eingeführt, die es bei negativem Asylbescheid ermöglicht, eine Lehre abzuschließen und zwei weitere Jahre in dem erlernten Beruf in Deutschland zu arbeiten.[199]

Die ÖVP-FPÖ-Regierung unterband selbst diesen bescheidenen Arbeitsmarktzugang. Asylwerber*innen sollten stärker vom Arbeitsmarkt ferngehalten werden, um jegliche Anzeichen auf Pull-Faktoren zu kappen. Sie hob im Herbst 2018 die bis dahin geltenden Bestimmungen auf und verbot den Zugang zur Lehre für Asylwerber*innen generell, also unabhängig von der Dauer des Asylverfahrens. Ausnahmen für bereits in der Lehre befindliche Personen mit negativem Bescheid, die Lehrausbildung abzuschließen, wurden abgelehnt, denn es sollte eine rasche Abschiebung möglich bleiben. Die Begründung des Innenministeriums: »Jede Sonderlösung für Lehrlinge, die ein gesichertes Bleiberecht bis zum Ende des

Lehrverhältnisses enthält, wäre ein Präzedenzfall, der weitere Forderungen für Ausnahmen nach sich ziehen würde.«[200]

Aus wirtschaftlichen und integrativen Überlegungen heraus appellierten zwar Unternehmen, Persönlichkeiten und Politiker*innen, insbesondere der oberösterreichische Landesrat für Integration Rudolf Anschober, zumindest jenen bereits in einer Lehrausbildung befindlichen Asylwerber*innen die Möglichkeit zu gewähren, die Lehre abschließen zu dürfen,[201] doch die Appelle blieben erfolglos, die Aufhebung des Lehrzugangs blieb bestehen.

Wie ging es nach der ÖVP-FPÖ-Regierung in dieser Frage weiter? Im Herbst 2019, während der Regierungsverhandlungen zwischen ÖVP und Grünen, einigten sich vier Parlamentsparteien (gegen die Stimmen der FPÖ) auf eine Novellierung des Fremdenpolizeigesetzes. Bei negativ entschiedenem Asylverfahren und Vorliegen einer amtlichen Rückkehrentscheidung für jene Asylwerbenden mit aufrechtem Lehrverhältnis in Mangelberufen setzt die Ausreiseverpflichtung künftig erst nach Lehrabschluss ein. Lehrlinge können somit die Lehre beenden, müssen aber danach das Land verlassen – zum Zeitpunkt des Beschlusses befanden sich etwa 800 Asylwerbende in einem laufenden Lehrverhältnis.[202]

Anerkennungsbeiträge für Hilfstätigkeiten

Die Lehre blieb nicht das einzige Beispiel für die härtere Gangart bei den Arbeitsmöglichkeiten für Asylwerber*innen. Strikter geregelt wurden auch die Bedingungen für jene Tätigkeiten, die neben einer Lehre oder Saisonarbeit offenstehen – sog. Remunerationstätigkeiten. Sie sind Hilfstätigkeiten im Auftrag von Bund, Ländern und Gemeinden (wie die Pflege des öffentlichen Raumes, Reinigungsdienste oder einfache Transportdienste), die rechtlich jedoch kein Arbeitsverhältnis begründen. Für sie ist lediglich ein Anerkennungsbeitrag vorgesehen, der je nach Bundesland zwischen € 3 und € 5 pro Stunde ausmacht (im Monat maximal € 110 pro Person).[203]

Dieser Betrag galt der ÖVP-FPÖ-Koalition als zu hoch und sollte mittels Verordnung des Innenministers auf einen Stundenlohn von € 1,50 bundesweit reduziert werden. Bereits 2016 hatte Herbert Kickls Vorgänger, ÖVP-Innenminister Wolfgang Sobotka, den Betrag senken wollen, jedoch unterstützte der damalige

Koalitionspartner SPÖ dieses Vorhaben nicht.[204] Der FPÖ-Innenminister legte im Frühjahr 2019 einen noch rigideren Entwurf vor, der auch die Unterstützung des Bundeskanzlers fand.[205] Die vehemente Kritik der Bundesländer und zahlreicher Stakeholder sowie NGOs blieb ungehört. Am Vorabend der Abberufung der Bundesregierung im Mai 2019 erließ der FPÖ-Innenminister als eine der letzten Amtshandlungen die entsprechende Verordnung. Zwei Tage später hob der nachfolgende provisorische Innenminister Eckart Ratz die Verordnung wieder auf und verhalf dieser zum zweifelhaften Ruhm einer der kürzest geltenden Verordnungen der österreichischen Geschichte.[206] Eine parlamentarische Anfrage im Sommer 2019 förderte zu Tage, dass das Innenministerium bereits 2018 lediglich € 1,60 für Bundesaufträge an Asylwerber*innen geleistet hatte, während die Länder in ihrem Zuständigkeitsbereich zwischen € 3 und € 5 pro Stunde für derartige Tätigkeiten zahlten.[207]

Arbeitsmarktintegration von Geflüchteten

Die SPÖ-ÖVP-Koalition hatte auf die Flüchtlingsbewegungen im Herbst 2015 mit einem 50-Punkte-Plan reagiert, orientiert an den Handlungsfeldern des Nationalen Aktionsplans.[208] Im Asylverfahrensrecht kam es nach 2016 hingegen zu neuen Restriktivierungen wie auch neuen Schutzbestimmungen.[209] Bei der Anerkennung beruflicher Qualifikationen erleichterten Reformen sowohl die Nostrifizierungsverfahren als auch die Validierungsmöglichkeiten bei fehlenden Zeugnissen. Die mitgebrachten Kompetenzen sollten auf diese Weise rascher für den Arbeitsmarkt nutzbar gemacht werden.[210]

Für jene Asyl- und subsidiär Schutzberechtigten, die aufgrund fehlender Beschäftigung Mindestsicherung bezogen, sollte zudem ein *Freiwilliges Integrationsjahr* – ähnlich dem *Freiwilligen Sozialen Jahr* – die Heranführung an Gesellschaft und Arbeitsmarkt beschleunigen. Die Einführung des verpflichtenden *Integrationsjahres* im Jahr 2017 umfasste schließlich ein Maßnahmenpaket für Asyl- und subsidiär Schutzberechtigte ebenso wie für Asylwerber*innen mit hoher Zuerkennungswahrscheinlichkeit.[211] Diese Gruppe sollte ein Jahr lang gezielt mit Sprachförderung, Kompetenzfeststellung und Qualifizierungsmaßnahmen in AMS-Förderprogrammen auf den Einstieg in den Arbeitsmarkt vorbereitet werden. Für die Umsetzung wurden jährlich € 100 Millionen veranschlagt. Die Bestimmungen enthielten Sanktionen bei Verstößen gegen die Mitwirkungs- und Teilnahmepflichten. Analog zur Integrationsförderung im Integrationsgesetz 2017 sah das Asylgesetz die Möglichkeit vor, dass *Integrationshilfe* auch für Asylwerber*innen mit hoher Zuerkennungswahrscheinlichkeit zu gewähren sei.

Die ÖVP-FPÖ-Regierung erhöhte im Interesse der Abschreckungspolitik den ökonomischen Druck nicht nur auf Asylsuchende, denen im Asylverfahren nun ein Gutteil ihres mitgeführten Bargeldes zur Finanzierung des Asylverfahrens (als sog. Kostenbeteiligungspflicht) abgenommen wurde.[212] Sie steigerte den Druck auch auf Asyl- und subsidiär Schutzberechtigte. Bei der Reform der Sozialhilfe senkte die Regierung den Sozialhilfeanspruch von subsidiär Schutzberechtigten auf das Niveau der Grundversorgung ab.[213] Weiters trocknete sie finanziell einige Integrationsfördermaßnahmen der Vorgängerregierung aus: So wurde die Integrationshilfe für Asylwerber*innen von einer Ist- zu einer Kann-Bestimmung abgeschwächt, die nach »Maßgabe vorhandener finanzieller und organisatorischer Ressourcen« zu gewähren sei. Durch die Spezifizierung der bisherigen Regelung sollte – analog zur Regelung für Asyl- und subsidiär Schutzberechtigte – »ein Rechtsanspruch auf Gewährung einer solchen Maßnahme ausgeschlossen werden«, so der Gesetzgeber.[214]

Weitreichender war die Entscheidung der Bundesregierung, das *Integrationsjahr* im Jahr 2018 nur mehr reduziert und ab 2019 gar nicht mehr zu finanzieren. Die fehlende Dotierung der Maßnahme senkte die Chance für Geflüchtete, rasch beruflich auf eigenen Beinen zu stehen und ihre mitgebrachten wie neu zu erwerbenden Kompetenzen für den Arbeitsmarkt nutzbar zu machen. Arbeitsmarktexpert*innen bezeichneten die Kürzungen als Integrationsbremse.[215] Denn die Beteiligung am *Integrationsjahr* war hoch gewesen: Knapp 25.000 Menschen hatten zwischen September 2017 und Juli 2019 diese Ausbildungsmaßnahme durchlaufen.[216]

Die ÖVP-FPÖ-Regierung führte auch neue Maßnahmen in der Arbeitsmarktintegration ein. Diese betreffen unterschiedliche Gruppen und Instrumente der Arbeitsmarktintegration.

Regionalisierung der Mangelberufsliste

Die Reform der Mangelberufsliste 2018 sah nicht nur die Erweiterung (siehe oben), sondern zudem die Einführung von sieben regionalen Mangelberufslisten als neues Steuerungsinstrument des Arbeitsmarktzugangs von Drittstaatsangehörigen vor. Der wegen seiner kurzfristigen Vorlage von der Opposition kritisierte parlamentarische Abänderungsantrag ermöglichte es den Bundesländern, nun selbst zusätzliche Mangelberufe zu definieren und entsprechende Arbeitsbewilligungen anzufordern – ein Schritt in der regulierten Öffnung des Arbeitsmarktes für Drittstaatsangehörige.[217]

Jobbörse für Asylberechtigte

Für anerkannte Asylwerber*innen brachte die Anfang 2019 kurzfristig organisierte *Jobbörse für Asylberechtigte* eine Neuerung. Das vom Bundeskanzleramt mit der Organisation beauftragte AMS Wien hatte Medienberichten zufolge jedoch kaum zwei Wochen Zeit zur Vorbereitung der Messe, weshalb »kritische Stimmen eine PR-Aktion witterten«.[218] Hinter den Kulissen wurde der hastige Schritt als ÖVP-Signal an jene Unternehmen gedeutet, die wegen der harten Linie bei der Lehre irritiert waren. Der Koalitionspartner FPÖ zeigte sich von der Veranstaltung wenig begeistert, weichte sie doch die harte Regierungslinie auf und bot dem Bundeskanzler eine Darstellungsbühne in einem Themenfeld, für das das Bundeskanzleramt nicht zuständig war. Medienberichten zufolge mündete dies darin, dass das Sozialministerium erfolgreiche Vermittlungsbeispiele aus den AMS-Berichten streichen lies, bevor es diese an das ÖVP-geführte Wirtschaftsministerium übermittelte.[219] Die Bilanz der Jobbörse: Von ca. 1.600 Teilnehmenden führten etwa 1.000 ein Gespräch mit einer Firma, wobei fehlende Kenntnisse über den Österreichischen Arbeitsmarkt, Online-Bewerbungsprozesse sowie die überregionale Vermittlung nach Westösterreich dem AMS zufolge die größten Hindernisse darstellten. Knapp 250 Teilnehmende konnten im Frühjahr 2019 ein aufrechtes Dienstverhältnis vorweisen – mehrheitlich in den Branchen Lebensmittelhandel, Lebensmittelgewerbe sowie Gebäudereinigung –, was als kurzfristiger Erfolg bewertet werden kann.[220] Langfristig kann eine schnelle Vermittlung zu einfachen Hilfstätigkeiten ohne Weiterqualifizierung aber auch eine Verfestigung in prekären Beschäftigungssegmenten mit höherem Risiko für Arbeitslosigkeit bedeuten, ist also nicht mit dem Ende eines Förderbedarfs gleichzusetzen.

Arbeitsmarktqualifizierungsbonus aus Mitteln der sozialen Sicherung

Die ÖVP-FPÖ-Bundesregierung verknüpfte die Reform der Mindestsicherung mit der Arbeitsmarktintegration, indem sie Kürzungen der nun wieder als Sozialhilfe bezeichneten Gelder als Anreize zur Arbeitsmarktintegration kommunizierte. Konkret sah die Reform der Mindestsicherung einen sog. Arbeitsmarktqualifizierungsbonus für Sozialhilfe-Bezugsberechtigte vor, die keine Sprachkompetenz auf den Niveaus B1 (in Deutsch) oder C1 (in Englisch) aufweisen können. Dieser euphemistisch als Bonus bezeichnete Betrag lief aber tatsächlich auf eine 35-prozentige Kürzung der Sozialhilfe, die nun durch »sprachqualifizierende Sachleistungen bei vom ÖIF-zertifizierten Kursträgern« ersetzt wurde, hinaus.[221] Anders gesagt: Der Staat kürzte die grundlegenden Mittel zur Deckung des Lebensunterhaltes, um damit verpflichtende Integrationsmaßnahmen zu finanzieren. Von dieser Entscheidung betroffen waren sozioökonomisch Benachteiligte mit geringen deutschen / englischen Sprachkompetenzen. Mit diesem Instrument würden, so der Regierungswortlaut, »Anreize zur Zuwanderung in das österreichische Sozialsystem eingedämmt«.[222]

Die Regelung hob der Verfassungsgerichtshof (VfGH) im Dezember 2019 auf. Das Gericht ortete einen Verstoß gegen den Gleichheitsgrundsatz: Einerseits sei nicht berücksichtigt worden, aus welch »mannigfaltigen Gründen (Lern- und Leseschwächen, Erkrankungen, Analphabetismus u. v. m.)« Personen ein derart hohes Sprachniveau bisweilen nicht erreichen können, andererseits bestünden auch Beschäftigungsmöglichkeiten ohne Deutsch- oder Englischkenntnisse auf diesem Niveau. Eine Finanzierung derartiger Sprachfördermaßnahmen aus den Mitteln der Sozialhilfe mit dem Argument der Arbeitsmarktqualifizierung sei daher unzulässig.[223] Vom VfGH nicht aufgehoben wurde die Begrenzung der Sozialhilfe für subsidiär Schutzberechtigte auf das Niveau der Grundversorgung, die von ÖVP und FPÖ ebenfalls im Rahmen der Sozialhilfereform als materielle Schlechterstellung beschlossen worden war.

»Frauenschwerpunkt«

Einen arbeitsmarktbezogenen Fokus stellte das Regierungsprogramm auch für Frauen in Aussicht. Der von Integrationsministerin Karin Kneissl angekündigte Frauenschwerpunkt blieb jedoch ohne gesetzliche Folgen. Die Schwerpunktidee hatte vielmehr die Förderung über Projekte zur Sensibilisierung, Beratung, Begleitung, Ausbildung von Peers und Sprachkurse im Fokus. Im Jahr 2018 war zwar noch kein höherer Förderumfang als im Jahr zuvor nachweisbar;[224] 2019 startete der ÖIF schließlich einen Förderaufruf für Maßnahmen gegen Gewalt an Frauen im Kontext von Integration und gegen weibliche Genitalverstümmelung. In den vom ÖIF organisierten Maßnahmen wie Beratung, Informationsveranstaltungen Sprach- und Wertekursen sollte, so die Ankündigung, das Thema Frauenförderung auch in Bezug auf den Arbeitsmarkt gestärkt werden.[225]

Fazit

Die arbeitsmarktpolitischen Integrationsmaßnahmen der letzten sechs Jahre sind sowohl von Kontinuitäten als auch von einschneidenden und symbolträchtigen Veränderungen geprägt.

Eine Vertiefung des Pfades der selektiven Öffnung nahm die ÖVP-FPÖ-Regierung hinsichtlich der stark nachgefragten und zugleich reglementierten Arbeitsmigration für Drittstaatsangehörige vor. Teilhabeöffnende Neuerungen betrafen regionale Mangelberufslisten, also wirtschaftlich dringend benötigte Migrant*innen.

Asylberechtigte wurden durch eine kurzfristige Jobbörse mit Unternehmen in Kontakt gebracht. Hingegen beschritt die ÖVP-FPÖ-Regierung den Pfad des schließenden Rückbaus von Teilhabemöglichkeiten dort, wo sie Geflüchtete betreffen. Hier ersetzte die ÖVP-FPÖ-Regierung die zaghaften Ansätze der Öffnung der SPÖ-ÖVP-Regierung durch eine rigide Schließungs- und Verzögerungspolitik – Fördermaßnahmen wurden hinausgezögert oder gänzlich aufgehoben und selbst symbolische Anerkennungsbeiträge für Hilfsleistungen weiter reduziert. Neue teilhabereduzierende Wege ging Türkis-Blau auch bei der Verknüpfung von Sozial- und Arbeitsmarktpolitik gegenüber Personen mit geringen Deutschkenntnissen sowie der Reduktion der Sozialhilfe für subsidiär Schutzberechtigte.

In Summe zeigt sich darin eine selektive Strategie der Arbeitsmarktintegration: Schritte zur rechtlichen Öffnung des Arbeitsmarktes betreffen ausschließlich Qualifizierte und Schlüsselkräfte aus Drittstaaten. Den Rückbau von Fördermaßnahmen sowie die aktiven Maßnahmen zur Verzögerung der Integration betreffen Asylwerbende, aber auch Asylberechtigte. Ihnen gegenüber dominiert das politische Ziel der Abschreckung, die Vermeidung von Pull-Effekten und die Bekämpfung einer vorgeblichen »Zuwanderung ins Sozialsystem«. Die Integration zu fördern wird nachrangig, Desintegration rückt ihnen gegenüber in den Vordergrund.

Kontroverse Deutschförderklassen

Im Herbst 1992 präsentierte die FPÖ ihr Volksbegehren *Österreich zuerst*. Es war der erste Höhepunkt der rechtspopulistischen Mobilisierung mit dem Ziel nativistischer und nationalistischer Politik. Das Volksbegehren verlangte die »(...) Schaffung gesetzlicher Maßnahmen, die das Recht auf Heimat für alle österreichischen Staatsbürger dauerhaft sichern und unter diesem Gesichtspunkt eine zurückhaltende Einwanderungspolitik nach Österreich gewährleisten.« Es stellte insgesamt 12 Forderungen auf, Forderung 7 lautete:

> Entspannung der Schulsituation durch Teilnahme am Regelunterricht von Kindern mit nicht-deutscher Muttersprache nur bei ausreichenden Deutschkenntnissen (Vorbereitungsklassen).[226]

26 Jahre später erreichte die FPÖ ihr Ziel mithilfe der ÖVP, die ebenfalls bereits einige Jahre lang derartige Pläne ventiliert hatte.[227] Die türkis-blaue Regierung führte Deutsch als Schulreifekriterium sowie separierte Sprachklassen für Schüler*innen mit »unzureichender« Deutschkompetenz ein. Die Regierung begründete dies damit, dass zuerst die Sprache gelernt werden müsse, bevor die Integration im Klassenverband der Regelklasse erfolgen könne. Wissenschafter*innen und Bildungsexpert*innen ebenso wie Schulleiter*innen und Pädagog*innen kritisierten die Maßnahme, da sie das Ziel der sozialen Integration konterkariere und zudem keine Verbesserung der Sprachförderung bedeute – Ideologie werde hier über wissenschaftliche Empfehlungen gestellt.

Das Beispiel verdeutlicht ein weiteres Moment des Integrationsverständnisses der ÖVP-FPÖ-Koalition: Gefördert werden nicht gemeinsame Räume, sondern die Trennung. Diese erfolge, so die Begründung, zum Wohle der Kinder mit Deutschförderbedarf, vor allem aber, um zu verhindern, dass »die österreichischen Kinder in ihrem Lernfortkommen behindert (werden)«.[228]

Bildung: Ort und Mittel der Integrationspolitik

Der Satz »Integration ist ein langfristiger Prozess« gehört inzwischen zum Allgemeinverständnis und wird vom gesamten politischen Spektrum geäußert. Was zunächst trivial klingt, ist von großer Relevanz für den Aufgabenbereich staatlicher Integrationspolitik. Diese hätte, würde der Satz ernst genommen werden, den langen Prozess des Ankommens und Eingliederns zu begleiten, also nicht nur kürzlich Neuzugewanderte, sondern auch Langansässige sowie die Folgegenerationen. Dies würde insbesondere im Bildungssystem schlagend werden, wo Maßnahmen nicht nur die Integration Neuzugewanderter unterstützen, sondern auch den langfristigen Weg zweiter und dritter Generationen begleiten müssen, um negative Bildungsvererbung zu vermeiden und soziale Aufwärtsmobilität zu befördern.

Denn neben der Familie sind Bildungseinrichtungen jene Instanzen, die die kindliche Entwicklung, Sozialisation und Berufschancen am nachhaltigsten prägen. Bildungseinrichtungen sind Begegnungsorte, wo der Umgang miteinander erlernt werden kann. Neben der sozialintegrativen Funktion sind Bildungseinrichtungen für Kinder und Jugendliche, aber auch für Erwachsene die primären Orte, an denen Sprachkompetenzen für die kommunikative Integration, Fachwissen und Qualifikationen für die berufliche Integration und nicht zuletzt gemeinschaftliche Orientierung und landeskundliches Wissen zur identifikatorischen Integration erworben werden. Bildung beeinflusst in hohem Maße die spätere soziale Platzierung in der Arbeits- und Sozialhierarchie. Bildungsinstitutionen sind also einerseits die Orte, in die integriert wird und andererseits das Instrument, mit dem Wissen und Kompetenzen für Integrationsprozesse aller Art vermittelt werden. Da aufgrund der Schulpflicht alle Kinder und Jugendliche das Schulsystem durchlaufen, hat der Staat hier besonders ausgeprägte integrationspolitische Gestaltungsmöglichkeiten.[229]

Wie die Bildungsindikatoren im Kapitel *Migrationsgesellschaft* zeigen, sind in Österreich die Bildungsressourcen sehr unterschiedlich verteilt. Kinder aus Akademikerhaushalten zeigen andere Bildungsverläufe als Kinder von Eltern ohne Hochschulabschluss. Bestimmte Zuwanderungsgruppen weisen selbst in der zweiten und dritten Generation unterdurchschnittliche Bildungspartizipation und Bildungserfolge auf. Als Konsequenz der intergenerationalen Verfestigung niedriger Bildungsabschlüsse unter Teilen von Drittstaatsangehörigen betont die Bildungsintegrationsforschung seit Längerem, dass nicht nur Maßnahmen, die bei den Einzelnen und deren individuellen Leistungen ansetzen, gebraucht werden würden, sondern auch solche, die die im Bildungssystem eingeschriebenen desintegrativen Mechanismen beseitigen.[230] Nicht zuletzt vor dem Hintergrund des durchschnittlichen Abschneidens Österreichs bei internationalen Bildungsvergleichstestungen ist Bildungsungleichheit bzw. -vererbung eine Herausforderung für die Integrationspolitik.

Welche Ziele verfolgen die bildungspolitischen Integrationsmaßnahmen der letzten Jahre? Eine Gegenüberstellung der Maßnahmen der SPÖ-ÖVP-Regierung und der ÖVP-FPÖ-Regierung zeigt im Bereich der Elementarpädagogik Kontinuität, in anderen hingegen einen Rückbau sowie zusätzliche Selektion und Trennung.

Kontinuität: Fördernde Maßnahmen der Elementarpädagogik

Die SPÖ-ÖVP-Koalitionen ab 2006 hatten im elementarpädagogischen Bereich über eine Reihe von Bund-Länder-Vereinbarungen einen Pfad der Integrationsförderung beschritten. Die Maßnahmen stärkten die sprachliche Frühförderung im Kindergarten (2008) und sahen die Einführung eines kostenlosen verpflichtenden Kindergartenjahres vor (2009) sowie mehr Ressourcen für den Ausbau dieser Maßnahmen. Diesen Pfad setzte die SPÖ-ÖVP-Regierung nach 2014 fort, indem sie 2015 die Mittel für die Elementarstufe für sprachliche Frühförderung im Kindergarten sowie das kostenlose Kindergartenjahr optional auf 4-Jährige und die Verwendungsspielräume der Ressourcen durch die Länder ausweitete. Zudem reformierte sie den Übergang zwischen Kindergarten und Schule insofern, als nun bereits der Kindergarten sprachliche Beobachtungen vornimmt und die Erziehungsberechtigten die Befunde den Volksschulen verpflichtend als Information vorzulegen haben (2016).[231]

Die ÖVP-FPÖ-Regierung baute diesen Pfad in der Elementarpädagogik weiter aus. Sie erhöhte im Rahmen einer weiteren 15a-Vereinbarung einerseits die vom Bund bereitgestellten Gesamtmittel für den Kindergartenausbau und auch die für Sprachförderung vorgesehenen Anteile. Die Vereinbarung enthielt aber nicht nur distributive Aspekte, sondern auch regulative. So hat, wenn ein Sprachförderbedarf mittels Sprachstandserhebung festgestellt wird, eine verpflichtende Sprachförderung bereits früher (ab dem 4. Lebensjahr) einzusetzen. Mit drei Maßnahmen sollte zudem die Bildungsnahtstelle Elementarstufe-Primarstufe bundesweit vereinheitlicht werden: mit der Einführung eines bundesweit standardisierten Beobachtungsbogens zur Feststellung des Sprachstands bei Kindern, mit einem Sprachförderleitfaden zum Übergang vom Kindergarten in die Volksschule sowie mit der Verpflichtung der Volksschuldirektor*innen zur Einholung dieser Ergebnisse vom Kindergarten, wenn die Erziehungsberechtigten ihrer Vorlageverpflichtung nicht nachkommen sollten. Darüber hinaus kam es zu einer Anhebung der Qualifikationserfordernisse von Leiter*innen sowie Sprachförderkräften in institutionellen Kinderbetreuungseinrichtungen (sie müssen nun höhere Sprachvoraussetzungen, nämlich das Deutschniveau C1 für sprachpädagogisch tätige Kräfte in Kinderbetreuungseinrichtungen, aufweisen). Diese Regelung hebt die Qualität der Betreuung, kann zugleich aber auch eine potenzielle Barriere für mehrsprachige Elementarpädagog*innen, die als Bezugspersonen und Vorbilder für mehrsprachige Kinder wichtig sind, darstellen.[232]

Rückbau: Ressourcen im Schul- und Erwachsenenbereich

Anders als in der Elementarpädagogik setzte die türkis-blaue Bundesregierung im Bereich der Schule und der Erwachsenenbildung die von ihrer rot-schwarzen Vorgängerin eingeschlagenen Pfade nicht fort. Dieser Bruch zeigt sich insbesondere in der reduzierteren Ressourcenausstattung von Maßnahmen zur Bildungsintegration.[233]

So hatte die SPÖ-ÖVP-Regierung auf die Flüchtlingszuwanderung im Jahr 2016 mit der Bereitstellung spezifisch gewidmeter Mittel, nämlich den jährlich auszuschüttenden Integrationstöpfen, reagiert. Dies erlaubte u. a. die Finanzierung zusätzlicher Sprachförderpädagog*innen, Schulsozialarbeiter*innen und Mobiler Interkultureller Teams (schulpsychologische und sozialarbeiterische Teams, die Schulen nach Bedarf für die punktuelle Arbeit mit geflüchteten Schüler*innen anfordern konnten), aber auch Übergangsklassen für mittlere / höhere Schulen. Der für 2016 mit €75 Millionen dotierte Sondertopf wurde in den Jahren 2017 und 2018 fortgeführt und auf rund €80 Millionen aufgestockt. Die ÖVP-FPÖ-Koalition entschied 2018 jedoch, keine weitere Sonderfinanzierung für die Integration mehr zu bewilligen. Darunter litten vor allem die obigen schulischen Integrationsmaßnahmen. Die Begründung lautete, dass diese Mittel einst als Sonderressourcen für die Bewältigung der Flüchtlingszuwanderung gedacht gewesen seien, die Anzahl der Asylanträge mittlerweile aber zurückgegangen wäre. Dieses Argument läuft der eingangs zitierten Langfristigkeit von Integrationsprozessen zuwider und lässt fehlenden Willen erkennen, Mittel für die kontinuierliche Integration von geflüchteten Kindern und Jugendlichen in die Hand zu nehmen.

Eine ähnliche Politik findet sich auch bei Integrationsmaßnahmen in der Erwachsenenbildung. Zwar blieb die 2012 von SPÖ und ÖVP eingeführte sowie 2017 für weitere vier Jahre verlängerte *Initiative Erwachsenenbildung* von der ÖVP-FPÖ-Bundesregierung materiell unberührt.[234] Die bereits angesprochenen Kürzungen der Integrationsmittel betrafen aber auch Sprachfördermaßnahmen für Erwachsene. Durch die Kürzung der AMS-Budgets konnten zudem die Maßnahmen der beruflichen Qualifikation und der Sprachförderung für Klient*innen des AMS teilweise nicht mehr weitergeführt werden.[235] Die freigestellten Erwachsenenbildner*innen und Trainer*innen kamen in eine Stiftung zur Umschulung. Auch hier argumentierte die Koalition mit gesunkenen Fluchtzahlen sowie mit einer besseren Arbeitsmarktlage.[236] Hatte das Integrationsgesetz 2017 noch einen Anspruch auf Deutschkurse für Asylwerber*innen verankert, so wurde diese Möglichkeit 2019 seitens des Integrationsministeriums nur noch Personen mit mindestens achtzigprozentiger Bleibeperspektive gewährt.[237] Für ausländische Studierende setzte die ÖVP-FPÖ-Koalition ein höheres Deutschniveau (A2) bei der Zulassung zu deutschsprachigen Universitätslehrgängen fest.[238]

Einführung: Deutsch für Schulreife, ausgebaute Separierung und kulturell-religiöse Neuerungen

Bildungspolitische Neuerungen betrafen die Rolle der Sprachkompetenzen und die religiösen Bekleidungsvorschriften für Muslima.

Hinsichtlich der Rolle der Sprache sorgten die sog. Deutschförderklassen für erhebliche Kontroversen. Unter den SPÖ-ÖVP-Regierungen waren über viele Jahre die schulischen Deutschförderoptionen für außerordentliche Schüler*innen ausgeweitet worden.[239] Ergänzend zu den seit 2006/2007 bestehenden integrativen Sprachförderkursen wurden infolge der Flüchtlingsbewegungen 2016 sog. Sprachstartgruppen eingeführt. Diese konnten für außerordentlich geführte Schüler*innen schulautonom als paralleler Unterricht anstelle der Pflichtgegenstände abgehalten werden.[240]

Die von der ÖVP-FPÖ-Regierung vorgelegte Reform führte ein standardisiertes Sprachscreening vor Schuleintritt als Zuteilungsinstrument und Deutsch als Kriterium für die Schulreife der Kinder ein. Auch wenn die Kinder keine Entwicklungsdefizite aufweisen, sondern in einer anderen als der Unterrichtssprache (Deutsch) kompetent sind, gelten sie bei ungenügender Screening-Leistung nun als nicht schulreif. Darin liege, pädagogischen Expert*innen zufolge, eine problematische Vermischung von Schulreife mit Deutschreife vor.[241] Weiters beschränkte die Reform die Gestaltungsautonomie der Schulen und setzte an die Stelle kleiner Sprachstartgruppen nun Deutschförderklassen ohne definierte Obergrenze bei der Teilnehmer*innenanzahl, was das Betreuungsverhältnis an Schulen mit vielen förderbedürftigen Kindern verschlechterte. Die Ausweitung der Stundenzahl in diesen Klassen dehnte die Trennung von Regelklasse und Deutschförderklasse erheblich aus. Dadurch sind separate Unterrichtsrealitäten entstanden (lediglich im Turn-, Zeichen- oder Werkunterricht sind gemeinsame Zeiten vorgesehen). Der Fokus auf die Deutschvermittlung in diesen Klassen bedeutet nicht zuletzt, dass fachliche Lerninhalte kaum mehr berücksichtigt werden können.[242]

Das Regierungsleuchtturmprojekt der Deutschförderklassen wurde heftig kritisiert. Wissenschafter*innen beurteilten die Klassenseparierung als handstreichartige Verschlechterung der Sprachförderung, ohne davor eine Evaluation des bisherigen Modells durchgeführt zu haben.[243] Der verantwortliche Bildungsminister tat die Einwände als »ideologisch und vorurteilsbehaftet« bzw. als wohlmeinenden Ratschlag ab.[244] Die Angesprochenen wiesen diesen Vorwurf in einem offenen Brief zurück und untermauerten ihre Kritik.[245] Proteste von Schulleitungen und Lehrkräften gegen die räumlichen und organisatorischen Probleme der separierten Klassen legte man ihnen als Boykott aus, was Kontrollbesuche bei Direktionen zur Folge hatte.[246] In zahlreichen Ballungsraumschulen musste letztlich eine integrative Führung der Deutschförderklassen gewährt werden, da schlichtweg die Räumlichkeiten für derart viele separate Klassen nicht zur Verfügung standen.

Auch die Bundesländer waren über die damit einhergehende finanzielle Austrocknung der Deutschförderung nicht erfreut, die nun von den Ländern auf Kosten anderer Angebote kompensiert werden musste. Der Druck war besonders im sozialdemokratisch regierten Bundesland Wien zu spüren, wo aufgrund der Bevölkerungsstruktur der Bedarf an Deutschförderung am höchsten ist.[247]

Die Sprachpolitik blieb nicht der einzige umstrittene Ansatzpunkt in der Bildungsintegrationspolitik der ÖVP-FPÖ-Koalition. Zu Kontroversen führte außerdem die Einführung eines Kopftuchverbots für Kindergartenkinder und wenig später auch für Volksschülerinnen. Mit diesen Entscheidungen fanden kulturell-religiöse Aspekte, die bislang lediglich im Erwachsenenbereich von der Politik thematisiert wurden, nun in die Bildungsinstitutionen für Kinder und Jugendliche Eingang. Nicht mehr zur Umsetzung gelangten Pläne eines Ethikunterrichts für Schüler*innen, die keinen Religionsunterricht besuchen (mehr dazu im Kapitel *Soziokulturelle Maßnahmen*).

Fazit

Die Zusammenschau der bildungspolitischen Integrationsmaßnahmen ergibt ein ambivalentes Bild: Die ÖVP-FPÖ-Regierung setzte die sprachliche Frühförderung im Kindergarten fort und baute sie teils weiter aus. Diese Maßnahmen sprechen für eine teilhabefördernde Ausrichtung. In der Schule hingegen kam es zu Separierung durch die getrennten Deutschförderklassen sowie zu Mittelkürzungen bei Integrationsangeboten, Letzteres galt auch im Bereich der Förderung Erwachsener durch das AMS. Diese Maßnahmen gelten, im Vergleich zu den bisherigen Regelungen, als teilhabeblockierender Rückschritt. Zudem unterstreichen Kopftuchverbote für Kindergarten- und Schulkinder sowie Werteleitfäden in der Elementarpädagogik den Einzug der kulturellen Ausrichtung der Integrationspolitik auch in die Bildungsinstitutionen.

Die spezifisch auf Zugewanderte gerichteten bildungspolitischen Maßnahmen erfolgten aus einem allgemein auf selektierende, trennende und normierende Perspektiven ausgerichteten Bildungsverständnis der Koalitionspartner heraus.[248] Auch die nicht per se migrationsspezifischen Schulbildungsmaßnahmen der Koalition schmälern die Teilhabechancen von Zugewanderten. Zu diesem Set an Maßnahmen zählen etwa die Wiedereinführung von Leistungsgruppen an Neuen Mittelschulen, rigidere Aufnahmekriterien in Gymnasien, die Festigung von Sonderschulen sowie die Rückkehr zu Ziffernnoten in der Primarstufe. Reformen, die eine höhere Durchlässigkeit des österreichischen Schulwesens und seine Mittel zur Steigerung von Bildungsmobilität stärken würden, blieben nicht nur aus, die selektive Dynamik wurde vielmehr intensiviert, wie die Bildungsforscher Mario Steiner und Lorenz Lassnig analysierten.[249] Die schulische Integrationspolitik basiert also auf einem Bildungsansatz, der ethnische, sprachliche und allen voran sozioökonomische Herkunftsverhältnisse eher verfestigt als deren Einfluss auf individuelle Bildungslaufbahnen zu nivellieren.

Kontroverse Doppelstaatsbürgerschaft

Im Frühjahr 2017 ging FPÖ-Bundesparteiobmann Heinz-Christian Strache mit einer scheinbar brisanten Entdeckung an die Öffentlichkeit:

> Wir sind von Tausenden Doppelstaatsbürgern betrogen worden. Da hat es nur eine Konsequenz zu geben, den Verlust der österreichischen Staatsbürgerschaft.[250]

Der FPÖ-Bundesparteiobmann behauptete, er sei im Besitz einer türkischen Wählerevidenzliste, die zahlreiche österreichische Staatsbürger*innen mit türkischen Wurzeln enthalte. Da Österreich rechtlich bis auf wenige Ausnahmen keine Doppelstaatsbürgerschaft akzeptiert, verlangte die FPÖ eine rigide Prüfung ihrer Liste und die Durchführung entsprechender Feststellungsverfahren gegen Tausende Personen.

Vor dem Hintergrund dieser Aufregung entbehrt es nicht einer gewissen Ironie, dass das Regierungsprogramm von FPÖ und ÖVP im Herbst 2017 im Widerspruch dazu festhielt, die »Doppelstaatsbürgerschaft neu (zu) denken«. Freilich nicht in Richtung von Migrant*innen mit beispielsweise türkischen Wurzeln, sondern in Bezug auf italienische Staatsbürger*innen in Südtirol sowie Nachfahren der Opfer des Holocaust. Diesen Gruppen sollte, so das Regierungsprogramm, künftig eine Doppelstaatsbürgerschaft ermöglicht und somit das Wahlrecht eingeräumt werden.[251]

Diese Politik ist widersprüchlich und veranschaulicht ein Verständnis von Staatsbürgerschaft, das an Ethnos und nicht an Demos gebunden ist: Die Ethnizität eines Menschen entscheidet über den Zugang zur Staatsbürgerschaft und nicht sein Wohn- und Lebensmittelpunkt.[252]

In demokratischen Systemen ist gleiche politische Teilhabe eines der wichtigsten Güter. Liberale Demokratien basieren auf der Stimme und Zustimmung der Bürger*innen: Die Regierten wählen ihre Regierung, die Regierung ist den Regierten gegenüber verantwortlich. In Österreich ist der Anteil der Wohnbevölkerung, der rechtlich nicht mitbestimmen darf und folglich keine parlamentarische Repräsentation besitzt, bei der Nationalratswahl 2019 auf 15 Prozent angestiegen. In Städten ist der Anteil der Ausgeschlossenen deutlich größer als in ländlichen Gebieten; so haben aufgrund der Koppelung von Staatsbürgerschaft und Wahlrecht zwischen 20 und 30 Prozent der Wohnbevölkerung in größeren Städten wie Wien, Graz, Linz, Salzburg, Innsbruck oder Wels an ihrem Lebensmittelpunkt kein Wahlrecht. Dieser Ausschluss ist für sich genommen eine demokratiepolitisch problematische Entwicklung. Hinzu kommt aber, dass rechtspopulistische Parteien gerade gegen diese Gruppe lautstark mobilisieren. Ab- und ausgrenzende Zuwanderungs- und Integrationsthemen dominieren den politischen Wettbewerb, obwohl bzw. gerade weil viele der Angesprochenen nicht mitbestimmen können. Die repräsentative Demokratie befindet sich in der Hinsicht des Verhältnisses der Regierenden zu den Regierten in einer beträchtlichen Schieflage.[253]

Neben dem demokratiepolitischen Aspekt hängt auch die Integration einer Gesellschaft an sich von der politischen Teilhabe ihrer Bevölkerung ab. Mitgestaltung gemeinschaftlicher Regeln, Maßnahmen und Institutionen haben eine gesellschaftskonstituierende Funktion und können zur sozialen Kohäsion beitragen.

Politische Teilnahme ist schließlich eine Manifestation des individuellen Integrationsprozesses. Ohne die Anerkennung als gleichwertige Bürger*in mit gleicher Stimme bleibt die identifikatorische Integration einer Person mit der politischen Entität, in der sie lebt, begrenzt. Fehlende zeitlich überschaubare und realistische Perspektiven auf volle Teilhabe können Zugehörigkeitsgefühle und Identitätskonstruktionen belasten. Diese Konsequenz trifft auf im Land Geborene genauso zu wie auf Zugewanderte und ihre Kinder.[254]

Ab wann gelten Zugewanderte in Österreich für politische Teilhabe, insbesondere für die Teilnahme an Wahlen, qualifiziert? Für die politische Teilhabe bei Wahlen spielt die Staatsangehörigkeit die zentrale Rolle. Anders als die Teilhabe an ökonomischen, bildungs- oder sozialpolitischen Leistungen, die unter bestimmten Kriterien auch Bewohner*innen ohne österreichische Staatsbürgerschaft offensteht, ist die Staatsangehörigkeit für politische Rechte wie Wählen die Voraussetzung.[255] Allerdings existieren Abstufungen hinsichtlich unterschiedlicher Zuwanderungsgruppen.

EU-Bürger*innen in Österreich besitzen das Wahlrecht bei Europawahlen sowie bei Gemeinderatswahlen. Sie können sowohl die Entwicklung der Europäischen Union als auch die lokalpolitische Ausrichtung per Votum mitgestalten. Drittstaatsangehörige hingegen haben weder ein Teilhaberecht an Europawahlen noch an Kommunalwahlen. Während zahlreiche EU-Staaten ein Kommunalwahlrecht für Drittstaatsangehörige vorsehen (etwa Schweden, Dänemark, Niederlande, Finnland etc.), praktiziert Österreich dieses Recht nicht. Eine Ausweitung des Kommunalwahlrechts auf Drittstaatsangehörige durch die Stadt Wien kippte im Jahr 2004 der Verfassungsgerichtshof.[256]

Zwei Instrumente beeinflussen die rechtliche Möglichkeit zur vollen politischen Teilhabe: Die Koppelung des Wahlrechts und der politischen Partizipationsrechte an die Staatsbürgerschaft sowie die Bedingungen zum Staatsbürgerschaftszugang selbst. Beide Instrumente erlauben entweder mehr oder weniger Möglichkeiten zur vollen politischen Integration.[257]

Bezüglich der politischen Integration von Drittstaatsangehörigen gehört Österreich im europäischen Vergleich zu den restriktiven Ländern. Die MIPEX-Studie listet Österreich hinsichtlich der politischen Partizipation knapp unter dem Durchschnitt der EU-28, im Bereich des Staatsbürgerschaftszugangs deutlich am unteren Ende der Länder. Diese Positionierung geht sowohl auf die frühere Politik der Koalitionen zwischen SPÖ und ÖVP als auch auf jene der ersten ÖVP-FPÖ-Koalitionsperiode zurück. Die vergleichsweise hohen Hürden im Staatsbürgerschaftszugang sowie die Interpretation der Staatsbürgerschaftsverleihung als Endpunkt und Belohnung für bereits gelungene Integration charakterisieren die restriktive Integrationspolitik.[258]

Erst 2013 hatten SPÖ und ÖVP gemeinsam zaghafte Schritte der Liberalisierung beim Staatsbürgerschaftszugang gemacht. Die

ÖVP-FPÖ-Regierung betrieb hier Rückbau, gleichzeitig aber propagierte sie Doppelstaatsbürgerschaften für ausgewählte nicht in Österreich lebende Personengruppen.

Rückbau: Aufenthaltsbezogener Staatsbürgerschaftszugang

Im Lichte des integrationspolitischen Leistungsnarratives hatte die SPÖ-ÖVP-Koalition 2013 unter dem Motto »Staatsbürgerschaft durch Leistung« ein beschleunigtes Einbürgerungsverfahren für »ausgezeichnet Integrierte« eingeführt. Statt der bis dahin geltenden Wartefrist von zehn Jahren ununterbrochenen Aufenthalts erhielten ausgezeichnet integrierte Fremde nun bereits nach sechs Jahren einen Rechtsanspruch auf die Verleihung der Staatsbürgerschaft. Als »ausgezeichnet integriert« gelten »Fremde«, die entweder hohe Deutschkenntnisse (B2) oder für mindestens drei Jahre Leistungen wie eine Beschäftigung im Sozial-, Bildungs- oder Gesundheitsbereich, eine Funktion in Interessensverbänden oder eine ehrenamtliche Tätigkeit in einer gemeinnützigen Organisation nachweisen können, welche »dem Allgemeinwohl in besonderer Weise dienen und einen integrationsrelevanten Mehrwert für ihre Integration in Österreich darstellen.«[259] Die Reform signalisierte, dass individuelles Engagement durch die vollwertige Teilhabe als Staatsbürger*in belohnt werde. In der Tat nimmt der Anteil der vorzeitigen, auf diesen Integrationsleistungen basierenden Einbürgerungen an den jährlichen Verleihungen laufend zu. Im Jahr 2018 waren sie mit 14 Prozent der häufigste Verleihungsgrund aller erteilten Staatsbürgerschaften.[260]

Auch jenseits der Staatsbürgerschaft fasste die SPÖ-ÖVP-Regierung Beschlüsse, die die politische Partizipation zugewanderter Menschen unterstützen: So etwa 2014 mit der Ausweitung des passiven ÖH-Wahlrechts auf Studierende aller Staatsbürgerschaften (bis dahin war dies lediglich für EWR-Staatsbürger*innen möglich). Die nunmehrige Bestimmung ermöglicht es Studierenden, unabhängig von ihrer Staatsbürgerschaft nicht nur als Wähler*innen, sondern auch als Kandidat*innen und als Organe an den Wahlen der Bundesvertretung und der Hochschulvertretungen teilzunehmen.[261]

Zugleich nahm die SPÖ-ÖVP-Regierung anlässlich der zunehmenden Diskussionen um Wahlveranstaltungen ausländischer Politiker*innen in Österreich (Anlassfall waren Wahlkampfauftritte des türkischen Ministerpräsidenten Recep Tayyip Erdoğan) Beschränkungen politischer Aktivitäten von Drittstaatsangehörigen vor. Im Versammlungsgesetz verankerte sie das Verbot einer Versammlung zur politischen Tätigkeit von Drittstaatsangehörigen, sofern diese »internationalen Rechtsgrundsätzen / Gepflogenheiten oder völkerrechtlichen Verpflichtungen, demokratischen Grundwerten oder außenpolitischen Interessen der Republik Österreich zuwiderläuft«. Auch sei bei Versammlungen die Teilnahme von Vertreter*innen ausländischer Staaten, internationalen Organisationen und anderen Völkerrechtssubjekten bis spätestens eine Woche vorher den Behörden mitzuteilen.

Die gesetzten Maßnahmen signalisierten, dass politische Rechte restriktiver gehandhabt werden als Zugänge zu Arbeit oder Bildung. Die zarten Ansätze der Liberalisierung des Staatsbürgerschaftszugangs und der politischen Partizipation unter SPÖ und ÖVP nahm die ÖVP-FPÖ-Koalition wieder in Richtung Restriktion zurück: Der Staatsbürgerschaftszugang wurde erschwert und unerwünschte Doppelstaatsbürgerschaften wurden verfolgt.

Die Staatsbürgerschaft gilt wieder stärker als »höchstes, zu beschützendes Gut«, welches am Ende der Integration zu stehen habe. Das türkis-blaue Regierungsprogramm dazu: »Für jene Menschen, die nicht als österreichische Staatsbürger zur Welt kommen, sollte die Verleihung der österreichischen Staatsbürgerschaft der Abschluss eines erfolgreichen Integrationsprozesses sein.« Wie lange dieser Integrationsprozess aus Sicht der Rechtskoalitionsparteien dauern sollte, ließen die rechtlichen Verschärfungen gegenüber der Zielgruppe der Geflüchteten erkennen. Bereits die erste Koalitionsregierung von ÖVP mit FPÖ und BZÖ in den 2000er-Jahren hatte die damals noch kürzere Wartefrist auf den Staatsbürgerschaftszugang für Geflüchtete kritisiert und diese im Fremdenrechtspaket 2005 von vier auf sechs Jahre angehoben. Zehn Jahre danach drängte ÖVP-Generalsekretär Reinhold Lopatka infolge der hohen Flüchtlingszahlen auf eine neuerliche Verlängerung der Wartefrist, um zu signalisieren, »dass Flüchtlinge wieder in ihre Heimatländer zurückkehren, wenn sie nicht mehr verfolgt werden oder der

Bürgerkrieg zu Ende ist«.[262] Fand dies beim Koalitionspartner SPÖ damals keine Zustimmung, so ließ sich das Anliegen in der ÖVP-FPÖ-Konstellation umsetzen.

Die ÖVP-FPÖ-Regierung erhöhte 2018 die Wartezeit für Asylberechtigte zum frühestmöglichen Staatsbürgerschaftszugang von sechs auf zehn Jahre ununterbrochenen Aufenthalts – dies, sofern alle übrigen Bedingungen wie Unbescholtenheit, gesicherter Lebensunterhalt, Kenntnisse der deutschen Sprache sowie der demokratischen Ordnung und Landeskunde gegeben sind. Die bis dahin bestehende Besserstellung gegenüber der zehnjährigen Wartefrist wurde durch eine teilhabeverschlechternde Regelung ersetzt. Die Rechtskoalition schien davon auszugehen, dass Geflüchtete frühestens nach zehn Jahren die verlangten Integrationsgrade aufweisen können.[263]

Nicht zuletzt brachte die 2018 vorgenommene Inflationsanpassung der Bundesgebühren für die Einbürgerung eine ökonomische Erschwernis beim Staatsbürgerschaftszugang für finanzschwache Personen. Angesichts der im internationalen Vergleich ohnehin bereits hohen Kosten für Einbürgerungen in Österreich bedeutete diese Erhöhung eine weitere Restriktion des Staatsbürgerschaftszugangs.[264] Den finanziellen Restriktionen standen Erleichterungen für einen kleineren Kreis von Betroffenen gegenüber: Beim Staatsbürgerschaftserwerb durch Anzeige im Ausland werden künftig die Konsulargebühren erlassen.[265]

Einführung: Doppelstaatsbürgerschaft

Die markanteste Richtungsänderung im Bereich der politischen Teilhabe betrifft die Doppelstaatsbürgerschaft: Als »Ethnos statt Demos« lässt sich die Leitlinie des Regierungsprogramms zusammenfassen. Integrationspolitisch enthält sie eine Reihe von Widersprüchen und Brüchen.

Die ÖVP-FPÖ-Koalitionsregierung trieb die 2017 durch die FPÖ angestoßene Prüfung angeblicher türkischer Wählerevidenzlisten aktiv voran. Die Bundesländer wurden angewiesen, Feststellungsverfahren zur Aberkennung der österreichischen Staatsbürgerschaft bei den betreffenden Personen durchzuführen. Gestoppt wurden die aufwändigen Verfahren erst, als der VfGH im Dezember 2018 feststellte, dass der Datensatz aufgrund seiner fehlenden Authentizität und Herkunft kein Beweismittel sei und die Behörde – sofern sie die Beweise nicht anderweitig selbst erbringen kann – von der Unschuldsvermutung gegenüber den Personen auszugehen habe.[266] Auf den Kosten für die Verfahren blieben viele der Geprüften sitzen.[267] Die politische Botschaft an türkischstämmige Staatsbürger*innen war dennoch klar: Politischer Aktivismus für den türkischen Präsidenten und in der Türkei ist unerwünscht.

Eine gegenläufige Richtung verfolgte die ÖVP-FPÖ-Bundesregierung in Bezug auf Südtirol und Auslandsösterreicher*innen, deren ethnische Abstammungslinie sie aus Sicht der beiden Parteien durchaus für den Erhalt einer Doppelstaatsbürgerschaft qualifizierte. Eine Expertengruppe war 2018 betraut worden, einen Entwurf für eine Regierungsvorlage zur Doppelstaatsbürgerschaft zu erstellen. Allerdings blieb die Präsentation einer Regierungsvorlage (die auch die Diskussionsbasis für die Gespräche mit Italien bilden sollte) bis zum Ende der Koalitionsregierung im Mai 2019 aus.[268]

Selbst nach dem Ende der Koalition forderten ÖVP und FPÖ die Übergangsregierung per Entschließungsantrag auf, mit der italienischen Regierung »in bilaterale Gespräche zu treten, um das Thema ›Doppelstaatsbürgerschaft für Südtiroler‹ zu erörtern« und »einen Gesetzesvorschlag für eine Doppelstaatsbürgerschaft für Südtiroler vorzulegen«.[269] Im Wortlaut forderte der Antrag,

> den Angehörigen der Volksgruppen deutscher und ladinischer Muttersprache in Südtirol, für die Österreich auf der Grundlage des Pariser Vertrages und der nachfolgenden Praxis die Schutzfunktion ausübt, die Möglichkeit einzuräumen, zusätzlich zur italienischen Staatsbürgerschaft die österreichische Staatsbürgerschaft zu erwerben.

Angesichts der wiederholten Ablehnung dieser Regelung seitens der italienischen Regierung und fehlender konkreter Beschlüsse sah Außenminister Alexander Schallenberg es seitens der Übergangsregierung aber »nicht (mehr) geboten, weitere Schritte bzw. neue gesetzliche Maßnahmen zu planen«.[270] Im türkis-grünen Regierungsprogramm des Jahres 2020 tauchen derartige Ankündigungen nicht mehr auf.

Eine ähnliche Regelung wie für die Südtiroler*innen schlug das türkis-blaue Regierungsprogramm für Nachfahren der Opfer des

Nationalsozialismus vor. Diese Reform erfuhr breite Zustimmung und wurde unmittelbar vor der Nationalratswahl 2019 während der Übergangsregierung mit den Stimmen aller Parlamentsparteien beschlossen. Hier wurde mit »Wiedergutmachung für erlittenes Unrecht während der Nazi-Diktatur« und der »Versöhnung sowie Verständigung zukünftiger Generationen« argumentiert.[271]

Generös ging die ÖVP-FPÖ-Regierung auch mit dem drohenden Verlust der Unionsbürgerschaft seitens britischer Staatsbürger*innen um. Das sog. Brexit-Begleitgesetz sieht Vorkehrungen für ein Ausscheiden Großbritanniens aus der EU ohne Austrittsabkommen vor. Es enthält Übergangsbestimmungen für bereits in Österreich wohnhafte und beschäftigte Brit*innen sowie ihre Kernfamilien, mit denen sowohl der Fortbehalt von Aufenthalts- und Beschäftigungsstatus als auch der leichtere Zugang zu RWR-Karten und die Möglichkeit zur Inlandsantragstellung ihrer drittstaatsangehörigen Familienangehörigen geschaffen wird. Zudem können bisherige britische Studierende auch weiterhin Mobilitätsstipendien bzw. Studienförderung beziehen. Nicht zuletzt werden Brit*innen und ihre Familienangehörigen auch von der Pflicht zu »Deutsch vor Zuzug« ausgenommen und der Integrationsminister erhält die Möglichkeit, per Verordnung für sie auch eine Ausnahme von der Erfüllungspflicht einer Integrationsvereinbarung festzulegen. Sonderregelungen zur politischen Teilhabe sieht das Brexit-Begleitgesetz jedoch keine vor.[272]

Nicht mehr zur Umsetzung gelangten die im Regierungsprogramm angekündigten Reformen des Staatsbürgerschaftsgesetzes. Diese hätten vermutlich restriktive »Anpassungen der Voraussetzungen (z. B. Deutschkenntnisse, Durchrechnungszeitraum, Selbsterhaltungsfähigkeit) und Aufenthaltsdauer für den Erwerb (10/20/30 Jahre)« vorgesehen. Auch das angekündigte »Überdenken der Behördenzuständigkeit im Bereich der Staatsbürgerschaftsverleihung« (sie ist bisher in Länderkompetenz) blieb ohne Realisierung, ebenso wie der verpflichtende Kurs für die Staatsbürgerschaftsprüfung.[273]

Fazit

Die Haltung zur politischen Teilhabe sowie die Staatsbürgerschaftspolitik der ÖVP-FPÖ-Bundesregierung sind widersprüchlich und weisen auf unterschiedliche Grade der Erwünschtheit hin.

Die Entscheidungen sind einerseits teilhabereduzierend gegenüber Asylberechtigten und rigide gegenüber Doppelstaatsbürgerschaften von Personen mit türkischem Hintergrund. Für britische Brexit-Betroffene sind zwar keine Sonderregelungen zur politischen Teilhabe vorgesehen, jedoch zahlreiche begünstigende Übergangsbestimmungen zu Aufenthalt, Beschäftigung, Studienförderung und Integrationsmaßnahmen. Andererseits ist die Schaffung der Doppelstaatsbürgerschaftsoption in höchstem Maße teilhabeerweiternd gegenüber Südtiroler*innen und Nachfahren von Holocaust-Opfern. Letztere sind zwar vor allem als ein Baustein der Vergangenheitspolitik zu interpretieren, dennoch bestätigen sie die selektive Verwendung der Staatsbürgerschaft als Signal der Zugehörigkeit.

Substanziell brachte die ÖVP-FPÖ-Staatsbürgerschaftspolitik eine explizit ethnonationalistische Note in die Debatte: Das Wahlrecht sollte weder von der Residenz noch von der unmittelbaren Betroffenheit durch politische Entscheidungen, den Integrations- oder Steuerleistungen von Personen abhängig sein, sondern die Bedeutung der ethnischen Linie wurde gestärkt. Statt des Slogans »Integration durch Leistung« galt nun das Prinzip Ethnos.

Soziokulturelle Maßnahmen

Im Politikfeld Integration drehen sich Debatten und Maßnahmen keineswegs nur um soziostrukturelle Fragen, sondern viel mehr um kulturelle Aspekte. Seit den 2000er-Jahren – nicht zuletzt nach 9/11 – nehmen zwei Themen besonders viel Platz ein: die Problematisierung von Islam und Muslim*innen in Europa sowie der Appell an Werte, was in manchen Ländern in eine »Leitkulturdebatte« mündete. Auch in Österreich reden Parteien von der Notwendigkeit der Aneignung österreichischer Werte und der Kultur[274], ohne zu definieren, was abseits der Grundrechte und der verfassungsrechtlichen Prinzipien damit gemeint ist und verpflichtend zu übernehmen sei.

Nichtsdestotrotz gab es zu den Themen Islam und Werte in den letzten Jahren eine rege Gesetzestätigkeit. Der Vergleich der Maßnahmen der rot-schwarzen mit der türkis-blauen Regierungskoalition zeigt Kontinuitäten im Wertepfad sowie im Umgang mit Religionen, weist aber auch einige grundlegende Veränderungen auf. Diese betreffen das Ausmaß der Regulation und die Art der Instrumente: Die Politik in Bezug auf Werte nimmt zunehmend verpflichtenden Charakter an, die Politik in Bezug auf den Islam greift immer stärker auf das Instrument des Verbots zurück.

Islam: Kontrolle und Restriktionen

Kontroverse Kopftuchverbot

Um die bestmögliche Entwicklung und Entfaltung aller Kinder sicherzustellen, ist Kindern in elementaren Bildungseinrichtungen das Tragen weltanschaulich oder religiös geprägter Bekleidung zu verbieten, die mit der Verhüllung des Hauptes verbunden ist. Dies dient der erfolgreichen sozialen Integration von Kindern gemäß den lokalen Gebräuchen und Sitten, der Wahrung der verfassungsrechtlichen Grundwerte und Bildungsziele der Bundesverfassung sowie der Gleichstellung von Mann und Frau. Die Länder verpflichten sich, im Rahmen ihrer Zuständigkeiten entsprechende Maßnahmen zu setzen, um Verstöße gegen ein solches Verbot gegenüber den Erziehungsberechtigten zu sanktionieren. (Art. 3, Z 1, Art. 15a B-VG über die Elementarpädagogik für die Kindergartenjahre 2018/19 bis 2021/22)

Mit diesem Absatz wurde im November 2018 in Gesetz gegossen, was zuvor monatelang hitzig diskutiert und seit Jahren von der FPÖ wiederholt gefordert worden war: Ein Kopftuchverbot, hier zunächst für Mädchen in Kinderbetreuungseinrichtungen (ein halbes Jahr später auch in Volksschulen).

Die ÖVP-FPÖ-Regierungskoalition begab sich mit der Adressierung einer bestimmten Religionsgruppe auf eine rechtsstaatliche Gratwanderung. Kommunikativ versuchte sich die Koalition damit als Verteidigerin der Frauen- und Kinderrechte zu positionieren, Kritiker*innen wurde multikulturelles Träumen und Verharmlosen vorgeworfen. Ein »Stück Stoff« wurde zum Symbol eines erklärten Kulturkampfes stilisiert: aufgeklärtes Abendland gegen antimodernen Islam, Leitkultur vs. Integrationsverweigerung.

Österreich gehörte in den letzten Jahrzehnten zu den wenigen europäischen Staaten mit einem inklusiven und kooperativen Arrangement zwischen anerkannten Religionsgemeinschaften und Staat. Da die Katholische Kirche durch das Konkordat eine Reihe von Privilegien besitzt, hatten über den Grundsatz der Gleichbehandlung auch Minderheitsreligionen Zugang zu besonderen Rechten. In den letzten Jahren hat sich diese Praxis verändert. Die staatlich anerkannten Religionsgemeinschaften, darunter auch die *Islamische Glaubensgemeinschaft in Österreich* (IGGiÖ) oder die *Alevitische Glaubensgemeinschaft in Österreich* (ALEVI), genießen als Institutionen bestimmte Vorrechte gegenüber dem Staat und sind in die religionsbezogenen Politikprozesse aktiv einbezogen. Diese inklusive politische Kultur erklärt, weshalb – selbst, als in den 2000er-Jahren in zahlreichen Ländern Kopftuchverbote erlassen wurden – die österreichischen Regierungen das Tragen religiöser Symbole als Ausdruck der individuellen Religionsfreiheit interpretierten und sich am Prinzip der Gleichbehandlung der Angehörigen aller Religionsgemeinschaften im öffentlichen Raum orientierten.[275] Dennoch war der Islam ab 2010 wiederholt ein Thema der Integrationspolitik. So lud die Regierung anerkannte Religionsgemeinschaften sowie Expert*innen aus Verwaltung und Wissenschaft zum *Dialogforum Islam*. Die Initiative sollte Ideen und Vorschläge für eine Neuregelung der Beziehungen der Muslim*innen und ihrer gesetzlich anerkannten religiösen Vertretung zu Gesellschaft und Staat vor dem Hintergrund neuer Herausforderungen diskutieren.

SPÖ-ÖVP-Regierung: Vom Dialog zum Verbot

Als Ergebnis des Dialogprozesses regelte die SPÖ-ÖVP-Regierung im Jahr 2015 den gesetzlichen Rahmen für die anerkannten islamischen Religionsgemeinschaften in besonderer Weise neu. Das *Islamgesetz* 2015 reformierte das bisherige, aus dem Jahr 1912 stammende, Islamgesetz und enthält weitgehende Veränderungen.[276] Es betont die Selbstständigkeit islamischer Religionsgesellschaften sowie die Freiheit auf Bekenntnis, Lehre und öffentliche Religionsausübung, zugleich verlangt es von ihnen eine »positive Grundeinstellung gegenüber Gesellschaft und Staat«. Es sieht eine Aufhebung ihrer Rechtspersönlichkeit vor, sobald die »Interessen der öffentlichen Sicherheit, der öffentlichen Ordnung, Gesundheit und Moral« oder der »Schutz der Rechte und Freiheiten anderer« dies notwendig mache (§§ 4 und 5 IslG). Das Islamgesetz untersagt darüber hinaus die Auslandsfinanzierung dieser Vertretungen und ihrer Funktionsträger. Die Absolvierung eines islamisch-theologischen Studiums an der Universität Wien sowie Deutschkenntnisse sollten die Voraussetzung für Tätigkeiten von Seelsorger*innen in Haftanstalten, Krankenhäusern oder im Militärdienst sein. Die strengeren Normen und Vorgaben wurden mit dem Ziel, einen Islam österreichischer bzw. europäischer Prägung etablieren zu wollen, begründet.

Neben dem Islamgesetz 2015 einigte sich die SPÖ-ÖVP-Regierung im Jahr 2017 auf einen weiteren umstrittenen religionsnahen Beschluss – auf das als »Burkaverbot« diskutierte Verbot der »Verhüllung der Gesichtszüge durch Kleidung oder andere Gegenstände« bis zur Unkenntlichkeit (sofern sie nicht für künstlerische, kulturelle oder traditionelle Veranstaltungen, beim Sport oder aus gesundheitlichen und beruflichen Gründen erfolgt).[277] Die Regierung kommunizierte die Bestimmung als Integrationsmaßnahme und begründete sie mit der »Ermöglichung zwischenmenschlicher Kommunikation, die eine wesentliche Funktionsbedingung für ein friedliches Zusammenleben« und für »das Erkennen des Anderen bzw. dessen Gesicht eine notwendige Voraussetzung« sei.[278] Ausgegangen war die Initiative von der ÖVP, die Koalition verpackte das Gesetz in ein umfangreiches Integrationspaket, das auch das von der SPÖ forcierte *Integrationsjahr* enthielt (siehe Kapitel *Soziokulturelle Maßnahmen*). Dieser Koalitionskompromiss zwischen Verbot und Förderung ist ein anschauliches Beispiel für die Entscheidungsfindung in der SPÖ-ÖVP-Koalition – eine oftmals schwierige Kompromissfindung zwischen divergierenden Ideologien und Integrationsverständnissen mündet in einer Paketlösung von Maßnahmen.

Der koalitionären Harmonie abträglich war die vom ÖVP-Integrationsminister Kurz forcierte Kritik an Kindergärten in muslimischer Trägerschaft vor allem in Wien, bei denen er eine Parallelgesellschaft und Abschottung ortete.[279] Unter besonderem medialen Aufsehen forderte er die Schließung von Kindergärten und sah sich durch eine vom Integrationsministerium beauftragte Pilotstudie des Religionswissenschafters Ednan Aslan argumentativ unterstützt. Die Kritik richtete sich gegen die SPÖ, die sich ihrerseits herausgefordert sah und darin eine Selbstinszenierung des Integrationsministers ausmachte.[280] Nach Kritik an den wissenschaftlichen Standards der Auftragsarbeit und Vorwürfen ministerieller Einflussnahme kamen von der Universität Wien beauftragte Gutachten zum Schluss, dass »kein wissenschaftliches Fehlverhalten« nachweisbar, die Studie aber »mit Mängeln behaftet sei« und die ministeriellen Textänderungen »eine bestimmte Deutung favorisiert« hätten.[281] In der Folge beauftragten das Integrationsministerium und die Stadt Wien gemeinsam die Universität Wien und die

Fachhochschule Campus Wien, eine Untersuchung Wiener Kindergärten und Kindergartengruppen mit einem breiteren Set an Untersuchungsdimensionen und Methoden (Fragebogen, Gruppendiskussion, Beobachtung, Handaktenanalyse) durchzuführen. Die Ergebnisse fielen nüchterner aus und zeigten ein komplexeres, teils umgekehrtes Bild: So sei seit 2015 seitens der Aufsichtsorgane in Einrichtungen islamischer Trägerschaft großer Wert auf die Vermittlung österreichischen Brauchtums gelegt und eine Entfernung von Symbolen des Islam forciert worden. Orientierungen der Träger zum Islam würden zunehmend zurückgenommen, die Thematisierung von Religion werde tendenziell vermieden und ins Private abgedrängt. Die Studie bestätigte Segregationstendenzen und führte diese vor allem auf Auswahlkriterien der Leitungen, auf ökonomische Ausschlussprozesse sowie auf die Bedeutung von religiösen Speisevorschriften zurück (selbst in durchmischten Nachbarschaften gäbe es so Einrichtungen ausschließlich mit Kindern ohne Migrationshintergrund). In Einrichtungen islamischer Trägerschaft fände sich ein überdurchschnittlich hoher Anteil an Kindern mit Migrationshintergrund, jedoch nicht zwangsläufig muslimischen Glaubens. Bezüglich der Sprachförderung in Deutsch als Zweitsprache, noch mehr jedoch in den Erstsprachen, ortet die Studie schließlich deutliche Ausbaupotenziale.[282]

Kontinuität und Vertiefung: Verbotspolitik

Die Tendenzen restriktiver Islampolitik setzte die ÖVP-FPÖ-Regierung nicht nur fort, sondern sie intensivierte sie. Die ÖVP hatte nun kein Korrektiv mehr links der Mitte, sondern einen Koalitionspartner mit ausgeprägt ablehnender Haltung zum Islam rechts an ihrer Seite.

Die türkis-blaue Regierung verabschiedete Kopftuchverbote für Mädchen, zuerst im Kindergarten (2018), später in der Volksschule (2019). Bei der Ausweitung der Verbotspolitik auf das Kopftuch bediente sie sich der Argumente der Geschlechtergleichstellung, des Schutzes der Kinderrechte und der sozialen Integration der Kinder. Kopftuchverbote dienen, so der Gesetzestext betreffend Kindergarten, »der erfolgreichen sozialen Integration von Kindern gemäß den lokalen Gebräuchen und Sitten, der Wahrung der verfassungsrechtlichen Grundwerte und Bildungsziele der Bundesverfassung sowie der Gleichstellung von Mann und Frau.«[283] Die Formulierungen der Regelung bezogen sich auf den konservativen Islam und nahmen andere Religionsgruppen und deren Bekleidungsriten weitgehend aus: So adressierten sie eine »weltanschaulich oder religiös geprägte Bekleidung (…), die mit der Verhüllung des Hauptes verbunden ist (…), welche das gesamte Haupthaar oder große Teile dessen verhüllt«.[284] Angesichts der Befürchtungen anderer Religionsgruppen, hielten die Regierungsparteien in einer eigenen Ausschussfeststellung fest, dass »die jüdische Kippa und die Patka der Sikhs von diesem Verbot explizit nicht umfasst sind«. Das Verbot hatte es geschafft, ein damals zahlenmäßig nicht stark verbreitetes Thema zu einem medial breit debattierten Konflikt über den Islam zu machen.

Ein weiteres Signal gegen bestimmte Teile der muslimischen Gemeinschaft sendete die Bundesregierung mit der Ankündigung der Schließung einzelner Moscheen im Sommer 2018 aus. Abermals in einer medial aufbereiteten Aktion – eine eigens kurzfristig anberaumte Pressekonferenz mit dem Bundeskanzler Sebastian Kurz, dem Vizekanzler Heinz-Christian Strache und den Bundesministern Gernot Blümel und Herbert Kickl – begründete die Bundesregierung die Schließung von sieben Moscheen und die Ausweisung von Imamen mit dem Vergehen der illegalen Auslandsfinanzierung sowie mit extremistischen Tätigkeiten. Das Islamgesetz 2015 bot für diese Vorgangsweise die rechtliche Begründung. Allerdings erklärte ein halbes Jahr später der Verwaltungsgerichtshof die Schließung für rechtswidrig.[285]

Das Schwerpunktthema Islam griff auch Karin Kneissl auf. Auf die Frage, ob der Islam zu Österreich gehöre, meinte sie: »(...) Islam nein, Muslime ja«, denn »Die Tatsache des Sich-Einbringens als Individuum, unabhängig von der Religion und der Ethnie« sei der wesentliche Ausdruck der Moderne.[286] Zum politischen Schwerpunkt Islam gehörten weitere geplante Maßnahmen wie ein Gesetz zur Bekämpfung des politischen Islam sowie eine Dokumentationsstelle.[287] Zwar gelangten beide Vorhaben nicht mehr zur parlamentarischen Verabschiedung, doch der Wahlkampf zur Nationalratswahl

2019 zeigte, dass das Thema Spielball zwischen ÖVP und FPÖ mit gegenseitigen Überbietungen blieb.[288]

Der von der ÖVP-FPÖ-Regierungskoalition ins Treffen geführte Integrationsbegriff steht im Widerstreit mit dem religiösen Pluralismus und ordnet die ehemaligen Freiheiten einer Minderheitsreligion einer sog. Leitkultur der Dominanzgesellschaft unter. Die Inhalte dieser Leitkultur pendeln zwischen säkularen Bezügen auf verfassungsmäßige Grundwerte (Freiheit, Gleichheit, Demokratie etc.) einerseits und historisierenden Bezügen auf eine christlich-abendländische Kulturgeschichte andererseits. In dieser Kombination ist das Gegenüber der Leitkultur sowohl religiös als auch kulturell anders markiert und als antimodern bzw. antiaufklärerisch stigmatisiert. Diese Markierung findet sich auch in den Instrumenten der Wertedurchsetzung.

Werte: Orientierung und Anpassung

Debatten im Boulevard und an Stammtischen zum Thema Integration erwecken den Eindruck, dass Integrationsprobleme weniger in Teilhabedefiziten, sondern in Einstellungen und Verhaltensweisen der Zugewanderten liegen. Diesen Eindruck unterstreichen auch Meinungsumfragen zur Frage, was Integration bedeute. Die häufigste Antwort lautet: »wenn er/sie die Gesetze und Werte, die in Österreich gelten, anerkennt und befolgt«.[289]

Der Beginn des Wertepfades

Seit den 2000er-Jahren wenden sich europäische Staaten verstärkt Wertedebatten zu.[290] Die Integrationsvereinbarung, verabschiedet von der ÖVP-FPÖ-Regierung im Jahr 2002 nach niederländischem Vorbild, unterstreicht den Stellenwert der verpflichtenden und sprachbezogenen Maßnahmen in der Integrationspolitik. Damals höchst umstritten, wurde die Teilnahme an Sprachkursen und -prüfungen als Voraussetzungen für den rechtmäßigen Aufenthalt festgelegt. Im Nachhinein stellt sich die Bestimmung eher als symbolische Politik heraus, da Aufenthaltsbeendigungen auf dieser Grundlage kaum erfolgten.[291]

Der Blick zurück zeigt aber, dass das Aufkommen der Wertepolitik in Europa bereits in die Zeit vor der Institutionalisierung des Politikfeldes Integration zurückreicht. Konservative und rechtspopulistische Parteien bedienten sich dieser im Kontext der europaweiten Kritik an multikulturellen Modellen.[292] Die SPÖ-ÖVP-Koalitionsregierungen nahmen diesen Pfad der Werteorientierung auf und verständigten sich auf Maßnahmen wie Werteleitfäden, Wertekurse und -prüfungen. Herbert Langthaler, Experte der Asylkoordination Österreich, kritisierte die Kulturalisierung der Integrationspolitik noch 2010 als integrationsbremsend: Im politischen Diskurs werde Integration als Anpassung an die Aufnahmegesellschaft bis zur Unkenntlichkeit verstanden, der jedoch erhebliche strukturelle Diskriminierungen gegenüberstünden.[293]

Das Staatssekretariat für Integration konkretisierte den Wertepfad und trieb dafür die Entwicklung einer *Rot-Weiß-Rot-Fibel* voran. 2013 der Öffentlichkeit präsentiert, listet sie sog. österreichische Grundwerte auf wie Föderalismus, Demokratie, Republik, Rechtsstaat, Gewaltenteilung und Liberalismus – Werte also, die sich aus der Verfassung ableiten lassen.[294] Die *Rot-Weiß-Rot-Fibel* ist mittlerweile Prüfbestandteil im Staatsbürgerschaftstest.

Seit der Verabschiedung der Fibel nimmt das Ausmaß und der Stellenwert dieser Wertevermittlung und -überprüfung zu. Den Beginn machten vom ÖIF entwickelte Werte- und Orientierungskurse, die als Erstorientierung in den ÖIF-Bundesländerbüros freiwillig in Anspruch genommen werden konnten. Im Zuge der gestiegenen Fluchtpopulation wurde die Zahl der Kurse massiv ausgebaut. Das Prinzip der freiwilligen Teilnahme wich im Integrationsgesetz 2017 einer Verpflichtung zur Teilnahme, zur Mitwirkung und zum Abschluss für Asyl- und subsidiär Schutzberechtigte. Zudem hatte diese Gruppe sich nun nach Absolvierung dieser Kurse mit Unterschrift einer *Integrationserklärung* »zur Einhaltung der grundlegenden Werte der Rechts- und Gesellschaftsordnung zu verpflichten« (IntG § 6 Z 1). Verstöße gegen die Mitwirkungspflicht wurden sanktioniert, etwa durch die Kürzung der bedarfsorientierten Mindestsicherung. Die Verknüpfung dieser Wertevermittlung mit dem Deutschunterricht im selben Kursformat sorgte seitens der Lehrkräfte in Deutschkursen für Proteste. Pädagog*innen weigerten sich, neben der Deutschförderung auch eine Wertevermittlung im Unterricht zu betreiben, da sie sich nicht als Werte- oder Ethikvermittler*innen sahen und teils die formulierten Werte als konservativ ablehnten. Zudem bezweifelten sie, dass eine Auseinandersetzung mit dem komplexen Thema Werte in Einführungskursen zur deutschen Sprache überhaupt sprachlich zu bewerkstelligen sei.[295]

Parallel zum Ausbau der Wertemaßnahmen fasste die SPÖ-ÖVP-Koalition 2015 auch Antidiskriminierungsbeschlüsse gegen Hassverbrechen. Auf Basis einer Feststellung der Europäischen Kommission, den Rahmenbeschluss des Europäischen Rates zur strafrechtlichen Bekämpfung bestimmter Formen und Ausdrucksweisen von Rassismus und Fremdenfeindlichkeit (2008/913/JI) in das österreichische Strafrecht zu übernehmen, stellte die Regierung 2015 im Strafgesetzbuch die Ahndung von öffentlicher Gewalt gegen bzw. Herabwürdigung von Individuen und Gruppen auf Basis von Hautfarbe, Sprache, Religion, Staatsangehörigkeit, ethnischer Herkunft, Geschlecht, Behinderung, Alter oder sexueller Orientierung sowie die Verharmlosung von Völkermord und Verbrechen gegen die Menschlichkeit unter Freiheitsstrafe.[296]

Kontinuität und Vertiefung des Wertepfades

Die ÖVP-FPÖ-Regierung vertiefte den Wertepfad, verschärfte die Tonalität und weitete den Kreis der Adressierten von Erwachsenen auf Kinder aus. Eine 15a-Vereinbarung zwischen Bund und Ländern sieht nunmehr auch für elementare Bildungseinrichtungen sowie Tagesmütter und -väter verpflichtend anzuwendende Werte- und Orientierungsleitfäden vor. Damit sollte die Werteerziehung sowie die Vermittlung und Festigung der »wesentlichen Wertvorstellungen der österreichischen Gesellschaft bereits im Kindergartenalter« sichergestellt werden.[297]

Die Maßnahme ist als Antwort auf die von ÖVP und FPÖ wiederholt unterstellte fehlende Wertevermittlung in Kinderbetreuungseinrichtungen muslimischer Trägerschaft zu verstehen. Die Länder erhielten deshalb den Auftrag, im Rahmen ihrer Aufsichtspflicht zu überprüfen, ob und inwieweit die pädagogischen Konzepte, Leitbilder, Grundsätze, Schriften, Statuten und Regelungen der Träger der elementaren Bildungseinrichtungen mit dem Werte- und Orientierungsleitfaden übereinstimmen. Das Bildungsministerium hatte über die Prüfergebnisse unverzüglich in Kenntnis gesetzt zu werden, um die Förderwürdigkeit der Einrichtungen vor dem Hintergrund der Wertevorgaben zu beurteilen.[298]

Vorangetrieben, aber gesetzlich nicht mehr umgesetzt wurde das Vorhaben des Regierungsprogramms, mit der Etablierung eines Ethikunterrichts an Oberstufenschulen auch die verfassungsmäßig verankerten Werte zu unterrichten.[299] Dieser Unterricht sollte anstelle des bestehenden konfessionellen Religionsunterrichts abgehalten werden und nur für Schüler*innen verpflichtend sein, die an keinem konfessionellen Religionsunterricht teilnehmen. Bereits seit vielen Jahren besteht ein derartiger Unterricht als Schulversuch an über 200 Schulstandorten in Österreich.[300] Da sich das Vorhaben inklusive Entwicklung eines Lehramtsstudiums Ethik auch im Regierungsprogramm von ÖVP und Grünen findet, ist mit einer Umsetzung in den nächsten Jahren zu rechnen. Einwände bestehen dahingehend, dass der Ethikunterricht nicht für alle, sondern als Alternativmaßnahme zum konfessionellen Religionsunterricht gedacht ist – was neuerlich die Möglichkeit eines gemeinschaftlichen Erfahrens und Diskutierens unterschiedlicher Werte verhindert. Gegen diesen Einwand wird wiederum die Sorge ins Feld geführt, ein verpflichtender Ethikunterricht für alle würde mittelfristig das Fach Religion verdrängen.[301]

Fazit

Die Religionspolitik hat in den letzten Jahren einen Konfrontationskurs eingenommen. Regulative bzw. verbietende Politik adressiert vor allem Islam und muslimische Menschen. Ansätze sind bereits in der Zusammenarbeit von SPÖ und ÖVP zu finden, in der ÖVP-FPÖ-Koalition rückten sie aber ins Zentrum der Integrationspolitik.

Die Religionspolitik ist mit einer neuerlich ausgeweiteten Wertepolitik verknüpft. Sowohl die Ausweitung der Verbote als auch die Ausweitung der Wertepolitik ist von der Idee der Assimilation getragen. Anpassung ist das Motiv, Disziplinierung meist das Instrument. Hier setzt die postkoloniale Kritik an der gegenwärtigen Wertepolitik an: In eurozentristischer Weise würden den Neuzuwandernden die Zivilisationstechniken des fortschrittlichen Westens beigebracht, während die Sexismen, Rassismen und Diskriminierungen der Aufnahmegesellschaft ausgeblendet bleiben würden. Bei der an Migrant*innen gerichteten Wertepolitik handle es sich, so die Kritik, vielmehr um ein Bild dessen, wie sich die Gesellschaft gerne sehen würde, als um ein Bild ihrer tatsächlichen Verfasstheit.[302]

Integrationspolitisch ist die Wertepolitik ambivalent zu bewerten: Die vermittelten Informationen können unterstützend für Neuzugewanderte im Sinne der Orientierung in Österreich sein, zugleich erweisen sie sich aber auch als disziplinierendes Instrument, das den Zugewanderten die hegemoniale Stellung der Alteingesessenen verdeutlicht. Damit ist Wertepolitik primär ein Signal an die Aufnahmegesellschaft. Sie dient nicht bloß der Orientierung Zugewanderter, sondern auch der Versicherung eines Wir, das die Anderen markiert und im Status der Andersheit verfestigt.

Kontroverse
Verstaatlichung der Rechtsberatung für Asylwerber*innen

Ende 2018 war von politischem Weihnachtsfrieden wenig zu merken. Im Herbst war FPÖ-Innenminister Herbert Kickl mit einem Vorstoß in die Offensive gegangen, die bislang von mehreren NGOs wie Caritas und Volkshilfe geleistete Rechtsberatung für Asylwerber*innen künftig in staatliche Kompetenz überzuführen. Auf die Reaktion von Caritas, Volkshilfe oder SOS-Mitmensch, wonach die Rechtsabwicklung und Rechtsberatung in einer staatlichen Hand das Prinzip der Unabhängigkeit unterlaufen würde, erwiderte der Minister:

> NGOs haben Geschäftsinteressen. Die haben wir nicht. Wir sind der Meinung: Je schneller ein Verfahren, desto besser für alle Beteiligten. Ich will deshalb in einem ersten Schritt die gesamte Rechts- und Rückkehrberatung in die Hände des Bundes legen. Statt NGOs machen das künftig Mitarbeiter der Betreuungsagentur. (...) Aber ich werde doch nicht all jene finanziell unterstützen, die dafür sorgen, dass uns mithilfe aller juristischen Tricks auf der Nase herumgetanzt und das Verfahren in die Länge gezogen wird.[303]

Bereits in den Jahren der ersten schwarz-blauen Koalition waren Forderungen aufgetaucht, NGOs nicht mehr mit der Betreuung zu beauftragen. In den Oppositionsjahren setzte die FPÖ ihre Kritik an der von ihr verächtlich als »Asylindustrie« titulierten NGO-Arbeit fort. Angesichts der zahlreichen Toten im Mittelmeer begann ab 2017 auch Außenminister Kurz den NGOs die Verantwortung zu geben: »Der NGO-Wahnsinn muss beendet werden«, forderte Kurz, denn es gäbe zwar »NGOs, die gute Arbeit leisten, aber auch viele, die Partner der Schlepper sind«.[304] Der Ton gegenüber NGOs und Zivilgesellschaft wurde rauer, abschätziger und führte zur Vorlage für eine Verstaatlichung der Rechtsberatung, die die Rolle der NGOs künftig reduzieren sollte.

Mit dem Regierungswechsel von einer rot-schwarzen Koalition der Mitte zu einer türkis-blauen Koalition des rechten Spektrums veränderten sich nicht nur die politischen Inhalte. Auch Regierungskompetenzen und Regierungsstile unterlagen einem Wandel. So wurden die Zuständigkeiten für Integration auf überraschende Weise neu gemischt: Die FPÖ übernahm die für Migration und Integration hauptverantwortlichen Ministerien. Der Regierungsstil hingegen intensivierte Kontroversen und Zentralisierung. Während der Umgang zwischen den Koalitionsparteien ÖVP und FPÖ medial harmonisch präsentiert wurde, entwickelte sich im Verhältnis zu den Bundesländern, NGOs und Religionsgemeinschaften ein eher konfrontativer Stil. Der Zivilgesellschaftsindex von 2019 zeigt die abnehmende Einbindung von NGOs, einschließlich kirchlicher Wohlfahrtsorganisationen wie Caritas oder Diakonie, in Prozesse der Flüchtlingsbegleitung.[305] Nicht zuletzt beschäftigten Vorhaben der türkis-blauen Bundesregierung auch Höchstgerichte und die Europäische Kommission und stellten bilaterale Beziehungen mit Nachbarländern auf die Probe.

Kompetenzen: Integration wandert zur FPÖ, ÖVP bleibt einflussreich

Die Verteilung ministerieller Zuständigkeiten zwischen Koalitionspartnern spiegelt die internen Macht- und Stärkeverhältnisse wider. Bei der Bildung der ÖVP-FPÖ-Koalitionsregierung war die Zuständigkeit der FPÖ für beide nachrichtendienstlichen Ministerien, Inneres und Verteidigung, öffentlich besonders umstritten. Einen anderen überraschenden Aspekt der Kompetenzverteilung betraf ihre fast alleinige Zuständigkeit für Migrations- und Integrationsangelegenheiten. Integration blieb zwar weiterhin im Außen- und Europaministerium eingegliedert, doch das Ressort wechselte die Partei – nunmehr war die FPÖ für die Integration zuständig. Gleiches galt für das Bundesministerium für Inneres sowie für Arbeit- und Soziales, die in der Vergangenheit stets wesentliche Verantwortung für die Migrations- und Integrationspolitik getragen hatten. Mit Ausnahme des Bildungsressorts kam der FPÖ somit nun die Steuerung aller integrationspolitisch zentralen Ressorts zu.

Die ÖVP, die die Integrationspolitik jahrelang institutionell wie personell geprägt hatte, übergab die Fachministerien nun an eine Partei, die sich seit Jahrzehnten mit Anti-Migrationsforderungen profiliert hatte. Zuwanderungsstopp und Assimilation gehörten zum Themenkanon der FPÖ, jedoch kaum Positionen zu Integration im Sinne der Förderung von gesellschaftlicher Partizipation. Künftig sollte also eine Partei Integrationspolitik der Bundesregierung verantworten, die Integration für weite Teile der Zugewanderten nicht für möglich hält.[306]

Die FPÖ-geführten Ministerien waren integrationspolitisch unterschiedlich aktiv. Wie die Analyse der verantwortlichen Ministerien für die legislativen Initiativen im untersuchten Zeitraum zeigt, kamen diese vor allem aus dem Innenministerium und dem Arbeits- und Sozialministerium, weniger aus dem hauptverantwortlichen Integrationsministerium (Tabelle 5). Innen- sowie Arbeits- und Sozialministerium agierten als Taktgeber der Integrationsgesetzgebung und setzten u. a. die Anhebung der Wartefrist für die Staatsbürgerschaft, die Reform der Mindestsicherung, die Indexierung von Familienbeihilfe, den Kinderabsetzbetrag ebenso wie zahlreiche Eingriffe in die Asylverfahren durch. Die Integrationsministerin fiel hingegen nicht durch legistische Aktivitäten auf – sie brachte zwischen 2018 und 2019 keine einzige integrationspolitische Gesetzesvorlage ein. Statt Gesetzen waren Projektschwerpunkte, wie der sog. Frauenschwerpunkt mit Projektförderungen für Sensibilisierung, Beratung, Begleitung, Ausbildung von Peers sowie Sprachkurse für Migrant*innen, das Instrument.

Die ÖVP hingegen sicherte sich Einfluss auf die integrationspolitische Linie zum einen über das von der SPÖ übernommene Bildungsministerium. Das Ministerium forcierte Veränderungen in der Sprachförderung und Wertevermittlung im Kindergarten, führte schulische Deutschförderklassen ein und initiierte Kopftuchverbote für muslimische Mädchen. Zum anderen übte die ÖVP integrationspolitischen Einfluss über den zentralen Integrationsplayer, den Österreichischen Integrationsfonds (ÖIF), aus. Der ÖIF hatte sich über die Jahre zum ÖVP-dominierten Machtfaktor in der Integrationspolitik entwickelt.[307] Er spielte eine wesentliche Rolle in der Weiterentwicklung und Implementierung des Integrationsverständnisses der ÖVP-Innenminister*innen sowie später des

Staatssekretärs bzw. Bundesministers für Integration. Integrationsrelevante Gesetze der letzten Jahre bauten den ÖIF weiter zur operativen Drehscheibe der Integrationspolitik des Bundes aus. Damit steht der ÖIF für die Verstetigung der Integrationsadministration, unabhängig von den politischen Machtverhältnissen bzw. Ressortzuteilungen, und sicherte der ÖVP eine zentrale Rolle in der integrationspolitischen Ausrichtung und Umsetzung.

Vertikaler Regierungsstil: Zentralisierung

Die Institutionalisierung der Integrationspolitik begann ab 2007 mit dem Anspruch der Einbindung von staatlichen und nichtstaatlichen Repräsentant*innen auf allen Ebenen der Politikgestaltung. Die Regierungsparteien SPÖ und ÖVP waren in der Integrationsplattform um die Mitarbeit von Länder- und Gemeindevertreter*innen ebenso wie von Sozialpartnern, NGOs und Expert*innen bemüht. Die plurale Politikgestaltung sollte die Berücksichtigung vielfältiger Interessen und Erfahrungen erlauben. Dieser ansatzweise kooperative Stil machte in den letzten Jahren einem zentralisierten und konfrontativen Platz.[308] Die ÖVP-FPÖ-Regierung revidierte das vertikale Verhältnis, wie an einer Reihe von Entscheidungen zu beobachten ist:

Erstens wurden die in der Flüchtlingsintegration aktiven Gruppen und Initiativen zunehmend negativ porträtiert und somit ihre Arbeit nicht nur nicht wertgeschätzt, sondern auch delegitimiert. Wie das Zitat des Integrationsministers im Integrationsbericht 2017 zeigt, galt das Engagement Freiwilliger als Widerspruch zu den Mühen und Erfahrungen der »unfreiwillig von Geflüchteten Betroffenen«. Ihr Einsatz bei der Suche nach Beschäftigungsmöglichkeiten, bei der Unterstützung bei Behördenwegen und Asylverfahren galt zunehmend als unerwünschte Einflussnahme, die zu einer Aufenthaltsverfestigung beitrage. Denn lokale und ehrenamtliche Integrationshilfen differenzieren häufig nicht danach, ob es sich um von der Regierung gewollte oder nicht gewollte Migrant*innen handelt. Sie sind in der Regel altruistisch motiviert und stehen allen offen, die der unmittelbaren Unterstützung bedürfen. Diese Politik der ÖVP-FPÖ-Regierung steht in Gegensatz zu

Entwicklungen in Deutschland, wo als Antwort auf 2015 die lokale und kommunale Ebene sowie zivilgesellschaftliche Organisationen für Integrationsaufgaben gestärkt wurden. Wie der jährliche Bericht des *European Migration Network* auflistet, intensivierten eine Reihe von Staaten die Zusammenarbeit zwischen nationaler und lokaler Ebene sowie die Einrichtung von regionalen Plattformen und werteten lokale wie zivilgesellschaftliche Maßnahmen und Initiativen auf, um Aufnahme und Eingliederung vor Ort zu erleichtern.[309]

Zweitens strebte die ÖVP-FPÖ-Regierung mit der Einrichtung einer *Bundesagentur für die Betreuungs- und Unterstützungsleistung* eine Verstaatlichung und Zentralisierung der Unterstützungsleistungen und der unabhängigen Rechtsberatung für Asylwerber*innen an. Die Bundesagentur sollte dazu beitragen, die Asylverfahren zu beschleunigen. Wie die obigen Erläuterungen des Innenministers zeigen, dient die Verdrängung nichtstaatlicher Einrichtungen aus Betreuungsaufgaben der Unterbindung sozialer Kontakte und Beziehungen mit der Bevölkerung. Dadurch sollen frühzeitige soziale Integrationsleistungen verhindert und Abschiebungen problemloser durchsetzbar werden.[310] Das Motiv findet sich auch im Regierungsprogramm, das bis zum Abschluss des Asylverfahrens »keine individuelle Unterbringung« mehr vorsieht. ÖVP-Staatssekretärin Edtstadler erläuterte, dass »die Menschen nicht in privaten Quartieren untergebracht werden (sollten), sondern in eigens dafür bereitgestellten Sammelquartieren.« So lasse sich »nicht nur die Beschleunigung des Verfahrens erreichen, sondern auch Integration verhindern, die im Falle einer Abschiebung zur Belastung für die Asylwerber und für die Beamten führt«.[311]

Drittens lässt sich der Zentralisierungstrend am Ausbau des ÖIF als operativem Angelpunkt der Integrationspolitik beobachten. Der ÖIF erfährt seit zwei Jahrzehnten, jüngst durch das Integrationsgesetz 2017 sowie dessen Novellierung 2019, eine Aufgaben- und Kompetenzausweitung und ist inzwischen als Fonds der Republik zur administrativen Schaltstelle in Integrationsangelegenheiten aufgestiegen. Er setzt u. a. Sprach- und Wertekurse um, organisiert öffentliche Veranstaltungen und erstellt Informationsmaterialien. Als Monopolist übernimmt er die Zertifizierung und verantwortet die Abwicklung von Deutschkursangeboten, die Abwicklung von Werte- und Orientierungskursangeboten, die Abwicklung von

Integrationsvereinbarungen/-erklärungen, die Durchführung von Orientierungsberatungen und die Betreuung des staatlichen Anerkennungsportals.[312] Der Ausbau schlägt sich nicht nur in den Aufgabenfeldern, sondern auch im wachsenden Budget nieder. Das Jahresbudget wuchs nach Eigenangaben im vergangenen Jahrzehnt auf das Fünffache, von €9,5 Millionen im Jahr 2010 auf €49 Millionen im Jahr 2017, der Personalstand stieg in derselben Zeit von 140 auf 341 Mitarbeiter*innen an.[313] Kurzum, der ÖIF nimmt in wesentlichen Angelegenheiten der Integration eine Schlüsselrolle ein. Er implementiert viele der Maßnahmen der Bundesregierung; nichtstaatliche Organisationen, Kursanbieter sowie Trainer*innen müssen nach seinen spezifischen Vorgaben agieren, um akkreditiert oder für Projektförderungen berücksichtigt zu werden. Dies führte wiederholt zu Kritik vonseiten anderer Anbieter*innen.[314] Ungeachtet dessen sieht auch das Regierungsprogramm von ÖVP und Grünen 2020 einen neuerlichen Ausbau zur Integrationsdrehscheibe des Bundes vor.[315]

Konfrontation: Nachbarländer und Höchstgerichte

Zahlreiche Projekte und Entscheidungen der türkis-blauen Bundesregierung zeigen eine hohe Bereitschaft zur Kontroverse. Der Konflikt mit Nachbarländern oder mit der Europäischen Union wurde in Kauf genommen, ebenso wie die Grenzen der verfassungsrechtlichen Bestimmungen ausgelotet wurden.

So stieß die Initiative zur Schaffung von Doppelstaatsbürgerschaften für italienische Staatsbürger*innen in Südtirol auf Ablehnung der italienischen Regierung. Ein historisch politisch sensibles Thema wurde aufgerollt und führte zu einer für diplomatische Beziehungen ungewöhnlich negativen Antwort aus Rom. In einer Stellungnahme kritisierte das italienische Außenministerium Österreichs Vorstoß: »Diese Initiative ist unpassend wegen ihrer potenziell Unruhe stiftenden Wirkung«. Als EU-Ratsvorsitzland solle Österreich nicht »Zwietracht schüren«, sondern »sich auf Taten konzentrieren, die vereinen und die gegenseitige Eintracht zwischen den Ländern fördern«. Und: »Die Initiative ist im Übrigen auch wirklich sonderbar, wenn man bedenkt, dass mit dem Ziel, die Bürger der EU-Mitgliedstaaten zu vereinen, schon die entsprechende europäische Staatsbürgerschaft existiert«, so das italienische Außenministerium.[316] Aufschlussreich ist zu diesem Zeitpunkt die Regierungskonstellation beider Länder: In beiden Staaten regierten rechtspopulistische Parteien. Während der FPÖ-Bundesparteiobmann Heinz-Christian Strache im Südtiroler Wahlkampf noch verkündete: »Beim Thema Doppelpass entscheiden wir, wer den Pass bekommt oder nicht«, gingen Italiens Rechte auf Abstand und lehnten das österreichische Begehren ab.[317] Die Causa Doppelstaatsbürgerschaft machte also nicht nur die innenpolitische Widersprüchlichkeit im Umgang mit unterschiedlichen Herkunftsgruppen deutlich. Sie veranschaulichte auch die außenpolitische Unvereinbarkeit nationalistischer Politik in einem heterogenen Europa mit mobilen Bevölkerungen in und zwischen Staatsgrenzen.

Ein zweiter Konfliktfall betrifft die Europäische Union und die Indexierung von Familienbeihilfe und Kinderabsetzbetrag an das Preisniveau des jeweiligen Mitgliedstaates der Empfängerperson. Betroffen sind die im Ausland lebenden Kinder von in Österreich berufstätigen EU-Bürger*innen. Der Beschluss der ÖVP-FPÖ-Regierung gegen die Stimmen der Opposition stellt vor allem Personen aus süd- und osteuropäischen Mitgliedstaaten schlechter, während für manche westeuropäischen Mitgliedstaaten mit höherem Preisniveau eine Indexierung nach oben die Folge ist. Die EU-Kommission als Hüterin der Europäischen Verträge leitete ein Vertragsverletzungsverfahren ein. In zwei Mahnschreiben argumentierte die Kommission mit einer Verletzung des Gleichbehandlungsgrundsatzes. EU-Bürger*innen, die in einem anderen Mitgliedstaat als ihrem Herkunftsmitgliedstaat arbeiten, Steuern und Sozialversicherungsbeiträge zahlen, hätten dort Anspruch auf dieselben Familienleistungen wie Einheimische. Der Indexierungsmechanismus sei diskriminierend, weil er die Reduktion ausschließlich auf den Wohnort der Kinder zurückführe, jedoch der Umstand niedrigerer Lebenshaltungskosten in anderen Mitgliedstaaten »für Leistungen, die als Pauschalbetrag ohne Bezug zu den tatsächlichen Unterhaltskosten für ein Kind ausbezahlt werden, nicht relevant (ist).«[318] Die Indexierung treffe jene Menschen, die durch ihre Arbeitsleistung zum österreichischen Sozialsystem beitragen, so die Kommission. Die Bundesregierung hielt dem in ihrem Antwortschreiben entgegen, dass dem Gleichbehandlungsgebot zufolge »ungleiche Sachverhalte nicht gleich behandelt werden dürften.«[319] Österreich finanziere mit der Familienbeihilfe nur den Wert der benötigten Unterstützungsleistung und nicht einen fixen finanziellen Betrag.[320] Angesichts der gegensätzlichen Sichtweisen wird die Entscheidung vom Europäischen Gerichtshof zu treffen sein.

Drittens sind nationale Höchstgerichte mit integrationspolitischen Maßnahmen der türkis-blauen Regierung befasst. Nachdem der österreichische Verwaltungsgerichtshof bereits die Schließung von Moscheen als rechtswidrig gekippt und der Verfassungsgerichtshof die Reform der Sozialversicherungen sowie das Sicherheitspaket aufgehoben hatte, war die Mindestsicherungsreform ein weiterer Anlass für höchstgerichtliches Einschreiten. Die euphemistisch als Arbeitsqualifizierungsbonus bezeichnete Kürzung der Sozialhilfe aufgrund der zu geringen Sprachkompetenz einer Person und die Umwidmung dieser Mittel in verpflichtende Integrationsmaßnahmen wurde bei Beschlussfassung im Herbst 2018 von juristischer Seite als diskriminierend kritisiert. Der VfGH hob diesen Passus im Dezember 2019 als willkürliche Ungleichbehandlung auf. Weder seien die unterschiedlichen Ursachen für die Nichtbeherrschung eines definierten Sprachniveaus berücksichtigt worden, noch seien Deutsch- oder Englischkenntnisse auf diesem Niveau zwingend notwendig, um auf dem Arbeitsmarkt vermittelt werden zu können.[321] Die Regierungsparteien zeigten für das Urteil des VfGH kein Verständnis. ÖVP-Sozialsprecher August Wöginger meinte: »Wir können die Entscheidung absolut nicht nachvollziehen und sie widerspricht vollkommen unseren politischen Überzeugungen. Aber Entscheidungen des VfGH sind in einem Rechtsstaat, auch wenn man sie inhaltlich ablehnt, endgültig.«[322] FPÖ-Klubobmann Herbert Kickl ging hingegen weiter und kommentierte das Urteil als weltfremd:

> Die Höchstrichter stellen mit dieser Entscheidung den Magnet für unqualifizierte Zuwanderung wieder auf Maximalleistung. (…) Damit werden sämtliche Bemühungen für eine restriktive und an den Bedürfnissen des österreichischen Arbeitsmarktes ausgerichtete Zuwanderungspolitik zunichte gemacht.[323]

Nicht zuletzt verdeutlicht die Weigerung der Bundesregierung, den *Globalen Migrationspakt* der Vereinten Nationen zu unterscheiben, einen demonstrativ restriktiven Gestus gegen internationale Abkommen und für nationale Entscheidungshoheit. [324] Obwohl der Globale Migrationspakt von einem österreichischen Diplomaten des Außenministeriums entsprechend den Weisungen des Außenministeriums über Monate mitverhandelt worden war, führte der Druck seitens der FPÖ zu einem Ausstieg der Bundesregierung in letzter Minute.[325] Dass der österreichischen Entscheidung weitere Staaten folgten (u.a. Australien, Israel, Polen oder die Slowakei), unterstreicht den globalen Trend zu Renationalisierung von Migrations- und Grenzpolitik und die Zurückweisung internationaler Rahmenwerke. D.h. eher liberale Regelungen auf internationaler Ebene verlieren an Bedeutung und die nationale Dimension gewinnt, zumindest vorübergehend, die Oberhand.

Fazit

Die Veränderungen im Kollegialorgan Regierung sowie im integrationspolitischen Stil der ÖVP-FPÖ-Bundesregierung gegenüber der Vorgängerregierung sind beträchtlich. Eine Koalition aus zwei Parteien mit ähnlichen Positionen zu Integration und Migration teilte sich die Regierungsaufgaben, wobei die Politik der Partei mit dem höflicheren Gesicht sich tatsächlich immer weniger von jener Partei unterschied, die kopiert werden sollte.

Damit war der Regierungskurs trotz einer sich verschiebenden integrationspolitischen Kompetenzverteilung in der Koalition fest verankert: Zwar übernahm die FPÖ drei integrationspolitisch relevante Bundesministerien, der integrationspolitische Einfluss der ÖVP blieb über das Bildungsministerium, über den ÖIF und über medienwirksame Auftritte des Bundeskanzlers, selbst in Materien von FPÖ-geführten Ministerien, gesichert. Letztlich bestand ohnehin inhaltliche Einigkeit in Integrationsfragen. Dies trug zu einem zentralistischen Regierungsstil im Feld der Integrationspolitik bei. Statt Kooperationen zur bestmöglichen Bewältigung von Integrationsherausforderungen galt nun das gegenteilige Prinzip: Ignorieren zivilgesellschaftlicher Mitwirkung, Entmachtung und

Hinausdrängen von unliebsamen Nichtregierungsorganisationen, Konfrontationskurs mit Religionsgemeinschaften und teils sogar mit christlichen Wohlfahrtsorganisationen. Der konfrontative Politikstil gegenüber NGOs, manchen Bundesländern, gegenüber Nachbarn, der EU und den Höchstgerichten zeigt das Einsickern populistischer Stilmittel in die Integrationspolitik.

Der Zusammenführung der Befunde und der Charakterisierung der Integrationspolitik ist das nächste Kapitel gewidmet.

Rechtspopulistische Integrationspolitik: Integration erwünscht?

Seit den 1980er-Jahren sichern sich radikale Rechtsparteien mit populistischen Strategien einen festen Platz in Europas Parteienlandschaften. Einst als vorübergehende Protesterscheinung abgetan, haben sich Parteien wie die österreichische *FPÖ,* die italienische *Lega Nord*, der französische *Front National*, die *Dänische Volkspartei* oder die niederländische *Partei für die Freiheit* zu dauerhaften Kräften etabliert und teils auch den Eintritt in Regierungsämter geschafft. Die negative Politisierung sowie radikal ab- und ausgrenzende Positionen zu Migration und Integration gehören zu deren stimmenmaximierenden Erfolgsrezepten. Wie aber setzen diese Parteien ihre integrationspolitischen Forderungen als Regierungsparteien um und wie verändert sich Regierungspolitik dadurch insgesamt?

Die Antwort auf die Frage hängt in erster Linie vom Profil und der Bereitschaft anderer Parteien zur Koalitionsbildung bzw. zu den Bedingungen der Koalitionsbildung ab. Vergleichende Studien zu rechtspopulistischen Parteien in Regierungsfunktionen zeigen, dass es meist konservative und christdemokratische Parteien sind, die rechtspopulistische Parteien zu Regierungsämtern verhelfen.[326] Am Beispiel der Integrationspolitik in Österreich während zwei Regierungsphasen mit unterschiedlichen Koalitionsparteien identifizieren wir im Folgenden Merkmale und Prämissen rechtspopulistischer Integrationspolitik und zeigen darüber hinaus die inhaltliche Konvergenz der christdemokratischen ÖVP mit der rechtspopulistischen FPÖ.

Identität, Disziplinierung, Ökonomisierung, Dramatisierung

Nach der für die Parteienforschung wegweisenden Definition des niederländischen Parteienforschers Cas Mudde kennzeichnen rechtspopulistische Parteien drei inhaltliche Säulen:

- *Populismus,* der die dichotome Gegenüberstellung von Volk (als dessen Sprachrohr sich der Rechtspopulismus stilisiert) und Establishment bzw. Elite betont;

- *Nativismus,* der die ethnokulturelle Aufladung und Abgrenzung dieses Volkes als Nation (Wir) gegenüber Fremden, dem Ausland oder der Globalisierung schlechthin (Andere) betreibt;
- *Autoritarismus,* der liberale und pluralistische Gesellschaftskonzeptionen zugunsten hierarchischer Gesellschaftsvorstellungen verwirft und (staatliche) Autorität sowie individuelle Disziplinierung ausbaut.[327]

Rechtspopulistische Parteien und Bewegungen verfolgen diese genannten inhaltlichen Schwerpunkte mit spezifischen kommunikativen Stilmitteln – dies unterscheidet sie von anderen Rechtsparteien. Um beide Komponenten, Inhalt und Stil, zu berücksichtigen, sprechen Jan Jagers und Stefaan Walgrave von dünnem und dickem Populismus. Der dünne Populismus bezieht sich auf Kommunikations- und Mobilisierungsstrategien, die sich als volksnah und umgangssprachlich, personalisiert und auf charismatische Führungsfiguren zugeschnitten präsentieren, die einfache *common-sense*-Argumente sowie klare Freund-Feind-Schemata der Abgrenzung und Distanzierung verwenden und die sich flexibel der populären Meinungen bedienen, diese aufgreifen und verstärken. Der dünne Populismus würde, so Jagers und Walgrave, ohne ideologisch aufgeladene Inhalte auskommen. Der dicke Populismus hingegen beinhaltet ein ideologisches Weltbild, das die dünnen Lagen – im Falle des rechten Populismus mit Nativismus und / oder Autoritarismus – ergänzt.[328] Die Populismusforschung betont zudem den Unterschied zwischen rechtspopulistischen Parteien und rechtsextremen Gruppierungen, denn erstere würden sich innerhalb des demokratischen Spektrums bewegen und das demokratische System an sich nicht infrage stellen, also nicht antidemokratisch und nicht gewaltbereit auftreten, im Gegensatz zu rechtsextremen Gruppierungen.[329]

Ausgehend von dieser knappen Beschreibung des Rechtspopulismus entlang von Inhalt und Stil diskutieren und bewerten wir die in den vorhergehenden Kapiteln generierten empirischen Befunde. Die kontrastierende Zusammenfassung der Ergebnisse erlaubt es, vier charakteristische Dimensionen der ÖVP-FPÖ-Integrationspolitik zu identifizieren. Im Einzelnen handelt es sich dabei um:

- Identitätspolitik statt Teilhabepolitik: Die Integrationspolitik intensiviert Kulturthemen, die ein Identitätskonzept eines uniformen Wir gegenüber den Anderen stärken, und greift dabei auf Religion als Differenzmerkmal zurück.

- Disziplinierung und Sanktionierung: Integrationspolitische Instrumente wie Verbote und Leistungskürzungen bzw. Konditionalisierung von Teilhabemaßnahmen dominieren und werden gruppenselektiv eingesetzt.
- Ökonomisierung und neoliberale Mitgliedschaft: Die Integrationspolitik folgt strikt den nationalen wirtschaftlichen Bedürfnissen, kategorisiert zwischen ökonomisch erwünschter und unerwünschter Migration und gewährt Individuen eine »neoliberale Mitgliedschaft« anstatt einer »demokratischen Mitgliedschaft«.
- Dramatisierung für die wählende Mehrheitsgesellschaft: Die Integrationspolitik forciert die Symbolpolitik für die wählende Mehrheit, sie betreibt Dramatisierung anstatt Versachlichung und inszeniert Konflikte.

Anzumerken ist, dass diese Merkmale nicht exklusiv auf die ÖVP-FPÖ-Regierung zutreffen. Der Vergleich verdeutlicht, dass einige Maßnahmen bereits in frühere Regierungsperioden zurückreichen, dass diese jedoch in der ÖVP-FPÖ-Regierungsphase ein stärkeres Profil und Gewicht erhalten und so die integrationspolitische Ausrichtung bereits nach kurzer Zeit verschoben haben.

Identitätspolitik statt Teilhabepolitik

Der Populismusforscher Hans-Georg Betz definiert Identitätspolitik als Politik, die nativistische, d. h. scheinbar angeborene, vererbte Differenzen hervorhebt und priorisiert. Die imaginierte eigene nationale Identität wird von anderen Identitäten abgegrenzt, höher bewertet und als schutzbedürftig dargestellt. Ethnizität, Kultur, Sprache oder Religion gelten als Ansatzpunkte einer aus- und abgrenzenden nativistischen Identitätsbildung, die stets auf das dichotome Raster von Wir versus Andere zurückgreift.[330]

Eine eigenständig österreichische, nichtdeutschnationale Identität bildete sich in Österreich nach 1945 nur zögerlich und verspätet heraus.[331] In diesen Identitätsbildungsprozess drang ab den 1980er-Jahren die FPÖ offensiv mit dem Migrationsthema ein. Sie füllte den nationalen Identitätsdiskurs mit ethnonationalen Sentimenten, seit den 2000er-Jahren auch mit antimuslimischen Emotionen und Angriffen.[332] Die ÖVP-FPÖ-Regierung intensivierte die nationalistische Identitätsproduktion über zwei Stränge: Erstens verengte sie die Darstellung kultureller Vielfalt in Richtung nationale Homogenität und Identität. Zweitens verstärkte sie die kulturelle Ausrichtung auf Kosten der Teilhabepolitik.

Identitätspolitik

Die Analyse der ministeriellen Vorworte der Integrationsberichte zeigt im Zeitverlauf von 10 Jahren ein kontinuierliches Abgehen von positiven Konnotationen kultureller Vielfalt. Holte die Regierung vor einigen Jahren noch Integrationserfolge Einzelner öffentlich wirksam vor den Vorhang, betont die rechtspopulistische Regierung die Integrationsdefizite bestimmter Gruppen. Die Erzählung hat sich gedreht. Statt Rahmenbedingungen zur besseren ökonomischen Integration zu schaffen, zweifelt sie an der Fähigkeit und Bereitschaft Zugewanderter zu Zugehörigkeit und Anpassung.

Identitätspolitik nutzt das zitierte Wir-versus-Andere-Schema: Das »Wir« suggeriert Homogenität, Widerspruchsfreiheit und kulturelle Gleichheit; das »Andere« weicht von diesen Imaginationen ab, wird abgewertet und negativ konnotiert. So wird ein positives Selbstbild der *In-Group* von einem negativen Fremdbild der *Out-Group* abgegrenzt (sog. Othering). Betonen Mark van Ostaijen und Peter Scholten, dass der Populismus sich durch eine Politik der Distanzierung zwischen Gruppen auszeichnet,[333] so betrieb die Identitätspolitik der ÖVP-FPÖ-Regierung diese Distanzierung insbesondere über drei Stränge: Werte, Sprache und Religion.

Appelle an Werte und Tugenden, an Sitten und Gebräuche, die als »österreichisch« bezeichnet werden, dienen als indirektes Mittel der Distanzierung. Landeskundevermittlung und Orientierungswissen gelten zwar weithin als unterstützendes Instrument für Migrant*innen der ersten Generation. Bewegt sich dieser Ansatz aber auch in das Terrain von Werten, Moral und Lebensführung, so kann damit ein paternalistischer bis kolonialistischer Habitus einhergehen, der eher abgrenzt als einbindet. Der kontinuierliche Ausbau des Wertepfades, den die ÖVP-FPÖ-Regierung vom

Erwachsenenbereich auch in die Kindergärten und Schulen trug, fußt durch seine Etikettierung als Integrationsmaßnahme auf einem unterstellten Kontrast zwischen der Wir-Gruppe (im Besitz dieser Werte) und den Anderen (denen diese Werte noch fehlen). Zwar kann eine didaktisch gut aufbereitete Bearbeitung ethischer und moralischer Wertefragen in einem gemeinsam geführten Unterricht als verbindende, die Gesellschaft integrierende Maßnahme beurteilt werden. Bleibt sie hingegen eine allein an Zugewanderte und ihre Kinder gerichtete Maßnahme, dient sie eher dem Erhalt statt der Überwindung der Trennung.

Sprachenpolitik nimmt in der identitätsgeleiteten Integrationspolitik eine zentrale Stellung ein. Über Sprache führte die Regierung neue Maßnahmen der Separierung ein, Sprachkompetenz diente als Kriterium für Kürzungen der Sozialhilfe, und Sprachverwandtschaft spielte nicht zuletzt bei den Doppelstaatsbürgerschaftsplänen für deutschsprachige Südtiroler*innen eine Rolle. Sprache fungiert also als Marker, als Proxy für Kultur und Zugehörigkeit. Sie markiert nicht nur Andersheit zugewanderter Personen in sozial akzeptierter Form, sondern sichert den Sprecher*innen der Mehrheitssprache eine hegemoniale Position im Gesellschaftsgefüge. Sprache wird zum Mittel der Trennung von Gruppen, deren ethnische oder religiöse Diskriminierung sonst sozial verpönt und gleichbehandlungsrechtlich untersagt wäre.[334] Die Forderung nach Deutsch als Schulpausensprache, wie im Regierungs-Arbeitsübereinkommen zwischen ÖVP und FPÖ in Oberösterreich vorgesehen, konnte die FPÖ zwar nicht durchsetzen – die Forderung zeigt aber, dass der Druck nach sprachlicher Unterordnung stets weiter gesteigert werden kann.

Die Koppelung von Integrationsthemen mit Religion schließlich, insbesondere mit dem Islam, islamischen Einrichtungen und muslimischen Glaubenspraxen, steht in einem identitätspolitischen Zusammenhang. Die Referenzen an das christlich-jüdische Abendland, die Verbote muslimischer Kleidungsstücke bis hin zur Verneinung, dass der Islam zu Österreich gehört – all dies sind Beispiele für die identitätspolitische Distanzierung. Dazu ist anzumerken, dass die politische Thematisierung von Religion in Verbindung mit Integration und Migration in Österreich ein vergleichsweise junges Phänomen ist.[335] Sie bricht mit der traditionell inklusiven

Beziehungskultur zwischen Religionsgemeinschaften und dem Staat. Tatsächlich verfolgte Österreich lange Zeit einen multireligiösen Ansatz, demzufolge Angehörige und Organisationen von anerkannten Minderheitsreligionen die gleichen Rechte wie jene der katholischen Kirche besaßen. Die Negativpolitisierung durch die FPÖ seit den 2000er-Jahren greift nun auch auf gemäßigte Parteien über und mündet in einer religiösen Aufladung der Integrationspolitik.[336] Verbietende Maßnahmen werden zu dominanten Instrumenten erklärt. Dazu gehören das Islamgesetz, das Anti-Gesichtsverhüllungsgesetz und die Kopftuchverbote in Kindergarten und Grundschule. So kam das multireligiöse Beziehungsgefüge zwischen Politik und islamischen Religionsgemeinschaften in Schieflage. Die Kooperation und Inklusion, die noch für das 2012 von Staatssekretär Kurz initiierte *Dialogforum Islam* maßgebend war, änderte sich in Richtung Distanz und Konflikt. Dieser Trend zeichnete sich bereits in der SPÖ-ÖVP-Koalition ab, wurde jedoch in der ÖVP-FPÖ-Koalition lautstark vertieft.

Teilhabepolitik

Mit dem Überhang der Wir-bezogenen Identitätspolitik geht komplementär der Rückbau von Teilhabe-Politik einher. Die zeitgleichen Botschaften des »Österreich zuerst« oder des »Unser Geld für unsere Leut'« bauen die strukturelle Exklusion der »Anderen« aus. Der Rückbau der Teilhabepolitik ist in den letzten Jahren an einer Reihe von Maßnahmen und Instrumenten zu beobachten: Die Ausgaben für Arbeitsmarktintegrationsmaßnahmen für Geflüchtete erfuhren eine Kürzung, gleichzeitig wurde ihnen der Arbeitsmarktzugang selektiv verweigert und die Entschädigung für Renumerationstätigkeiten symbolisch reduziert; Bildungsmaßnahmen bauten zwar teilhabefördernde Sprachförderung im Kindergarten aus, kürzten jedoch im Schulbereich Personalmittel für Sprachförderung sowie Sozialarbeit und im Erwachsenenbereich die Kursförderungen mit der Streichung der nach 2015 geschaffenen Integrationsmittel.

Dass die Integrationspolitik der vergangenen Jahre den Schwerpunkt auf Geflüchtete legte, ist an sich nicht überraschend, sie folgte der zahlenmäßigen Bedeutsamkeit dieser Gruppe der Zuwandernden seit 2015. Überraschend ist vielmehr, dass die Integration von Asylsuchenden und Asylberechtigten ab 2018 hinausgezögert und finanzielle Mittel sowie infrastrukturelle Angebote mit der Begründung sinkender Zahlen bei Asylneuanträgen zurückgefahren wurden. Die Regierung versuchte, Integration im Interesse einer effizienten Abschiebepolitik weitestmöglich hinauszuschieben. Dies ist bemerkenswert, denn an anderer Stelle wiesen die Regierungsparteien darauf hin, dass Zugewanderte individuelle Integrationsdefizite hätten, dass bestimmte Gruppen in Parallelgesellschaften leben würden und dass die fehlende Integrationsbereitschaft für die Gesellschaft ein Problem darstelle.[337]

Die Folgen fehlender Teilhabepolitik sind aber nicht im Interesse der Aufnahmegesellschaft, wie u. a. Studien aus Dänemark zeigen. Die Reduzierung der Leistungen der dänischen *Start Aid* für kürzlich Angekommene und Geflüchtete führte dort nicht zu besserer Integration, sondern mündete in steigender Armut, Überlebenskriminalität, niedrigerer Bildungsbeteiligung und schlechteren Sprachtestergebnissen. Dieses Ergebnis ist angesichts der Ähnlichkeiten mit der österreichischen Kürzungspolitik auch hierzulande zu erwarten.[338]

Die Reduktion, mehr noch die Unterlassung struktureller Integrationspolitik, läuft auf eine Politik hinaus, die die andernorts stigmatisierten »Anderen« geradezu produziert. Den Menschen, die marginalisiert sind, die kaum Zugangs- und Aufstiegschancen haben und deren soziale Mobilität nicht durch Maßnahmen unterstützt wird, kann rechtspopulistische Rhetorik konstant Integrationsdefizite vorwerfen. Soziale Unterschiede lassen sich in diesem Umfeld ethnisieren, soziale Schieflage auf ethnische und kulturelle Unterschiede zurückführen. Die Desintegration von Migrant*innen durch Unterlassung der Teilhabeförderung erfüllt in gewisser Weise ein rechtspopulistisches Interesse – sie erzeugt die von ihr kritisierten Integrationsdefizite geradezu mit.

Disziplinierung und Sanktionierung

Autoritarismus gilt als ein Wesensmerkmal des Rechtspopulismus. Im Autoritarismus wird die Gesellschaft weder liberal noch pluralistisch gedacht, stattdessen regieren starke politische Figuren, die die Einmischung von anderen politischen Kräften, zivilgesellschaftlichen Gruppierungen und Interessensorganisationen zurückweisen. Eine *Law-and-Order-Politik* verhandelt nicht, sondern setzt strenge, enge Regeln und ahndet Regelverstöße mit Disziplinierungstechniken.[339] Für die autoritaristische Disziplinierungspolitik ist die in der Politikfeldforschung vorgenommene Unterscheidung zwischen distributiven und regulativen Instrumenten bedeutsam: erstere betreffen Ressourcen finanzieller oder infrastruktureller Art, zweitere die Regeln für Verhalten bzw. die Normen für Zugänge zu staatlichen und gesellschaftlichen Institutionen.[340] In der untersuchten Regierungsperiode ist auffällig, dass die distributiven Instrumente an Bedeutung verlieren und dass sie gekürzt oder zurückgenommen werden. Die regulativen Instrumente hingegen werden in der rechtspopulistischen Integrationspolitik ausgebaut, insbesondere im kulturellen und religiösen Feld. Sie fordern vom Einzelnen ein bestimmtes Verhalten oder ein bestimmtes öffentliches Erscheinungsbild.

Das sich verändernde Verhältnis von distributiven hin zu regulativen Instrumenten kann an sich bereits als eine Form der Disziplinierung verstanden werden. Spezifisch zeigt sich der disziplinierende Charakter an den Inhalten der verhaltensnormierenden Verbote. Besonders von Verboten tangiert sind islamische Praxen, wie die Kopftuchverbote in Kindergärten und Schulen zeigen. Diese Verbote greifen in unter Umständen persönliche Grundfreiheiten ein und versuchen darüber ein erwünschtes Verhalten durchzusetzen. Dazu werden die regulativen Einschränkungen mit Sanktionen verknüpft – teils strafrechtlicher Art im Falle des Verstoßes gegen das Islamgesetz, teils verwaltungsrechtlicher Art als Strafzahlungen bei Nichteinhaltung des Kopftuchverbots.

Die Verbindung von regulativen Ge- und Verboten mit finanziellen Druckmitteln zeigt sich auch bei der Konditionalisierung von sozialstaatlichen Leistungen. Die Strategie der Konditionalisierung bedeutet, bestimmte Kriterien (wie Deutschkompetenz oder die Teilnahme an Wertekursen) zur Voraussetzung für den Zugang zu staatlichen Maßnahmen, den Aufenthalt oder den Zutritt zum Territorium zu machen. Konditionalisierung ist bei Weitem kein neues integrationspolitisches Instrument. Auch die Integrationsvereinbarung, das Prinzip »Deutsch vor Zuzug« oder die Integrationsverpflichtung im Integrationsgesetz folgen diesem Ansatz. Die ÖVP-FPÖ-Regierung brachte das Mittel der Konditionalität aber auf ein neues Niveau, indem sie den vollen Sozialhilfezugang von Deutschkenntnissen abhängig machte und die Deutschkompetenz von Kindern zum Kriterium für die allgemeine Schulreife und den Zugang zum Regelunterricht erhob. Damit verkehrte die rechtspopulistische Integrationspolitik die Funktion von Sprache als unterstützende Ressource ins Gegenteil. Denn dient die Landessprache nicht mehr als Teilhabeinstrument für Arbeit, Bildung und Kontakte, sondern als Ausschlusskriterium aus gesellschaftlichen Feldern, so wird sie zum Mittel der Sanktionierung.[341]

Die Ausweitung der Sanktionierung fußt auf einem Gesellschafts- und Politikverständnis, das den Rückbau sozialpolitischer Unterstützung als Instrument der Aktivierung des Einzelnen sieht. Diese Idee eines fordernden und sanktionierenden Politikansatzes wird von George Lakoff in Anlehnung an das Bild der väterlichen Autorität als *strict father*-Modell bezeichnet. Es liegt, Lakoff zufolge, dem konservativen Politikverständnis zugrunde und sieht im Staat (bzw. im Vater) die Autorität, die ihre Bürger*innen (bzw. ihre Kinder) zu Disziplin und Selbstkontrolle erziehen muss. Dafür greift die Autorität auf das Instrument der Strafe und der Sanktion zurück. Dieses Modell steht idealtypisch im Gegensatz zum liberalen *nurturing parenting*-Modell, das auf Förderung und Unterstützung durch die Autorität setzt – womit Lakoff die konträren Gesellschafts- und Politikverständnisse der Republikaner und Demokraten in den USA beschreibt.[342] Im rechtspopulistischen Integrationsverständnis wird dieser sanktionierende Politikansatz der strengen Autorität gezielt gegenüber Zugewanderten ausgebaut.

Die Integrationspolitik dient letztlich jedoch nicht nur zur Anpassung der Zugewanderten, sondern sie wird zum verlängerten Arm einer kontrollierenden, abschreckenden Migrationspolitik. Dieses Ziel der Migrationskontrolle rechtfertigt den Rückbau integrationspolitischer Maßnahmen, indem auf Pull-Faktoren verwiesen wird, die es aus Sicht der Bundesregierung zu vermeiden gelte. Slogans wie »Keine Zuwanderung ins Sozialsystem« oder »Keine illegalen Wirtschaftsflüchtlinge« finden sich nicht mehr nur in Wahlkampfreden, sondern auch in Gesetzestexten und offiziellen Erläuterungen.[343] Anders gesprochen: Integrationspolitik dient als Mittel, um auf Migrationsbewegungen einzuwirken, konkret um sie zu beschränken.

Ökonomisierung und neoliberale Mitgliedschaft

Die Einbindung von Integrationspolitik als Instrument des Migrationsmanagements folgt einer ökonomischen Verwertungslogik. Dieses schon für das Gastarbeiterregime charakteristische Vorgehen wird im rechten Populismus weiter forciert. Der Rechtspopulismus agiert gruppenselektiv und utilitaristisch, trennt stärker als bisher erwünschte von unerwünschten Formen der Migration und orientiert Integrationsmaßnahmen nach der Verwertbarkeit der Zugewanderten für den Wirtschaftsstandort. Für benötigte Arbeitskräfte und Bildungsmigration gilt weiterhin der Weg der Öffnung des Arbeitsmarktes; die ökonomisch unmittelbar geringer verwertbare Fluchtzuwanderung erfuhr Schließung und Kürzungen von Unterstützungsmaßnahmen. Dass selbst die Unterscheidung des ökonomisch Nützlichen vom ökonomisch nicht Nützlichen ein für den Rechtspopulismus umkämpftes Terrain ist, zeigt der Umgang mit Lehrlingen, die aufgrund des negativen Ausgangs des Asylverfahrens abgeschoben werden sollten. Trotz eines breiten zivilgesellschaftlichen, politischen und wirtschaftlichen Netzwerks gegen die Abschiebung und trotz hoher wirtschaftlicher Nutzenkalküle kritisierte die Regierung die Forderung als Beschädigung der Rechtsstaatlichkeit.

Der oben genannte disziplinierende Charakter rechtspopulistischer Integrationspolitik wurzelt nicht nur im Bestreben einer abschreckenden und utilitaristisch selektierenden Migrationspolitik nach außen, sondern auch im wohlfahrtsstaatlichen Rückbau nach innen. Die rechtspopulistische Politik der Disziplinierung und der selektiven Kürzung bezieht sich nicht ausschließlich auf Migrant*innen, sie beginnt lediglich dort. Zugewanderte sollen im Namen der gesellschaftlichen Gerechtigkeit weniger bekommen, so das rechtspopulistische Argument. Nicht Teilhabegerechtigkeit wird angestrebt, sondern Gerechtigkeit als Differenzierung zwischen legitimem und illegitimem Leistungsbezug. Über die Verbindung wohlfahrtsstaatlicher Einschnitte mit Zugewanderten lässt sich der sozialpolitische Rückbau gegen geringen Widerstand der Bevölkerung durchführen. Denn der Druck wird scheinbar nur auf jene erhöht, die es in der Wahrnehmung bestimmter Bevölkerungs- und Politiksegmente auch »verdienen«, unter Druck gesetzt zu werden. Vereinfacht gesagt: Der Sozialabbau lässt sich unter der wählenden Bevölkerung leichter durchsetzen, wenn die Konsequenzen zunächst die Anderen treffen.[344]

Die rechtspopulistische Integrationspolitik als Vehikel im Abbau wohlfahrtsstaatlicher Sicherungssysteme überträgt dem / der Einzelnen die Verantwortung für Erfolg, aber auch für Scheitern. Das eigenverantwortliche Individuum wird adressiert, es trägt die Bürde der Integration zunehmend allein. Verfügt der / die Einzelne über Fähigkeiten, Ressourcen und Netzwerke für den sozialen Aufstieg, so kann er / sie dies der eigenen Integrationsleistung zuschreiben und wird mit Anerkennung belohnt. Fehlen diese, so trägt das Individuum selbst die Folgen und hat sich Desintegration selbst zuzuschreiben. Die individuelle Rolle bei der Integration wird hervorgehoben, die politische hingegen zurückgenommen.

Augenscheinlich tritt eine differenzielle Inklusion bzw. Exklusion auf. Der von Stephen Castles benannte Mechanismus nimmt die Gleichzeitigkeit von teilweiser Inklusion und teilweiser Exklusion ein und derselben Person in den Blick.[345] So mag jemand in den Arbeitsmarkt integriert sein, wohlfahrtsstaatlich und politisch hingegen ausgeschlossen bleiben. Wenden wir dieses analytische Instrumentarium auf die letzten Jahre an, so wird deutlich, dass bescheidene teilnahmefördernde Arbeitsmarktmaßnahmen von teilnahmehemmenden bis ausgrenzenden Maßnahmen sowohl am Arbeitsmarkt als auch in anderen Feldern begleitet sind. Denn neben der bescheidenen Öffnung des Arbeitsmarktes handelte die türkis-blaue Regierung hinsichtlich Sozialpolitik und politischer Partizipation exkludierend. Die Förderlogik, die am wirtschaftlichen Leisten des Einzelnen ansetzt, zugleich aber Menschen von der politischen und wohlfahrtsstaatlichen Teilhabe ausschließt, wird in der akademischen Literatur als neoliberale Mitgliedschaft bezeichnet.[346] Diese Form der Mitgliedschaft legitimiert ungleiche Rechte auf Basis von individuellem Leistungserfolg und individuellem Scheitern. Das neoliberale Mitglied besitzt nicht per se Anspruch auf Teilhabe, sondern nur als unternehmerische Ich-AG im Wettbewerb um Erfolg und Anerkennung.[347]

Diese Politik zementiert die soziale Ungleichheit, und die reduzierte Förderung konserviert die Unterschichtung jener, deren Stimme kein politisches Gewicht hat, die also auch demokratisch Exkludierte sind.[348] Damit verbindet sie das traditionelle Unten der sozioökonomisch schwächergestellten mit einem zeitgenössischen Draußen der migrationsbedingt Außenstehenden und verfestigt diese Kombination: Klassismus und Rassismus greifen ineinander und verstärken die intersektionale Benachteiligung dieser Gruppe.

Dramatisierung für die wählende Mehrheitsgesellschaft

Die Verwendung von medialen Inszenierungsstrategien und die Zuspitzung politischer Auseinandersetzung gilt als wichtiges Stilmittel des Populismus. Diese Form der Vermittlung des Politischen bedient sich der bereits erwähnten Freund-Feind-Schemata, der Aktivierung von Ressentiments, der Vereinfachung komplexer Probleme, der Personalisierung und Emotionalisierung statt der Sachpolitik.[349] Die ÖVP-FPÖ-Bundesregierung nutzt diese Inszenierungsstrategien verstärkt und adressiert symbolpolitisch die wählende Mehrheit, gibt der Dramatisierung statt der Versachlichung den Vorzug, spielt mit Ambivalenzen und provoziert Konflikte.

Symbolpolitik wird in Abgrenzung zu substanzieller Politik definiert. Substanzpolitik hat die Funktion, in Verhalten und Handeln zu intervenieren, dieses eventuell zu verändern. Symbolpolitik hingegen agiert mit Gesten, will Handeln oder Gestaltungsfähigkeit signalisieren, ohne Situationen tatsächlich zu verändern.[350] Symbol- und Substanzpolitik müssen nicht gegensätzlich verlaufen, sie verfolgen aber unterschiedliche Ziele und sprechen unterschiedliche Zielgruppen an.

An strategischer Relevanz gewann die Symbolpolitik. Nicht zuletzt, weil aufgrund internationaler und europäischer Rahmenwerke die nationalstaatliche Migrationspolitik eingeschränkt ist, scheint Symbolpolitik eine Möglichkeit zu sein, Aktivität zu signalisieren. Sie erlaubt der Politik, mit bestimmten Maßnahmen bei der

Wahlbevölkerung den Eindruck der Restriktion, der Strenge und der Härte zu untermauern.[351]

Symbolische Integrationspolitik bedeutet aber keinen Zugewinn an Integration für die Betroffenen, denn sie richtet sich primär an die wählende Mehrheit. Zwar hatte die Idee der Integration als eine zweiseitige Angelegenheit, die sowohl bei den Zugewanderten als auch bei der Aufnahmegesellschaft zu Veränderungen und Anpassungen führe, bereits 2004 in die *Europäischen Prinzipien zur Integration*[352] und in Österreich in den Nationalen Aktionsplan für Integration 2010 Eingang gefunden. Die Regierung rückte aber vom zweiseitigen Veränderungsverständnis ab und machte klar, dass es die Zugewanderten sind, die die Anpassungsleistung als Bringschuld zu erbringen haben und nicht die Aufnahmegesellschaft.

Die Aufnahmegesellschaft wird über Symbolpolitik im kulturellen und religiösen Bereich ebenso wie über die Kürzung von sozialstaatlichen Leistungen für Migrant*innen adressiert. Der Armutsforscher Christoph Butterwegge spricht in diesem Zusammenhang von Sozialpopulismus.[353] Diese Erscheinungsform weist darauf hin, dass sich der Populismus als Verteidiger des Wohlfahrtsstaates auf Kosten der Kürzung wohlfahrtsstaatlicher Leistungen für Flüchtlinge oder andere zugewanderte Gruppen versteht. Die Politik der Geld- und Leistungsreduktionen folgte diesem Ansatz. Zahlreiche Maßnahmen zielen auf die Genugtuung der wählenden Mehrheit ab, treffen aber die Zugewanderten in negativer Weise, ohne deren Integration dabei zu forcieren.

Rechtspopulistische Integrationspolitik befeuert zudem aufgeheizte Dynamiken: Restriktive Maßnahmen erfolgen in immer kürzeren Zeitabständen, das Tempo wird schneller und die Inhalte immer ausgrenzender. Die Erhöhung von Strafen und Sanktionen gehört in eine Funktionslogik, die vorhandene Ressentiments aufgreift und verstärkt. Ruth Wodak spricht in diesem Zusammenhang vom Perpetuum mobile rechter Rhetorik, vom ständigen Skandalisieren und Emotionalisieren als Taktik für Aufmerksamkeits- und Sagbarkeitssteigerung.[354] Diese Dramatisierung, die im starken Kontrast zu früheren Versachlichungsansprüchen steht, zeigt sich an einer Reihe von Beispielen. So etwa an der kurzfristig einberufenen Pressekonferenz mit Bundes- und Vizekanzler,

Innenminister und Kanzleramtsdirektor zur Schließung von Moscheen, denen islamistische und antiliberale Aktivitäten und Haltungen vorgeworfen wurden. Die Moscheen blieben zwar offen, da die Verfehlungen nicht bewiesen werden konnten, der dramatische Effekt für die Öffentlichkeit war jedoch erzielt. Weiters zeigte sich eine Dramatisierung am Wettlauf der Regierungsparteien um den niedrigsten Stundenlohn für gemeinnützige Tätigkeiten von Asylwerber*innen. Schon 2016 forderte Integrationsminister Kurz die bundesweite Reduktion auf € 1, ÖVP-Innenminister Sobotka sprach wenige Monate später von € 2,50.[355] In der Regierung angekommen, einigten sich die Koalitionsparteien auf € 1,50, als Last-Minute-Verordnung von Innenminister Herbert Kickl veröffentlicht, von dessen Nachfolger wieder aufgehoben – die Spirale nach unten wurde (vorübergehend) gestoppt. Ein drittes Beispiel für die sich rasch drehende Spirale des Verschärfens sind die religiösen Verbote. Beginnend mit dem Anti-Gesichtsverhüllungsgesetz in der SPÖ-ÖVP-Regierung, stiegen Kopftuchverbote im Kindergarten und später in der Volksschule zu den wichtigsten Projekten der ÖVP-FPÖ-Koalition auf. Und selbst das Regierungsprogramm 2020–2024 sieht eine neuerliche Ausweitung des Kopftuchverbots für Mädchen bis 14 Jahre vor.

Für die Dramatisierung und Zuspitzung nutzt der Rechtspopulismus nicht zuletzt Themen und Positionen von politischen Kontrahenten, aktuell insbesondere Frauenrechte und Geschlechtergleichstellung. So sind rechtspopulistische Parteien grundsätzlich nicht als Vorreiter*innen der Unterstützung und Forcierung materieller und symbolischer Geschlechtergleichstellung bekannt. Im Gegenteil, sie verfolgen eine konservative Familienpolitik mit traditioneller Arbeitsteilung der Geschlechter.[356] Diese Positionierung hält sie aber nicht davon ab, Migration und Integration mit Verweis auf fehlende Frauenrechte in zugewanderten Communities zu kritisieren. Just unter Berufung auf diese Rechte, auf Frauenförderung und Gleichstellung der Geschlechter, werden Verbote im Feld der Integrationspolitik begründet. Dies gilt sowohl für das Verbot des Kopftuches in Kindergarten und Schule, das als Befreiung von der Unterwerfung muslimischer Mädchen kommuniziert wurde,[357] als auch für die Debatte zur ethnisierten Gewalt gegenüber Frauen.[358]

Ein wesentliches Merkmal populistischer Politik ist schließlich die Provokation von Konfliktsituationen, um sich als Verteidiger der nationalstaatlichen Interessen inszenieren zu können. Im Fall des Rechtspopulismus zählen zu den Konfliktgegnern andere Staaten (Nationalismus), supranationale Akteure wie z. B. die EU (Anti-Europäismus) bis hin zur globalen Bedrohung von außen (Anti-Globalisierung).[359] Zahlreiche Maßnahmen der ÖVP-FPÖ-Regierung zeigten eine hohe Konfrontationsbereitschaft: So riskierte die Initiative zur Doppelstaatsbürgerschaft für italienische Staatsbürger*innen in Südtirol eine Verstimmung mit den italienischen Nachbarn. Angesichts der historischen Sensibilität fiel die Ablehnung der italienischen Regierung deutlich aus: Österreich solle nicht Unruhe stiften, sondern gegenseitige Eintracht zwischen den Ländern forcieren.[360] Die Indexierung von Familienbeihilfe und Kinderabsetzbetrag für die im Ausland lebenden Kinder von in Österreich berufstätigen EU-Bürger*innen forderte Europäische Institutionen heraus. Die Koalition beschloss 2018 das Gesetz, die EU-Kommission leitete ein Vertragsverletzungsverfahren ein. Die nationalen Höchstgerichte kippten schließlich die Mindestsicherungsreform zur Kürzung der Sozialhilfe, die entgegen zahlreicher kritischer Stellungnahmen beschlossen worden war.

Doch die Herbeiführung von Konflikten folgt dem Kalkül der Provokation, der Konfrontation und der sie begleitenden Inszenierung: Lässt sich eine initiierte Maßnahme durchsetzen, so wird dies als Erfolg der Hartnäckigkeit vermarktet. Scheitert die Umsetzung, so kann das Gegenüber für seine ungerechtfertigte Haltung gescholten werden.

Integrationspolitisches Regieren mit und ohne höfliches Gesicht

Rechtspopulistische Stilmittel lassen sich bei Themen wie Migration und Integration, bei denen es um die Konstruktion von Gruppen, um Zugehörigkeit und Abgrenzung geht, besonders gut praktizieren. So ist es wenig überraschend, dass rechtspopulistische Parteien in diesen Feldern die Themenführerschaft besitzen, emotionalisieren, Stimmungen in der Bevölkerung erzeugen und diese dadurch mobilisieren und damit Stimmen gewinnen – dazu liegen umfangreiche Forschungen vor.[361]

Unsere Analyse der Integrationspolitik der SPÖ-ÖVP-Koalitionsregierung sowie der ÖVP-FPÖ-Koalitionsregierung belegt einen weiteren Aspekt: Die rechtspopulistischen Stile und Inhalte treffen keineswegs nur auf die als rechtspopulistisch eingestufte FPÖ zu. Sie gehören nicht mehr nur ihr allein, auch die ÖVP hat sich diese inzwischen angeeignet.[362] Diese Aneignung kündigte sich im Jahr 2016 in internen ÖVP-Strategiepapieren an und forcierte gesetzliche Maßnahmen. Die 2016 geforderte Senkung der Aufwandsentschädigung für gemeinnützige Arbeit durch Asylwerber*innen scheiterte am Koalitionspartner SPÖ. Ein Jahr darauf konnte die ÖVP jedoch das symbolträchtige Burkaverbot im Abtausch mit dem Integrationsjahrgesetz durchsetzen. Drei Jahre zuvor hatte der ÖVP-Integrationsminister Kurz ein Burkaverbot noch als »künstliche Debatte« abgetan: »Mit einem Burkaverbot werden wir in Österreich die Integration nicht lösen.«[363]

Bereits vor der Bildung der ÖVP-FPÖ-Koalitionsregierung forderte die ÖVP also Maßnahmen, die einer rechtspopulistischen Wettbewerbslogik geschuldet waren. Die rechtspopulistische Integrationspolitik kam also keineswegs abrupt mit der Regierungsbildung zwischen ÖVP-FPÖ im Jahr 2017, sondern sie entwickelte sich schleichend; sie korrespondiert nicht mit Regierungskoalitionen und setzt keine genuine rechtspopulistische Partei in der Regierung voraus, sondern sie geht mit der deklarierten inhaltlichen Änderung der ÖVP nach der Flüchtlingszuwanderung 2015 einher. Angesichts der öffentlichen Meinung zu Migration und Integration, dem Zustimmungstief der ÖVP in Meinungsumfragen und dem an Popularität gewinnenden Integrationsminister bewegte sich die Partei auf den rechtspopulistischen Kurs der FPÖ zu. Ihre Positionierung in Migrations- und Integrationsthemen änderte sich ab 2016 von einer wirtschaftsliberalen zu einer ethnonationalistischen Ausrichtung.

Die ÖVP regierte mit der FPÖ zwischen Ende 2017 und Mai 2019 schließlich im rechtspopulistischen Stil: Die Nicht-Ratifizierung des UN-Migrationspakts ist ebenso ein Beispiel für die Re-Nationalisierung wie das Ansinnen, Doppelstaatsbürgerschaften nach ethnischen Überlegungen zu ermöglichen, während in Österreich lebende vermeintliche türkische Doppelstaatsbürger*innen gerichtlich verfolgt wurden. Die Positionen der beiden Parteien unterscheiden sich in diesem Politikfeld kaum mehr voneinander. Die hohe inhaltliche Übereinstimmung zeigt sich auch daran, dass in der Öffentlichkeit kaum unterschiedliche Positionen oder gar Konflikte ausgetragen wurden. Nach der Nationalratswahl 2019 resümierte ÖVP-Bundesparteiobmann Sebastian Kurz:

> Mit den Freiheitlichen war's letztes Mal so, dass wir da in ganz vielen Bereichen inhaltliche Schnittmengen hatten, dadurch war's vergleichsweise einfach, Verhandlungen zu führen, weil vieles eigentlich sehr schnell außer Streit gestellt werden konnte. Wir hatten in den Programmen sehr viel Verbindendes, teilweise sogar Gleiches, das stellt sich sowohl mit den Grünen als auch den NEOS und der Sozialdemokratie deutlich anders dar.[364]

Die Analyse der Integrationspolitik unterstreicht zwar die Argumente von Autoren wie Tjitske Akkerman oder Steven Levitsky und Daniel Ziblatt, wonach Mitte-Rechts-Parteien, die mit radikalen Rechtsparteien koalieren, über die Umsetzung rechtspopulistischer Politik entscheiden.[365] Unsere Befunde gehen jedoch einen Schritt über diese Umarmungsstrategie hinaus.[366] Sie unterstreichen, dass die ÖVP nicht nur den Maßnahmenvorschlägen der FPÖ zustimmte, sondern dass sie sich diese auch zu eigen machte. Das Einsickern von rechtspopulistischen Stilen und Inhalten in eine christdemokratische Partei darf als Beispiel gelesen werden, dass rechtspopulistische Stile und Inhalte nicht nur von der Präsenz einer starken rechtspopulistischen Partei in der Regierungskoalition abhängig sind, sondern von der Bereitschaft dieser Parteien, diesen Zeitgeist aufzugreifen und zu kopieren.

Die Dominanz des Rechtspopulismus in der Integrationspolitik hat mit dem Weg der ÖVP vom dünnen zum dicken Rechtspopulismus zu tun, eng gekoppelt an die persönliche Entwicklung vom Staatssekretär Sebastian Kurz zum Integrationsminister, ÖVP-Bundesparteiobmann und schließlich Bundeskanzler: Die FPÖ als radikale Partei setzte Oppositionsforderungen in der ÖVP-geführten Regierung um. Die ÖVP zeigte Elastizität, die zunächst, in Übereinstimmung mit den parteiinternen Strategiepapieren, als »Populismus mit höflichem Gesicht« angeboten wurde und wohl noch als dünner Populismus zu bezeichnen ist. Dieser äußerte sich zunächst im veränderten Kommunikationsauftritt, in der Personalisierung und Zuspitzung auf eine Führungsfigur, im Fokus auf populär-emotionale Themen wie Migration und Integration sowie auf einzelne symbolträchtige Maßnahmen. Die dünne Populismusschicht hat sich mittlerweile zu einer dicken transformiert, die Elastizität hat sich in Verhärtung gewandelt.

Diese Entwicklung legt auch das Regierungsprogramm zwischen ÖVP und Grünen nahe. Das Migrations- und Integrationskapitel der ÖVP-Grüne-Regierung trägt eine deutliche ÖVP-Handschrift, deren Problembefunde und Maßnahmenforderungen weiterhin eine inhaltliche Kontinuität zur FPÖ beinhalten. Die ÖVP vertritt dieselben integrationspolitischen Positionen wie in der Koalitionsregierung mit der FPÖ und macht diese zu ihrem inhaltlichen Markenzeichen. Es ist also die letzte von mehreren Etappen vom dünnen hin zum dicken Populismus, der nicht nur im Stil, sondern auch in der Substanz eine rechtspopulistische Migrations- und Integrationspolitik verfolgt.

Fazit: Integration erwünscht?

Der Nachweis der inhaltlichen Dimensionen rechtspopulistischer Integrationspolitik und die Verortung ihrer Urheberschaft bei zwei Koalitionspartnern führen zur titelgebenden Frage zurück: Ist Integration in einem rechtspopulistischen Regierungssetting überhaupt erwünscht? Oder untermauern die Maßnahmen, Stile und Instrumente nicht eher die These, dass die Integration Zugewanderter politisch unerwünscht ist?

Die Erwünschtheit von Integration ist gruppenabhängig:

Die Integration von Asylwerber*innen ist nicht erwünscht, sie wird vielmehr punktuell gezielt unterbunden und verhindert. Obwohl oder gerade weil Integration ein Kriterium für ein späteres Bleiberecht darstellt, soll Aufenthaltsverfestigung vermieden werden. Die rechtspopulistische Koalitionsregierung betrieb in dieser Hinsicht quasi eine strukturelle Integrationspolitikverweigerung. Sie schränkte Zugangsmöglichkeiten für Geflüchtete ein, zum Bundesgebiet, zum Arbeitsmarkt, zum Sozialsystem, zur unabhängigen

Rechtsberatung und selbst zur Gesellschaft – wie die Reformpläne zur Unterbringung untermauern. Rechte und Möglichkeiten, die als wesentlich für erfolgreiche Integrationsprozesse gelten, wurden reduziert, wie die Möglichkeit zur Lehre bis hin zur Erschwerung des Staatsbürgerschaftszugangs. Argumentiert wurde dies stets mit der Vermeidung jeglicher Pull-Effekte.

Erwünscht ist hingegen die Integration von Hochqualifizierten oder Mangelkräften, die der Arbeitsmarkt dringend benötigt. Hier liberalisierten ÖVP und FPÖ, etwa durch längere Aufenthaltsmöglichkeiten, die Senkung der notwendigen Einkommensmindestgrenzen oder die Öffnung des Zugangs zur Sozialversicherung. Diese Teilhabeerleichterungen erfolgten nicht zuletzt auf der Grundlage europäischer Richtlinien oder weil die bisherigen nationalen Regelungen nicht den erhofften Zustrom von benötigten Fachkräften gebracht haben. Erwünscht ist also, was von Nutzen für den Wirtschaftsstandort ist – hier strebte die Bundespolitik Pull-Effekte geradezu an.

Langansässige bzw. bereits hier geborene Personengruppen mit Migrationshintergrund wurden schließlich über Merkmale wie Sprache und Religion adressiert. Instrumente der Trennung und des wirtschaftlichen Drucks wurden an Sprachkompetenzen und Religionszugehörigkeit festgemacht. Wie oben erwähnt, wurden gleichzeitig mit der verstärkten Konditionalisierung fördernde Elemente gekürzt. Diese Gleichzeitigkeit läuft auf das integrationspolitische Motiv der Anpassung vor Teilhabe hinaus.

Die Erwünschtheit der Integration ist zudem bereichsspezifisch:

So ist die politische Integration von Zugewanderten am wenigsten erwünscht. Der hinausgezögerte Staatsbürgerschaftszugang ebenso wie unsichere Aufenthaltstitel, verbunden mit fehlenden politischen wie sozialen Rechten, beeinträchtigen individuelle Integrationsprozesse. Anders als in Deutschland, wo 2005 mit dem Zuwanderungsgesetz ein Schritt zu einem republikanischen Staatsbürgerschaftsmodell gemacht wurde, hält Österreich bislang an einem ethnischen Staatsbürgerschaftsmodell fest. Staatsbürgerschaft und damit verbundene politische Rechte werden im internationalen Vergleich spät gewährt und als finale Belohnung einer erfolgreichen Integration gesehen, nicht als Instrument im Integrationsprozess.

Erwünscht, jedoch wenig proaktiv unterstützt, ist Integration hinsichtlich der sozioökonomischen Aspekte der Arbeitsmarkt- und Bildungsintegration. Leistung wird zwar weiterhin eingemahnt, jedoch zeigt sich in den Maßnahmen des Rückbaus und der Kürzung eine Auslagerung der Integrationsleistung an das Individuum sowie an die Zivilgesellschaft.

Nicht nur erwünscht, sondern zwingend eingefordert wird Integration schließlich im Hinblick auf Werte und Religion. Dies stets vor der Deutungsfolie eines assimilatorischen Integrationsverständnisses. Integration bedeutet die Ein- und Unterordnung in politisch vorgegebene Konstruktionen österreichischer Werte und in eine christlich-abendländische Leitkultur, in der christliche Religion und österreichische Kultur zu einem Amalgam verschmelzen. Der Integrationsraum, in den Menschen sich einzufügen haben, ist zunehmend enger und weniger pluralistisch definiert.

Die Maßnahmen deuten eine Schwerpunktverschiebung von *Fördern und Fordern* auf *Fordern und Kontrollieren* an; dieser Verlagerung liegt ein autoritäres, disziplinierendes und nationalistisches Gesellschaftsverständnis zugrunde. Es verlangt nach Strenge und Strafe, macht staatliche Förderung von der individuellen Würdigkeit abhängig, will Einheimische auf Kosten Zugewanderter entlasten und stellt ethnonationale Einheit über Vielfalt. Die in diesem Verständnis angesiedelten Maßnahmen werden als Integrationsförderung kommuniziert: So gilt das Verbot religiöser Bekleidung für Kinder als Schutz der individuellen Freiheitsrechte; die Separierung von Schüler*innen in sog. Deutschförderklassen wird als Integrationssteigerung präsentiert und die Streichung von wohlfahrtsstaatlicher Hilfe wird als integrationsfördernder Ansporn zur Selbstaktivierung dargestellt. Dass diese Maßnahmen und die ihnen unterstellten Effekte den Befunden und Empfehlungen wissenschaftlicher Forschung zu Integration vielfach zuwiderlaufen, wird letztlich mit Verweis auf das demokratische Mandat (»Unsere Wähler wollen es so«) entkräftet. So schließt sich der Kreis zur politischen Exklusion derer, gegen die hier Politik gemacht wird.

Der psychologischen Forschung sind Wechselwirkungen zwischen Diskriminierung bzw. Diskriminierungswahrnehmung und Integration bekannt. Die Infragestellung von gesellschaftlicher Zugehörigkeit durch assimilatorische Maßnahmen kann den umgekehrten Effekt erreichen, nämlich dass die individuelle Identifikation mit dem Aufnahmeland sogar abnimmt. Die Negativzuschreibungen können dazu führen, dass die »Reethnisierung, also der Rückbezug auf eine imaginierte eigene Gruppe, insbesondere für Migrantinnen und Migranten, die Opfer von Diskriminierungen werden, eine durchaus geeignete Strategie (ist), um den Selbstwert zu schützen.«[367] Auch die sprachwissenschaftliche Forschung empfiehlt mehrheitlich einen Unterricht mit integrativen Elementen, der um getrennte Elemente additiv ergänzt, aber nicht durch diese ersetzt wird.[368] Und selbst die Streichung von arbeits- und sozialpolitischen Unterstützungsressourcen erhöht zwar den Handlungsdruck auf Individuen, mündet jedoch nicht in mehr Integration, sondern bewirkt im ungünstigsten Fall das Gegenteil – nämlich sozioökonomische Deprivation.[369]

Wenn wir diese Wissensbestände berücksichtigen und davon ausgehen, dass sie auch politisch Verantwortlichen bekannt sind, dann sind die oben skizzierten Kürzungen, Separierungen und Verbote so zu interpretieren, dass Desintegration, wenn nicht als Ziel gesehen, so doch bewusst in Kauf genommen wird. Dabei ist abschließend zu betonen, dass diese Politik kein notwendiges Resultat der Fluchtmigration von 2015 / 16 ist, sondern das Ergebnis strategischer Entscheidungen von Parteien, die latente Stimmungen erkannt, verstärkt und so die Integrationspolitik für den elektoralen Erfolg genutzt haben. Diese politischen Kräfte lösen die restriktiven Versprechungen in der Regierungspolitik ein. Und die Desintegrationsmaßnahmen mögen sich für den Erhalt der Spannungen, Enttäuschungen, Ängste und Konflikte sogar als taktisch funktional erweisen – ob sie der Gesellschaft insgesamt guttun, ist eine andere Frage.

IV. Ausblicke: Integrationsgesellschaft gestalten

Migration ist in der Mitte der Gesellschaft angekommen. In Schulen und am Arbeitsplatz, in der Gastronomie und im Gesundheitswesen, in Vereinen wie in der Nachbarschaft sind unterschiedliche Alltagssprachen, Kulturen, Nationalitäten, Religionen und Herkünfte normal und alltäglich – wenn auch in Städten deutlich stärker als in ländlichen Gebieten.

Migration ist eine gesellschaftliche und wirtschaftliche Notwendigkeit. Ohne Migration würde der österreichische Tourismus ebenso wie die Landwirtschaft nicht funktionieren und die Pflege der älteren Menschen wäre nicht gewährleistet. Der Austausch von Know-how, die internationale Vernetzung, ja selbst die Altersstruktur der Gesellschaft und damit das Pensionssystem sähen ohne Migration im wahrsten Sinne des Wortes alt und arm aus. Wie aber eine Integrationsgesellschaft gestalten?

Migration ist eine individuelle, gesellschaftliche und politische Herausforderung. Sie stellt Anforderungen an Arbeitsmarkt und Bildungssystem, an administrative Einrichtungen und soziale Infrastrukturen ebenso wie an den alltäglichen Umgang miteinander. Die Vielfalt der Sprachen, der Traditionen und der Glaubensbekenntnisse wird nicht immer und nicht von allen als Bereicherung erfahren, sondern auch als Überforderung oder Störung erlebt, von manchen als unerwünscht empfunden. Zudem haben Migration und Integration für verschiedene soziale Gruppen unterschiedliche Konsequenzen bzw. werden von diesen unterschiedlich perzipiert. Studierende erleben Migration anders als Ältere, ressourcenreiche und gut vernetzte Topverdienende anders als Menschen, die um günstige Wohnungen und Arbeitsplätze im Niedriglohnsektor konkurrieren. Migrant*innen selbst erfahren Wanderung höchst unterschiedlich: als Chance, als Verlust, als Zerrissenheit, als Zwang – je nach Migrationsform, je nach persönlicher Situation.

Angesichts dieser vielfältigen Erfahrungen, Normalitäten, Gleichzeitigkeiten und Zusammenhänge von Migration stellen sich dennoch die Fragen, wie Politik und Gesellschaft mit der Normalität der Migration umgehen, wie eine diesbezügliche Gesellschaft konzipiert sein könnte, von welchen Konflikten sie angetrieben ist, welche Integrationsverständnisse ihr zugrunde liegen und wer diese forcieren könnte. Dafür verwenden wir im Folgenden den normativen Begriff der Integrationsgesellschaft und skizzieren integrationspolitische Haltegriffe zu deren Verwirklichung.

Integrationsgesellschaft

Beginnen wir mit einem Versuch, das Grundverständnis einer sog. Integrationsgesellschaft zu benennen. Eine Integrationsgesellschaft ist idealerweise eine Gesellschaft, die die demografische und kulturelle Diversität in der Kommunikation ebenso wie in den Institutionen und Infrastrukturen abbildet und repräsentiert. Zusammenhalt und Kohäsion, die innere Integration der kulturell, ethnisch und religiös diversen Bevölkerung gehören zu den wesentlichen Zielparametern.[370] Die Integrationsforscherin Annette Treibel spricht in dieser Hinsicht von Integration *als* Gesellschaft und meint damit, dass Zugewanderte nicht erst *in die* Gesellschaft (als eine statische Größe) hereingeholt werden, sondern dass sie konstitutiver Bestandteil dieser Gesellschaft sind und daher die Gesellschaft *als* Gesellschaft den Umgang mit ihrer eigenen Diversität aushandeln muss, und zwar ohne die Zugehörigkeit von bestimmten Gruppen per se infrage zu stellen.[371] Chancengleichheit von Menschen mit und ohne Migrationsgeschichte, faire und gleiche Teilhabe von allen bilden das Leitverständnis von Integrationsgesellschaften. Rechtliche und praktische Teilhabe in allen Bereichen sind nicht nur möglich, sondern jegliche Form der Diskriminierung – geschlechtliche oder sexuelle ebenso wie ethnische – gilt als Problem, das Gegenmaßnahmen verlangt.

Diese normativen Überlegungen zeigen, dass eine Integrationsgesellschaft politisch in vielerlei Hinsicht voraussetzungsvoll ist. Zum einen bedingt sie Veränderungsbereitschaft der Gesellschaftsmitglieder sowie der politischen Kräfte, die diese Veränderung thematisieren und erkämpfen. Zum anderen basiert sie auf Werten und Prinzipien wie Offenheit der Gesellschaft, persönlichen Freiheiten und Toleranz, aber auch auf Chancengleichheit und Antidiskriminierung. Sie basiert auf einem Bündel von Werten und Prinzipien – jenseits von Gebräuchen und Traditionen. Der Philosoph Ivan Krastev meint zwar, dass die westlichen EU-Staaten sich bemühten, diese Werte zu stützen und Diversität in ihren Gesellschaften zu erhalten.[372] Gleichzeitig steht dieser Grundkonsens in vielen europäischen Ländern aber gegenwärtig zur Disposition. Nationalistische und rechtspopulistische Politik stellen ihn infrage, Migrations- und Integrationspolitik sind in diesen Auseinandersetzungen die wesentlichen Elemente.

Skeptische bis ablehnende Einstellungen zu Migration und Integration gehen u. a. auf Unsicherheiten und Überforderung in der Aufnahmegesellschaft zurück.[373] Mit Zuwanderung gehen Verlustängste einher, die von Parteien aufgegriffen, verstärkt, aber auch erschaffen werden.[374] Die wachsende nationalistische Rhetorik sowie die ethnonationalen Maßnahmen, die auf Bestehendes, Tradiertes, auf einen engen Heimatbegriff verweisen und eine ethnokulturell homogene Gesellschaft (die es ohnehin nie gegeben hat) zu bewahren trachten, laufen den notwendigen Veränderungen, die einer Integrationsgesellschaft inhärent wären, entgegen.[375]

Gleichzeitig sind die politischen Kräfte, die Integrationspolitik als Teilhabepolitik aufgreifen und Interessens- und Verteilungskonflikte thematisieren, in der Defensive. Bewegungen, Initiativen und Parteien, die sich an einer diversen Gesellschaft orientieren, müssen in Gegnerschaft zur Re-Nationalisierung die Diskussionen über die offene Gesellschaft und die sie stützenden Prinzipien und Maßnahmen führen. Diese Bewegungen, Initiativen und Parteien sind in der derzeitigen Hegemonie einer kulturalisierenden Politik aber geschwächt, einzelne Parameter einer gelingenden Integrationsgesellschaft sind in der derzeitigen europäischen Verfasstheit kaum kommuniziert und politisiert. Umso mehr sehen wir die Notwendigkeit, einige praktische integrationspolitische Haltegriffe für eine Gesellschaft zu nennen, die Integration und Teilhabe anstrebt und sich diese Qualitäten zu eigen macht: Dazu zählt, Kommunen zu stärken und zivilgesellschaftliche Integrationsarbeit zu verstetigen, Diversitäts- und Antidiskriminierungspolitik auszubauen, Zugehörigkeit zu ermöglichen, politische Rechte zu gewähren und schließlich eine für die Integrationsgesellschaft tragfähige Konflikt- und Streitkultur zu entwickeln.

Kommunen und Zivilgesellschaft

Integration der Zugewanderten ist ein langfristiger Prozess und findet im Alltag, vor Ort, statt. Die österreichischen Bundesregierungen betonen dies seit Jahren mit dem Slogan »Integration vor Ort«. Auch wenn es in den meisten Ländern die nationale Politik ist, die die rechtlichen Grundlagen für Teilhabe und Kohäsion schafft, so leisten Zivilgesellschaft und Lokalpolitik wesentliche Aufgaben und Impulse. Ihre Möglichkeiten und Effekte hängen nichtsdestotrotz von der Akzeptanz und Unterstützung der nationalstaatlichen Politik ab. Im Sinne der Gestaltung einer Integrationsgesellschaft ist ein Zusammenwirken der Akteur*innen und Ebenen entscheidend: von Zivilgesellschaft, die soziale Integration fördert, lokaler Ebene, die praktische Ressourcen und Teilhabemöglichkeiten zur Verfügung stellt, und nationalstaatlicher Ebene, die die rechtlichen Rahmenbedingungen und konkrete Förderinstrumente schafft.

Die lokale Ebene ist also für gelingende Integration von erheblicher praktischer und strategischer Relevanz. Es sind die Städte und Gemeinden, die Integrationsprozesse initiieren und begleiten, die Infrastrukturen entwickeln und erhalten, teils auch soziale Leistungen verantworten. Die Lokalpolitik schafft zwar nicht die gesetzlichen Grundlagen, sie bereitet aber Rahmenbedingungen auf. Lokale Integrationskonzepte verankern Integrationspolitik als Querschnittsaufgabe in der Verwaltung, vernetzen politische, administrative und zivilgesellschaftliche Gruppen, bündeln Ressourcen und befördern den gesellschaftlichen Dialog.[376]

Dass Lokalpolitik im politischen Mehrebenensystem nicht immer gewürdigt wird, davon berichten die ehemaligen Flüchtlingskoordinatoren Christian Konrad und Ferry Maier. Das enorme Potenzial und die hohe Integrationsbereitschaft gegenüber Geflüchteten sei in der Flüchtlingskrise vielfach nicht genutzt worden.[377] Kommt ein Rückbau von Integrationsmitteln durch die Bundespolitik dazu, dann entsteht Politikentkopplung: Bundespolitik und kommunales Handeln verfolgen unterschiedliche Ziele, nationalstaatliche Ansprüche und Regelungen stimmen nicht mehr mit den alltäglichen Realitäten vor Ort überein.[378] Vor dem Hintergrund der umfangreichen Aufgaben ist die politische Wertschätzung sowie Aufwertung der Rolle der Gemeinden und Städte bei der Integration von Zugewanderten aber essenziell.[379] Denn wie Christian Konrad kommentiert, »(b)ei den Bürgermeisterinnen und Bürgermeistern bestimmt ein gelassener Pragmatismus Denken und Tun – nicht aufgeregter Populismus.«[380] Die von ihm mitinitiierte Allianz *Menschen. Würde. Österreich* zeigt, wie es gehen könnte – sie bündelt die Erfahrungen der lokalen Ebene und vernetzt diese mit Unternehmen, NGOs, karitativen Organisationen, Vereinen und engagierten Einzelpersonen, kurz: mit der breiten Zivilgesellschaft.[381]

Die Zivilgesellschaft leistet Integrationsarbeit, unterstützt Neuzugewanderte bei der Ankunft, gibt rechtlichen Beistand und hilft bei der Eingliederung in Kindergarten und Schule, in Wohnungs- und Arbeitsmarkt. Die zahlreichen Initiativen, die seit 2015 entstanden sind, bezeugen die engagierte zivilgesellschaftliche Arbeit, die sowohl die Erstmaßnahmen betrifft als auch den langen Prozess des Ankommens und Eingliederns in die Schul- und Berufswelt unterstützt.[382] Aber auch länger zurückreichende Initiativen, wie der

Verein *Wirtschaft für Integration,* zeigen, wie integrative Projekte und Unternehmen niederschwellig kooperieren und »jenseits nationaler Enge« im Sinne der funktionalen Eingliederung von Zugewanderten in »Bildung, Arbeitsmarkt und politische Partizipation erfolgreich sein können«.[383]

Neben dieser materiellen Integrationsarbeit befördern die Aktivitäten der Zivilgesellschaft auch die soziale Integration der Zugewanderten und stärken Kontakte und Beziehungen vor Ort. Indem sie diese Beziehungen herstellt, begleitet die Zivilgesellschaft nicht nur die Zugewanderten, sie initiiert gesellschaftliche Prozesse und stabilisiert so die gesamte Gesellschaft. Sie baut Brücken zwischen den Neuen und der gesellschaftlichen Mitte, d. h. denjenigen, die zwar in der aktuellen Situation Unsicherheit verspüren, aber Zugewanderten – und Flüchtlingen im Speziellen – nicht grundsätzlich ablehnend gegenüberstehen. Gerade durch diese Beziehungen könnten Vorurteile abgebaut und gegenseitiges Wissen und Verständnis aufgebaut werden, wie die aktuelle Forschung zu der auf Gordon W. Allport zurückgehenden Kontakthypothese betont.[384]

Für diese Aufgaben braucht die Zivilgesellschaft aber öffentliche Anerkennung und Wertschätzung, ebenso wie Ressourcen und Unterstützung, um die Integrationsarbeit zu verstetigen und sie von der Spontanität und Freiwilligkeit in stabile und professionelle Strukturen und Kontexte zu überzuführen. Das 25-jährige Jubiläum des Wiener *Integrationshauses* gilt als Beispiel für die erfolgreiche Verstetigung von zivilgesellschaftlichen Bemühungen der 1990er-Jahre. Der staatlichen Förderung solch zivilgesellschaftlicher Aktivitäten steht aber in den letzten Jahren eine zunehmend negative Politisierung gegenüber. Obwohl oder gerade weil die Zivilgesellschaft eine zentrale Rolle in der Phase nach 2015 gespielt hat und viele der Aufgaben übernommen hat, die der Staat nicht mehr leisten konnte oder wollte, werden ihre Aktivitäten von rechtspopulistischer Seite angeprangert und ausgehebelt. Diese Angriffe beschädigen die diverse Gesellschaft mindestens in zweifacher Hinsicht: Nicht nur tragen sie zur Desintegration Zugewanderter bei, sie unterminieren auch die Integrationsarbeit der Einheimischen. Hier, bei der Zivilgesellschaft und der lokalen Ebene, hat eine Integrationspolitik, die an Integration durch Einbindung anstatt Desintegration durch Ausschluss interessiert ist, anzusetzen.

Diversitätspolitik und Antidiskriminierung

Eine Integrationsgesellschaft nutzt verschiedene Maßnahmen, die zu unterschiedlichen Zeitpunkten des individuellen Integrationsprozesses wie auch an den unterschiedlichen Diversitätsgraden ansetzen. Integrationspolitik ergreift exklusiv an Neuzugewanderte gerichtete Maßnahmen wie Qualifizierungs- und Ausbildungsprogramme oder Sprach- und Orientierungskurse. Diese sind aber kaum geeignet, den Integrationsprozess über einen längeren Zeitraum zu begleiten oder gar die hier Aufgewachsenen mit Migrationshintergrund zu stärken. Um die Ressourcenungleichheit auszugleichen, braucht es Antworten in den Regelsystemen. Anders formuliert: Die Regelstrukturen sind auf Diversität als Normalfall und nicht als Ausnahmefall ein- bzw. umzustellen.[385] Dafür gibt es unterschiedliche Ansätze, die einerseits auf Vertretung und Sichtbarkeit, andererseits auf Strukturen der Anti-Diskriminierung abzielen.

Öffentlicher Dienst, privatwirtschaftliche Unternehmen und Non-Profit-Organisationen versuchen zunehmend, die Diversität der Belegschaft wertzuschätzen und sichtbar zu machen und die internen Organisationsstrukturen entlang von Notwendigkeiten der Diversität umzugestalten – Diversitätsmanagement[386] und Diversitätsmonitoring[387] sind das Stichwort. Doch für einen umfassenden Ansatz der Diversitätspolitik in den staatlichen und gesellschaftlichen Regelstrukturen besteht nach wie vor Aufholbedarf. So ist das Schulwesen weiterhin stark monolingual gestaltet und wirkt selektiv entlang sozioökonomischen Ressourcen der Familien.[388] Der Zugang zum Arbeitsmarkt wird immer noch von Faktoren wie Name, Hautfarbe oder sichtbarem Religionsbekenntnis nachteilig beeinflusst.[389] Und der Wohnsektor reproduziert nach wie vor eine sozioökonomische Segregation, die mit der ethnischen Unterschichtung verknüpft ist.[390]

Der Ruf nach Diversitätspolitik heißt, eine Veränderung der Institutionen anzustreben, um diese responsiv auf unterschiedliche Formen der Heterogenität zu machen.[391] Hier geht es nicht nur um die Organisation der Arbeits-, Bildungs- und Sozialinstitutionen, die für die kulturelle, sprachliche und religiöse Vielfalt Bewusstsein und Kompetenzen entwickeln bzw. notwendige Infrastruktur zur Verfügung stellen, sondern auch darum die öffentliche

Auseinandersetzung in und durch Medien daran zu gewöhnen. Es geht auch darum, Statusordnungen der Dominanzgesellschaft zu hinterfragen, das Abgewertete aufzuwerten und Stigmatisierungen zu vermeiden. Diversitätspolitik als Chancengleichheitspolitik rüttelt an hegemonialen Normen und Differenzkonstruktionen, denen nicht nur Zugewanderte, sondern auch andere benachteiligte Gruppen unterliegen. Angestrebt wird dabei Chancengleichheit für alle Menschen, sodass individuelle Zukunftschancen immer weniger vom Glück der Geburt mit der »richtigen« Hautfarbe, dem »richtigen« Geschlecht oder dem »richtigen« Elternhaus abhängen.[392]

Neben der Förderung der Vielfalt kommt der Antidiskriminierungspolitik die Rolle zu, gesellschaftliche und wirtschaftliche Barrieren auf dem Weg zur Teilhabe zu beseitigen. Die Aufgabe ist, Ungleichbehandlung aufzufangen und Chancengleichheit zwischen neuen und alten Bewohner*innen herzustellen.[393] Antidiskriminierungspolitik blickt nicht isoliert auf einzelne Diskriminierungskategorien, sondern nimmt auf die Überschneidungen von Ungleichheiten und Diskriminierungen Rücksicht. Sie konzentriert sich also nicht nur auf migrationsbedingte Benachteiligungen, sondern nimmt deren Wechselbeziehungen (Intersektionalität) mit Geschlecht, sexueller Orientierung, Alter, Religion etc. ebenso in den Blick. In diesem Sinne kann Antidiskriminierungspolitik dazu beitragen, die Kategorien mit/ohne Migrationshintergrund nicht immer wieder aufs Neue zu reproduzieren.

Antidiskriminierungsmaßnahmen können einerseits rechtlicher Natur sein und dahingehend weiter ausgebaut werden.[394] Die österreichische Gleichbehandlungsanwaltschaft empfiehlt etwa das sog. Levelling-up, d. h. den derzeit nur für den Arbeitsbereich einheitlichen Rechtsschutz für sämtliche anerkannte Diskriminierungsgründe auch auf alle anderen Bereiche auszuweiten und so zu vereinheitlichen.[395] Im internationalen MIPEX-Vergleich gilt Österreich bei der Durchsetzung des bestehenden Diskriminierungsschutzes als durchschnittlich.[396] Antidiskriminierungsmaßnahmen können aber auch informierender und beratender Natur sein, denn vielfach fehlt das Bewusstsein, dass Diskriminierung aufgrund der Ethnizität oder Religion rechtlich untersagt ist bzw. was überhaupt als Diskriminierung zu werten ist. Die Notwendigkeit der Sensibilisierung sowohl bei Betroffenen als auch in der breiten

Gesellschaft wird dadurch unterstrichen.[397] Nicht zuletzt benötigt es Maßnahmen zur Erfassung und Dokumentation von diskriminierenden Strukturen und Verhaltensweisen. Die NGO ZARA tut dies mit einem jährlichen Rassismus-Report und regt u.a. einen Nationalen Aktionsplan gegen Rassismus, die Aufstockung der Anti-Rassismus-Ressourcen bei Polizei und Staatsanwaltschaft oder ein Verbandsklagerecht für die Gleichbehandlungsanwaltschaft in sämtlichen Verfahren an.[398]

Ein die Integration von Migrant*innen behindernder Faktor bleibt nicht zuletzt die sozioökonomische Unterschichtung.[399] Die soziale Stellung ist kein vom österreichischen Gleichbehandlungsrecht geschütztes Diskriminierungsmerkmal. Eine wirksame Integrationspolitik ist auf Sicht jedoch nur erreichbar, wenn sie in eine breite Ungleichheitsbekämpfung eingebettet ist und ihr die Entkopplung von Schicht und Migrationshintergrund gelingt. Ging die frühe amerikanische Integrationssoziologie noch von einem quasi automatischen Prozess der Angleichung und des sozialen Aufstiegs der zweiten und dritten Generation aus,[400] so ist mittlerweile vielfach belegt, dass es gezielte politische Intervention braucht, um Startnachteile auszugleichen und eine Statusverfestigung zu verhindern.[401] Integrationspolitik wird damit zur Gesellschaftspolitik, die Fragen nach Gleichheit ebenso wie jene nach Freiheit auf komplexere Art stellt, nämlich wie ungleichheitsgenerierende und -erhaltende Mechanismen generell mit verschiedenen Personenkategorien wie Geschlecht, Ethnizität oder sexueller Orientierung zusammenhängen.[402] Dieses Wissen ist, trotz Widerständen, in gesellschaftliches Handeln zu übersetzen. Jahrhunderte der Frauenbewegung haben gezeigt, dass Gleichberechtigung immer wieder erstritten werden muss. Selbiges gilt auch für die nach ethnischen und religiösen Gesichtspunkten diverse Gesellschaft.

Zugehörigkeit

Integration braucht die identifikatorische Einschließung in das gesellschaftliche Wir anstelle der Markierung als Ihr.[403] In Österreich gab Bundeskanzlerin Brigitte Bierlein bei ihrer Antrittsrede im Juni 2019 ein ermunterndes Beispiel dafür, wie Zugewanderte durch offizielle Ansprache ein Gefühl der Zugehörigkeit erfahren können. Die Bundeskanzlerin eröffnete die Rede mit: »Liebe Österreicherinnen und Österreicher und alle Menschen, die in unserem Land leben!«[404] Diese einschließenden Gesten durch höchste Amtsträger*innen haben für die Identifikation eine nicht zu unterschätzende Bedeutung.

Neben direkten Signalen an Zugewanderte richten sich Projekte und Kampagnen zur Förderung des Verständnisses vor allem an die Aufnahmegesellschaft. So legen einige Länder in der Diversitätspolitik einen Schwerpunkt auf Bewusstseinsbildung und Kommunikation mit der lokalen Aufnahmegesellschaft, wie Berichte des Europäischen Migrationsnetzwerks zeigen, mit dem Ziel, Migration und Flucht besser zu verstehen. Die eingesetzten Instrumente sind eher bescheiden in Anspruch und Verbindlichkeit, wohl vielfach auch symbolisch, wie etwa Informationsmaterialien oder Veranstaltungen, um die lokale Gemeinschaft zu Interaktion zu gewinnen. So legte etwa die spanische Regierung einen *Strategischen Plan für Staatsbürgerschaft und Integration* vor, der neben den strukturellen Überlegungen zu Integrationspolitik auch Maßnahmen präsentiert, um den negativen Diskurs einzudämmen. Die Strategie richtet sich an alle und betont die Prinzipien der Gleichberechtigung und der staatsbürgerlichen Rechte.[405]

Die Botschaft dieser Aktivitäten ist klar: Ohne die Einbindung der sog. Mehrheits- oder Dominanzgesellschaft kann Integration nicht gelingen. Das spricht auch das Prinzip der Zweiseitigkeit des Integrationsprozesses an: Integration ist kein Prozess, bei dem die Aufnahmegesellschaft passiv dem schrittweisen Assimilationsfortschritt der Zugewanderten zusieht. Sondern Integration gelingt dort, wo aufeinander zugegangen und eingebunden wird, in der Nachbarschaft, in der Schule der Kinder, am Arbeitsplatz oder im privaten Gesangs- und Sportverein. Wenn die Integrationssoziologie von interethnischen Kontakten als Indikator für das Integrationsausmaß spricht, dann wird gerade daran die Rolle der sog. Dominanzgesellschaft deutlich: Denn sie verfügt über die größeren Ressourcen, Einbindung zu ermöglichen und anzustoßen, als Zugewanderte Möglichkeiten haben, diese Einbindung einzufordern. Für diese Zugehörigkeit wären freilich statt wachsender wohnräumlicher, schulstandortbezogener oder arbeitsmarktsegmentierter Segregation vielmehr Begegnungsorte und Gemeinschaftsformate zu fördern.

Politische Beteiligung

Bleibt schließlich die restriktivste Dimension der Integrationspolitik, nämlich die politische Integration in Willensbildungs- und Entscheidungsprozesse, zu erörtern. Politische Integration erfolgt über Partizipationsrechte an Wahlen und Vertretungsrechte in Parlamenten und Regierungen. Staaten agieren bezüglich politischer Rechte aber deutlich restriktiver als etwa hinsichtlich der soziostrukturellen Integration in Bildungseinrichtungen oder in den Arbeitsmarkt. Wartezeiten, wenn auch in den einzelnen Ländern unterschiedlich lange, auf das Recht der formellen politischen Partizipation, also der Wahlrechte, sind die Praxis. Angesichts der Partizipationsausschließung werden in manchen Staaten und auf subnationalen Ebenen wie Gemeinden und Bundesländern alternative Formen der Beteiligung, wie Migranten-Beiräte, ermöglicht. Allerdings stellen diese Instrumente keine ausreichende Kompensation der formellen Partizipation und deren Wirkungen dar.

Politische Integration von Zugewanderten, die nicht über die Staatsbürgerschaft des Landes, in dem sie leben, verfügen, kann über unterschiedliche Instrumente ermöglicht werden. Ein häufig diskutiertes und teils auch praktiziertes Instrument ist das Wahlrecht für Wohnbürger*innen anstelle des an die Staatsbürgerschaft geknüpften Wahlrechts. Die demokratiepolitische Begründung dafür lautet: Wer längerfristig einen Wohnsitz hat, Steuern entrichtet und folglich der Politik des Landes, in dem der Lebensmittelpunkt liegt, unterworfen ist, sollte auch das Recht auf Mitbestimmung an politischen Entscheidungen besitzen.[406] Eine derartige Regelung läuft auf die Entkoppelung des Wahlrechts von der Staatsbürgerschaft hinaus. Wien hat im Jahr 2001 ein sog. Ausländerwahlrecht eingeführt, dieses wurde jedoch 2004 vom Verfassungsgerichtshof wegen Verletzung des Gleichbehandlungsgrundsatzes, der für alle Zugewanderten in Österreich gelten müsse, gekippt.[407] Ein weiteres Instrument zur besseren politischen Integration ist ein flexibler Umgang mit Doppelstaatsbürgerschaft und die weitere Senkung der Hürden zur Erlangung der österreichischen Staatsbürgerschaft.

Für die politische Integration spricht, dass der generelle Integrationsprozess durch Teilhabe am politischen Geschehen unterstützt wird. Politische Rechte stellen kein Geschenk für gelungene individuelle Integration dar, sondern werden als Teil gelingender Integration gesehen. Denn politischen Rechten wie Wahlrechten kommt auch eine identifikatorische Komponente zu. Die Möglichkeit zur Beteiligung kann die Identifikation mit dem Land, in dem jemand lebt, mit der Gesellschaft und Politik fördern. Zudem stärkt die politische Partizipation breiter Bevölkerungsgruppen die soziale Kohäsion der Gesellschaft. Wie der Ausschluss weiter Teile der Bevölkerung vom Wahlrecht als ein Demokratiedefizit interpretiert wird und zur Destabilisierung von Demokratie beitragen kann, kann der Einschluss zu mehr demokratischer Stabilität und besserer Demokratiequalität führen.

Politische Integration durch Partizipation bedeutet also auf Bürger*innenseite ein höheres Maß an Identifikation, auf politischer Seite die Möglichkeit zu mehr Stabilität und Legitimität. Dazu kommt, und das ist angesichts der jahrzehntelangen negativen Politisierung von Migration und Integration durch bestimmte Parteien besonders relevant, dass das breiter gestreute Recht auf Partizipation politische Repräsentant*innen eher dazu motiviert, auch die Interessen der Zugewanderten zu berücksichtigen und zu vertreten.[408]

Konflikt- und Streitkultur

Die Gesellschaftsform der Integrations- oder Teilhabegesellschaft ist politisch und gesellschaftlich auszuhandeln und zu erstreiten. In der politischen und gesellschaftlichen Praxis ist die Integrationsgesellschaft selbst Gegenstand von Konflikten, ja sie muss Gegenstand von Konflikten sein, wenn sie eine Chance auf Realisierung haben will.

Auch nach Innen ist die Integrationsgesellschaft weit davon entfernt, konfliktfrei zu sein. Nach dem deutschen Integrationsforscher Aladin El-Mafaalani führt erfolgreiche Integration von Zugewanderten zu neuen gesellschaftlichen wie individuellen

Auseinandersetzungen.[409] Denn die durch Integrationspolitik unterstützte Teilhabe steigert die Konflikte um Güter und Ressourcen zwischen diversen Gruppen, zwischen Einheimischen und Zugewanderten, aber auch zwischen den Zugewanderten selbst. Konflikte, nicht Harmonie, drücken das Zusammenwachsen der Gesellschaft aus. Allerdings handelt es sich bei diesen Konflikten weniger um Symbole und kulturelle Eigenheiten, sondern um handfeste Güter wie Wohnungen, politische Mandate, Arbeits- und Bildungsplätze.

Neben Ressourcenkonflikten sind mit Zuwanderung auch Prozesse und kulturelle Praktiken verbunden, die nicht von allen geteilt werden, über die aber gestritten werden darf und muss. Auch Mitglieder der sog. Aufnahmegesellschaft müssen Konflikte ansprechen und streiten dürfen, sei es, weil sie Ressourcen verteidigen, sei es, weil sie Gepflogenheiten und Fortschritte verteidigen. So signalisiert das Kopftuch von Musliminnen für manche ein Symbol der Rückkehr der Religion in die Gesellschaft, die die emanzipatorischen Errungenschaften einer säkularen Gesellschaftsform für alle infrage stellt. Die ideologischen Spannungen in Zusammenhang mit religiösen Praktiken, die sich über Geschlechterverhältnisse, private und familiäre Handlungen manifestieren, sind tief und brauchen Platz zur Diskussion. Die Politikwissenschafterin Susan Moller Okin fragte bereits im Jahr 1999, ob die Anerkennung von multikulturellen Praktiken für Frauen gut sein kann.[410] Sie plädiert für eine genaue Hinterfragung spezifischer kultureller / religiöser Regelungen in Hinblick auf deren Auswirkungen auf die Rechte und Eigenständigkeit von Frauen. Die politischen Diskussionen um Spannungen zwischen Geschlechtergleichheit, individuelle Religionsfreiheit sowie Toleranz gegenüber multikulturellen Eigenheiten werden bis heute geführt. Auffallend ist, dass es aber rechte politische Parteien sind, die sich dieser Thematik annehmen und sie für Anti-Migrationspolitiken instrumentalisieren. Der Preis dafür ist hoch, denn Fragen der Geschlechtergleichheit werden in der Folge nationalisiert und ethnisiert.

Die Akteur*innen der Integrationsgesellschaft erkennen und tragen Konflikte primär quer zur Spannungslinie »Zugewanderte versus Aufnahmegesellschaft« aus. Sie entwickeln eine Konfliktkultur, in der Meinungen und Positionen zu Themen, die (scheinbar) mit Migration zu tun haben, quer durch alle gesellschaftliche Gruppen, einschließlich der Zugewanderten, gehen. Diese Konfliktkultur würde anerkennen, dass erstens Zugewanderte zu bestimmten Themen andere Meinungen und Erfahrungen haben als die Aufnahmegesellschaft. Diese Konfliktkultur würde zweitens anerkennen, dass weder die Zugewanderten eine identitäts- und / oder interessenshomogene Gruppe sind, noch dass dies auf die Aufnahmegesellschaft zutrifft. Das Verständnis einer Integrationsgesellschaft zeichnet sich gerade dadurch aus, dass Konflikte jenseits der Unterscheidung von Zugewanderten und Aufnahmegesellschaft politikwirksam werden. Darin liegt auch eine Möglichkeit, Kritik an Werthaltungen, Lebensstilen und Lebensformen anzubringen, ohne in essenzialistische Kategorien zu verfallen. Der essenzialistische Gegensatz zwischen »Wir« und »die Anderen« wird in fluide, veränderbare Meinungs- und Interessensunterschiede übersetzt. Für diese Herausforderung einer neuen Konfliktkultur in Integrationsgesellschaften lohnt es sich zu streiten. Denn diese Konfliktkultur sollte vor allem in der Lage sein, trotz unterschiedlicher Meinungen, Werthaltungen und Religiosität, eine inklusive Debatte und Politik zu ermöglichen – eine Politik, in der Abweichungen nicht den Ausschluss von der Gesellschaft implizieren, sondern Differenz und Diversität auf der Grundlage der liberalen Freiheitsrechte einschließen.

Abschließend möchten wir einräumen, dass angesichts der im Buch beschriebenen zähen und barrierevollen Entwicklung der Integrationspolitik manche dieser hier skizzierten Haltegriffe wie Zukunftsmusik klingen mögen. Dennoch sind wir überzeugt, dass sie für eine gelingende Integrationsgesellschaft mehr als notwendig sind, mehr noch, dass sie realisierbar wären, da sie vielfach in lokalen Projekten und zivilen Initiativen gelebte Praxis sind. Voraussetzung aber bleibt ein politischer Wille, sich den Herausforderungen der Diversität in offener Weise zu stellen und den Blick auf ein gesellschaftliches Integrationskonzept der Chancengerechtigkeit und des Zusammenhalts zu erweitern. Aus parteipolitischen Gründen mag Integration erwünscht oder nicht erwünscht sein, die gesellschaftliche Vielfalt wie die Konflikte zu ihrem Umgang sind dennoch Realität. In diesen Konflikten sollte, so unser normatives Anliegen, auch das Ringen um eine Integrationsgesellschaft – also um eine Gesellschaft der Normalisierung der Vielfalt – ihren Platz haben.

Anhang

Beschluss-datum	Titel	Beschluss-nummer	Gesetzgebungs-periode	Art der Einbringung	Eingebracht von
29.01.2014	Bundesministeriengesetz-Novelle 2014	007/BNR	XXV.GP	Selbstständiger Antrag	Dr. Peter Wittmann, Mag. Wolfgang Gerstl
29.01.2014	Gesetzliches Budgetprovisorium 2014, Bundesfinanzrahmengesetz 2014 bis 2017	012/BNR	XXV.GP	Selbstständiger Antrag	Gabriele Tamandl, Kai Jan Krainer
29.04.2014	Familienlastenausgleichsgesetz 1967 und Kinderbetreuungsgeldgesetz	030/BNR	XXV.GP		
20.05.2014	Budgetbegleitgesetz 2014	042/BNR	XXV.GP	Regierungsvorlage	BKA (Bundeskanzleramt)
28.05.2014	Bundesfinanzgesetz 2014 – BFG 2014	048/BNR	XXV.GP	Regierungsvorlage	BMF (Bundesministerium für Finanzen)
28.05.2014	Bundesfinanzgesetz 2015 – BFG 2015	049/BNR	XXV.GP	Regierungsvorlage	BMF (Bundesministerium für Finanzen)
12.06.2014	**Hochschülerinnen- und Hochschülerschaftsgesetz 2014, Universitätsgesetz 2002, Studiengesetz, Hochschul-Qualitätssicherungsgesetz**	**050/BNR**	**XXV.GP**	**Regierungsvorlage**	**BMWFW (Bundesministerium für Wissenschaft, Forschung und Wirtschaft)**
10.07.2014	Änderung der Vereinbarung gemäß Artikel 15a B-VG über den Ausbau des institutionellen Kinderbetreuungsangebots	074/BNR	XXV.GP	Regierungsvorlage	BMFJ (Bundesministerium für Familien und Jugend)
23.10.2014	Ärztegesetz 1998 sowie Allgemeines Sozialversicherungsgesetz	085/BNR	XXV.GP	Regierungsvorlage	BMG (Bundesministerium für Gesundheit)
06.11.2014	Filmförderungsgesetz	087/BNR	XXV.GP	Regierungsvorlage	BKA (Bundeskanzleramt)
20.11.2014	Arbeits- und Sozialrechts-Änderungsgesetz 2014 (ASRÄG 2014)	095/BNR	XXV.GP	Regierungsvorlage	BMASK (Bundesministerium für Arbeit, Soziales und Konsumentenschutz)
20.11.2014	Vereinbarung gemäß Art. 15a B-VG über die Förderung von Bildungsmaßnahmen im Bereich Basisbildung	098/BNR	XXV.GP	Regierungsvorlage	BMBF (Bundesministerium für Bildung und Frauen)
10.12.2014	Bundespflegegeldgesetz	107/BNR	XXV.GP	Regierungsvorlage	BMASK (Bundesministerium für Arbeit, Soziales und Konsumentenschutz)
10.12.2014	Symbole-Gesetz	114/BNR	XXV.GP	Regierungsvorlage	BMI (Bundesministerium für Inneres)
10.12.2014	Grenzkontrollgesetz Staatsbürgerschaftsgesetz 1985	115/BNR	XXV.GP	Regierungsvorlage	BMI (Bundesministerium für Inneres)
25.02.2015	**Bundesgesetz über die äußeren Rechtsverhältnisse islamischer Religionsgesellschaften**	**145/BNR**	**XXV.GP**	**Regierungsvorlage**	**BKA (Bundeskanzleramt)**
26.03.2015	Studienförderungsgesetz 1992	159/BNR	XXV.GP	Selbstständiger Antrag	Dr. Karlheinz Töchterle, Mag. Andrea Kuntzl, Dr. Nikolaus Scherak
23.04.2015	Ärztegesetz 1998	170/BNR	XXV.GP	Selbstständiger Antrag	Erwin Spindelberger, Dr. Erwin Rasinger
03.06.2015	**Fremdenrechtsänderungsgesetz 2015 – FrÄG 2015**	**177/BNR**	**XXV.GP**	**Regierungsvorlage**	**BMI (Bundesministerium für Inneres)**
18.06.2015	Führerscheingesetz (16. FSG-Novelle)	189/BNR	XXV.GP	Regierungsvorlage	BMVIT (Bundesministerium für Verkehr, Innovation und Technologie)

Beschluss-datum	Titel	Beschluss-nummer	Gesetzgebungs-periode	Art der Einbringung	Eingebracht von
18.06.2015	**Berufsausbildungsgesetz**	**193/BNR**	**XXV.GP**	**Regierungsvorlage**	**BMWFW (Bundesministerium für Wissenschaft, Forschung und Wirtschaft)**
07.07.2015	**Strafrechtsänderungsgesetz 2015**	**204/BNR**	**XXV.GP**	**Regierungsvorlage**	**BMJ (Bundesministerium für Justiz)**
08.07.2015	**Niederlassungs- und Aufenthaltsgesetz**	**231/BNR**	**XXV.GP**	**Regierungsvorlage**	**BMI (Bundesministerium für Inneres)**
23.09.2015	**Unterbringung und Aufteilung von hilfs- und schutzbedürftigen Fremden**	**237/BNR**	**XXV.GP**	**Selbstständiger Antrag**	**Mag. Andreas Schieder, Dr. Reinhold Lopatka, Dr. Eva Glawischnig-Piesczek**
23.09.2015	**Fremdenpolizeigesetz 2005**	**238/BNR**	**XXV.GP**	**Selbstständiger Antrag**	**Otto Pendl Werner Amon, MBA**
15.10.2015	**Halbtägig kostenlose und verpflichtende frühe Förderung in institutionellen Kinderbildungs- und -betreuungseinrichtungen**	**252/BNR**	**XXV.GP**	**Regierungsvorlage**	**BMFJ (Bundesministerium für Familien und Jugend)**
03.12.2015	**Budgetbegleitgesetz 2016**	**261/BNR**	**XXV.GP**	**Regierungsvorlage**	**BKA (Bundeskanzleramt)**
26.11.2015	Bundesfinanzrahmengesetze 2015 bis 2018 und 2016 bis 2019 sowie Bundesfinanzgesetz 2015	265/BNR	XXV.GP	Regierungsvorlage	BMF (Bundesministerium für Finanzen)
26.11.2015	Bundesfinanzgesetz 2016 – BFG 2016	266/BNR	XXV.GP	Regierungsvorlage	BMF (Bundesministerium für Finanzen)
17.12.2015	**Vereinbarung zwischen dem Bund und den Ländern gemäß Artikel 15a B-VG über eine Erhöhung ausgewählter Kostenhöchstsätze des Art. 9 der Grundversorgungsvereinbarung**	**279/BNR**	**XXV.GP**	**Regierungsvorlage**	**BMI (Bundesministerium für Inneres)**
11.02.2016	2. EU-Berufsanerkennungsgesetz Gesundheitsberufe 2016 – 2. EU-BAG-GB 2016	294/BNR	XXV.GP	Regierungsvorlage	BMG (Bundesministerium für Gesundheit)
12.05.2016	**Asylgesetz 2005, Fremdenpolizeigesetz 2005 und BFA-Verfahrensgesetz**	**305/BNR**	**XXV.GP**	**Regierungsvorlage**	**BMI (Bundesministerium für Inneres)**
28.04.2016	Strafprozessrechtsänderungsgesetz I 2016	312/BNR	XXV.GP	Regierungsvorlage	BMJ (Bundesministerium für Justiz)
18.05.2016	Lohn- und Sozialdumping-Bekämpfungsgesetz – LSD-BG	327/BNR	XXV.GP		
20.05.2016	Bundesfinanzrahmengesetz 2017 bis 2020	330/BNR	XXV.GP	Regierungsvorlage	BMF (Bundesministerium für Finanzen)
30.06.2016	**Familienzeitbonusgesetz – FamZeitbG**	**334/BNR**	**XXV.GP**	**Regierungsvorlage**	**BMFJ (Bundesministerium für Familien und Jugend)**
30.06.2016	**Anerkennungs- und Bewertungsgesetz – AuBG und Bildungsdokumentationsgesetz**	**335/BNR**	**XXV.GP**	**Regierungsvorlage**	**BMEIA (Bundesministerium für Europa, Integration und Äußeres)**
16.06.2016	Schulrechtsänderungsgesetz 2016	341/BNR	XXV.GP	Regierungsvorlage	BMBF (Bundesministerium für Bildung und Frauen)
06.07.2016	Ausbildungspflichtgesetz und Jugendausbildungsgesetz	343/BNR	XXV.GP	Regierungsvorlage	BMASK (Bundesministerium für Arbeit, Soziales und Konsumentenschutz)
14.07.2016	Präventions-Novelle 2016	346/BNR	XXV.GP	Regierungsvorlage	BMI (Bundesministerium für Inneres)
07.07.2016	GuKG-Novelle 2016	355/BNR	XXV.GP	Regierungsvorlage	BKA (Bundeskanzleramt)
07.07.2016	Gesundheitsberuferegister-Gesetz, Gesundheits- und Krankenpflegegesetz, MTD-Gesetz, Bundesgesetz über die Gesundheit Österreich GmbH	357/BNR	XXV.GP	Regierungsvorlage	BMG (Bundesministerium für Gesundheit)

Beschluss-datum	Titel	Beschluss-nummer	Gesetzgebungs-periode	Art der Einbringung	Eingebracht von
24.11.2016	Bundesfinanzgesetz 2017 – BFG 2017 samt Anlagen	387/BNR	XXV.GP	Regierungsvorlage	BMF (Bundesministerium für Finanzen)
14.12.2016	Ärztegesetz	398/BNR	XXV.GP	Regierungsvorlage	BMF (Bundesministerium für Finanzen)
21.12.2016	Deregulierungs- und Anpassungsgesetz 2016 – Inneres	406/BNR	XXV.GP	Regierungsvorlage	BMF (Bundesministerium für Finanzen)
21.12.2016	**Finanzausgleichsgesetz 2017, Finanzausgleichsgesetz 1997, Umweltförderungsgesetz, Gesundheits- und Sozialbereich-Beihilfengesetz, Bundespflegegeldgesetz und Bedarfszuweisungsgesetz**	**422/BNR**	**XXV.GP**	**Regierungsvorlage**	**BMF (Bundesministerium für Finanzen)**
15.12.2016	Strafprozessrechtsänderungsgesetz II 2016	430/BNR	XXV.GP	Regierungsvorlage	BMJ (Bundesministerium für Justiz)
11.05.2017	**Ausländerbeschäftigungsgesetz und Allgemeines Sozialversicherungsgesetz**	**477/BNR**	**XXV.GP**	**Regierungsvorlage**	**BMASK (Bundesministerium für Arbeit, Soziales und Konsumentenschutz)**
26.04.2017	**Versammlungsgesetz**	**480/BNR**	**XXV.GP**	**Selbstständiger Antrag**	**Jürgen Schabhüttl, Mag. Michael Hammer**
01.06.2017	**Integrationsjahrgesetz – IJG und Arbeitsmarktintegrationsgesetz**	**484/BNR**	**XXV.GP**	**Regierungsvorlage**	**BMASK (Bundesministerium für Arbeit, Soziales und Konsumentenschutz)**
01.06.2017	**Integrationsgesetz und Anti-Gesichtsverhüllungsgesetz sowie Niederlassungs- und Aufenthaltsgesetz, Asylgesetz 2005, Fremdenpolizeigesetz 2005, Staatsbürgerschaftsgesetz 1985 und Straßenverkehrsordnung**	**485/BNR**	**XXV.GP**	**Regierungsvorlage**	**BMEIA (Bundesministerium für Europa, Integration und Äußeres)**
22.06.2017	Studienförderungsgesetz, Änderung (2171/A)	496/BNR	XXV.GP	Selbstständiger Antrag	Dr. Karlheinz Töchterle, Mag. Andrea Kuntzl
28.06.2017	Bildungsreformgesetz 2017	500/BNR	XXV.GP	Selbstständiger Antrag	Mag. Elisabeth Grossmann, Brigitte Jank, Dr. Harald Walser
28.06.2017	Hochschulgesetz 2005, Schulorganisationsgesetz und Land- und forstwirtschaftliche Bundesschulgesetz	501/BNR	XXV.GP	Regierungsvorlage	BMI (Bundesministerium für Inneres)
28.06.2017	**Integrationsgesetz**	**503/BNR**	**XXV.GP**	**Bericht und Antrag**	**Gabriele Tamandl**
05.07.2017	**Fremdenrechtsänderungsgesetz 2017 – FrÄG 2017**	**513/BNR**	**XXV.GP**	**Regierungsvorlage**	**BMI (Bundesministerium für Inneres)**
29.06.2017	Bundesgesetz betreffend die Förderung des Sports, Bundesgesetz über die Neuorganisation der Bundessporteinrichtungen, Anti-Doping Bundesgesetz	514/BNR	XXV.GP	Selbstständiger Antrag	Hermann Krist, Mag. Johannes Rauch
04.10.2017	**Fremdenrechtsänderungsgesetz 2017 – FrÄG 2017**	**560/BNR**	**XXV.GP**	**Selbstständiger Antrag**	**Otto Pendl, Werner Amon, MBA**
12.10.2017	Freiwilligengesetz und Familienlastenausgleichsgesetz	567/BNR	XXV.GP	Selbstständiger Antrag	Josef Muchitsch
28.02.2018	Universitätsgesetz 2002	005/BNR	XXVI.GP	Regierungsvorlage	BMBWF (Bundesministerium für Bildung, Wissenschaft und Forschung)
17.04.2018	**Budgetbegleitgesetz 2018–2019**	**020/BNR**	**XXVI.GP**	**Regierungsvorlage**	**BMF (Bundesministerium für Finanzen)**
19.04.2018	**Bundesfinanzrahmengesetz 2018 bis 2021 und Bundesfinanzrahmengesetz 2019 bis 2022**	**023/BNR**	**XXVI.GP**	**Regierungsvorlage**	**BMF (Bundesministerium für Finanzen)**

Beschluss-datum	Titel	Beschluss-nummer	Gesetzgebungs-periode	Art der Einbringung	Eingebracht von
19.04.2018	**Bundesfinanzgesetz 2018 – BFG 2018 samt Anlagen**	**024/BNR**	**XXVI.GP**	**Regierungsvorlage**	**BMF (Bundesministerium für Finanzen)**
19.04.2018	**Bundesfinanzgesetz 2019 – BFG 2019 samt Anlagen**	**025/BNR**	**XXVI.GP**	**Regierungsvorlage**	**BMF (Bundesministerium für Finanzen)**
20.04.2018	Vergaberechtsreformgesetz 2018	032/BNR	XXVI.GP	Regierungsvorlage	BMVRDJ (Bundesministerium für Verfassung, Reformen, Deregulierung und Justiz)
16.05.2018	Materien-Datenschutz-Anpassungsgesetz 2018	036/BNR	XXVI.GP	Regierungsvorlage	BMVRDJ (Bundesministerium für Verfassung, Reformen, Deregulierung und Justiz)
17.05.2018	**Schulorganisationsgesetz, Land- und forstwirtschaftliches Bundesschulgesetz, Schulunterrichtsgesetz und Schulpflichtgesetz 1985**	**039/BNR**	**XXVI.GP**	**Regierungsvorlage**	**BMBWF (Bundesministerium für Bildung, Wissenschaft und Forschung)**
14.06.2018	Privatschulgesetz	050/BNR	XXVI.GP	Selbstständiger Antrag	Mag. Dr. Rudolf Taschner, Wendelin Mölzer
04.07.2018	Jahressteuergesetz 2018 – JStG 2018	053/BNR	XXVI.GP	Regierungsvorlage	BMF (Bundesministerium für Finanzen)
04.07.2018	Einführungsgesetz zu den Verwaltungsverfahrensgesetzen 2008, Allgemeines Verwaltungsverfahrensgesetz 1991, Verwaltungsstrafgesetz 1991 und Verwaltungsgerichtsverfahrensgesetz	064/BNR	XXVI.GP	Regierungsvorlage	BMVRDJ (Bundesministerium für Verfassung, Reformen, Deregulierung und Justiz)
05.07.2018	**Fremdenrechtsänderungsgesetz 2018 – FrÄG 2018**	**069/BNR**	**XXVI.GP**	**Regierungsvorlage**	**BMI (Bundesministerium für Inneres)**
26.09.2018	Strafrechtsänderungsgesetz 2018	076/BNR	XXVI.GP	Regierungsvorlage	BMVRDJ (Bundesministerium für Verfassung, Reformen, Deregulierung und Justiz)
24.10.2018	**Familienlastenausgleichsgesetz 1967, Einkommensteuergesetz 1988 und Entwicklungshelfergesetz**	**084/BNR**	**XXVI.GP**	**Regierungsvorlage**	**BKA (Bundeskanzleramt)**
21.11.2018	**Vereinbarung gemäß Art. 15a B-VG zwischen dem Bund und den Ländern über die Elementarpädagogik für die Kindergartenjahre 2018/19 bis 2021/22**	**100/BNR**	**XXVI.GP**	**Regierungsvorlage**	**BMBWF (Bundesministerium für Bildung, Wissenschaft und Forschung)**
11.12.2018	Symbole-Gesetz	109/BNR	XXVI.GP	Regierungsvorlage	BMI (Bundesministerium für Inneres)
11.12.2018	Finanzausgleichsgesetz 2017	121/BNR	XXVI.GP	Regierungsvorlage	BMF (Bundesministerium für Finanzen)
12.12.2018	Pädagogikpaket 2018	123/BNR	XXVI.GP	Regierungsvorlage	BMBWF (Bundesministerium für Bildung, Wissenschaft und Forschung)
13.12.2018	**Ausländerbeschäftigungsgesetz**	**137/BNR**	**XXVI.GP**	**Selbstständiger Antrag**	**August Wöginger, Dr. Dagmar Belakowitsch**
13.12.2018	Ärztegesetz 1998, Allgemeines Sozialversicherungsgesetz und Freiberuflichen-Sozialversicherungsgesetz	144/BNR	XXVI.GP	Regierungsvorlage	BMGF (Bundesministerium für Gesundheit und Frauen)
27.02.2019	Brexit-Begleitgesetz 2019	150/BNR	XXVI.GP		
27.02.2019	Arbeitskräfteüberlassungsgesetz – AÜG	153/BNR	XXVI.GP	Selbstständiger Antrag	Peter Haubner, Mag. Christian Ragger
27.03.2019	**Schulorganisationsgesetz, Schulunterrichtsgesetz, Schulunterrichtsgesetz für Berufstätige, Kollegs und Vorbereitungslehrgänge und Privatschulgesetz**	**160/BNR**	**XXVI.GP**	**Selbstständiger Antrag**	**Mag. Dr. Rudolf Taschner, Wendelin Mölzer**

Beschluss-datum	Titel	Beschluss-nummer	Gesetzgebungs-periode	Art der Einbringung	Eingebracht von
28.03.2019	Ziviltechnikergesetz 2019 – ZTG 2019	161/BNR	XXVI.GP	Regierungsvorlage	BMDW (Bundesministerium für Digitalisierung und Wirtschaftsstandort)
25.04.2019	**Sozialhilfe-Grundsatzgesetz, Sozialhilfe-Statistikgesetz und Integrationsgesetz – IntG**	**173/BNR**	**XXVI.GP**	**Regierungsvorlage**	**BMASGK (Bundesministerium für Arbeit, Soziales, Gesundheit und Konsumentenschutz)**
25.04.2019	Patentanwaltsgesetz	180/BNR	XXVI.GP	Regierungsvorlage	BMVIT (Bundesministerium für Verkehr, Innovation und Technologie)
15.05.2019	**Schulunterrichtsgesetz**	**182/BNR**	**XXVI.GP**	**Selbstständiger Antrag**	**Dr. Walter Rosenkranz, Karl Nehammer, MSc**
16.05.2019	**BBU-Errichtungsgesetz – BBU-G und BFA-Verfahrensgesetz, Asylgesetz 2005 und Grundversorgungsgesetz – Bund 2005**	**186/BNR**	**XXVI.GP**	**Regierungsvorlage**	**BMI (Bundesministerium für Inneres)**

Tabelle 5: **Beschlüsse des Nationalrats mit integrationspolitischem Bezug in der 25. und 26. Legislaturperiode**

Quelle: Eigene Zusammenstellung

Anmerkung: Der Materialkorpus resultiert aus folgendem Samplingprozess: Auf Basis der Suchbegriffe Integration, Zuwanderer/Zuwanderung, Ausländer, Fremd, Migration/Migrant, Sprach*, Sprach*, Drittstaat/Drittland, Asyl, Flucht/Flüchtling, Staatsbürger, Aufenthalt, Religion, Islam, Muslim erfolgte die Volltextsuche aller Nationalratsbeschlüsse und Erläuterungen der 25. und 26. Legislaturperiode. Nach der Bereinigung von Doppelungen erfolgte eine Grobkontrolle übriger Beschlüsse. Das verbleibende Material wurde nach inhaltlicher Detailprüfung um nicht integrationsrelevante Beschlüsse bereinigt. Diese Auswahl führt zu einem Analysekorpus von 86 Nationalratsbeschlüssen. Tabelle 5 listet diese Beschlüsse auf, umfangreiche Beschlüsse sind in fetter Schrift hervorgehoben. Die Buchkapitel konzentrieren sich aus Gründen der Lesbarkeit nur auf die wesentlichen Maßnahmen zu den Teilbereichen Arbeit, Bildung, Politik, Religion und Werte. Beschlüsse mit spezifischen Detailregelungen – z.B. zu Berufszulassungen für Ärzt*innen, Gesundheitsberufe, Ziviltechniker*innen etc. – werden in den Buchkapiteln nicht ausgeführt. Auch Regelungen zu Asylverfahren werden nur so weit untersucht, als sie unmittelbar mit den Integrationsbedingungen für Geflüchtete zu tun haben.

Regierung	Beginn	Ende	Tage	Seniorpartner	Juniorpartner	Juniorpartner II
Renner	27.04.1945	20.12.1945	237	ÖVP	SPÖ	KPÖ
Figl I	20.12.1945	08.11.1949	1419	ÖVP	SPÖ	KPÖ
Figl II	08.11.1949	28.10.1952	1085	ÖVP	SPÖ	
Figl III	28.10.1952	02.04.1953	156	ÖVP	SPÖ	
Raab I	02.04.1953	29.06.1956	1184	ÖVP	SPÖ	
Raab II	29.06.1956	16.07.1959	1112	ÖVP	SPÖ	
Raab III	16.07.1959	03.11.1960	476	ÖVP	SPÖ	
Raab IV	03.11.1960	11.04.1961	159	ÖVP	SPÖ	
Gorbach I	11.04.1961	27.03.1963	715	ÖVP	SPÖ	
Gorbach II	27.03.1963	02.04.1964	372	ÖVP	SPÖ	
Klaus I	02.04.1964	19.04.1966	747	ÖVP	SPÖ	
Klaus II	19.04.1966	21.04.1970	1463	ÖVP	-	
Kreisky I	21.04.1970	04.11.1971	562	SPÖ	-	
Kreisky II	04.11.1971	28.10.1975	1454	SPÖ	-	
Kreisky III	28.10.1975	05.06.1979	1316	SPÖ	-	
Kreisky IV	05.06.1979	24.05.1983	1449	SPÖ	-	
Sinowatz	24.05.1983	16.06.1986	1119	SPÖ	FPÖ	
Vranitzky I	16.06.1986	21.01.1987	219	SPÖ	FPÖ	
Vranitzky II	21.01.1987	17.12.1990	1426	SPÖ	ÖVP	
Vranitzky III	17.12.1990	29.11.1994	1443	SPÖ	ÖVP	
Vranitzky IV	29.11.1994	12.03.1996	469	SPÖ	ÖVP	
Vranitzky V	12.03.1996	28.01.1997	322	SPÖ	ÖVP	
Klima	28.01.1997	04.02.2000	1102	SPÖ	ÖVP	
Schüssel I	04.02.2000	28.02.2003	1120	ÖVP	FPÖ	
Schüssel II	28.02.2003	11.01.2007	1413	ÖVP	FPÖ / BZÖ	
Gusenbauer	11.01.2007	02.12.2008	691	SPÖ	ÖVP	
Faymann I	02.12.2008	16.12.2013	1840	SPÖ	ÖVP	
Faymann II	16.12.2013	17.05.2016	883	SPÖ	ÖVP	
Kern	17.05.2016	18.12.2017	580	SPÖ	ÖVP	
Kurz I	18.12.2017	28.05.2019	526	ÖVP	FPÖ	
Bierlein	03.06.2019	07.01.2020	218	Expert*innenkabinett		
Kurz II	07.01.2020	-		ÖVP	Die Grünen	

***Tabelle 6:* Bundesregierungen 1945–2020**

Quelle: Eigene Darstellung auf Basis der Daten des Bundeskanzleramts

Anmerkungen

1 Zu Begriff und Verständnis von Integration und Integrationspolitik siehe Kapitel *Umstrittene Zugänge.*

2 El-Mafaalani 2018, S. 78.

3 Krăstev 2017

4 Joppke / Morawska 2003; Bendel / Borkowski 2016; Hadj-Abdou 2019

5 Fassmann / Münz 1996

6 Bauböck 1996; Volf / Bauböck 2001; Bauböck / Perchinig 2006; Perchinig / Valchars 2019

7 Huddleston u. a. 2011; Huddleston u. a. 2015; Valchars 2017

8 Wodak 2017; Levitsky / Ziblatt 2018; Judis 2018; Eatwell / Goodwin 2018; Pelinka 2019

9 Wodak 2018; Liebhart 2019

10 Forschungsprojekt »Integrationspolitik in Bewegung? Ein Staatssekretariat für Integration« (URL: https://inex.univie.ac.at/previous-projects/governing-integration/), gefördert durch die Österreichische Nationalbank, Projektnummer: 15758). Siehe auch Gruber / Rosenberger 2015, 2017.

11 Güngör / Doetsch 2006; Bendel 2014; Gesemann / Roth 2018

12 Kunz 2018

13 Mammey 2005, S. 28.

14 Schinkel 2017

15 Bommes 2007, S. 3.

16 Favell 2005

17 Glick Schiller 2010

18 Colleyer / Hinger / Schweitzer 2020

19 Walgenbach 2011

20 Mecheril 2003

21 Ataç / Rosenberger 2012

22 Bendel / Borkowski 2016; Gruber 2016

23 Michalowski 2007; Penninx 2019

24 Penninx / Garcés-Mascareñas 2016; Collyer / Hinger / Schweitzer 2020

25 Brubaker 1992

26 Castles 1995

27 Joppke / Morawska 2003; Carrera 2006; Bertossi 2011

28 Kymlicka 1995

29 Okin 1999

30 Rosenberger / Mourão Permoser 2012

31 Gordon 1964

32 Foroutan 2019

33 Joppke 2007a; Bertossi / Duyvendak 2012

34 Schinkel 2018, S. 6f.

35 Uslucan / Yalcin 2012

36 Für einen Überblick zu Aufenthaltstiteln siehe Peyrl / Neugschwendtner/ Schmaus 2015.

37 Ager / Strang 2008; Hadj-Abdou 2019

38 Herzog-Punzenberger 2007; Hense-Lintschnig / Matti / Wagner 2018

39 Mehr dazu in Kapitel *Umstrittene Zugänge* sowie Treibel 2015, S. 33ff.

40 Collyer / Hinger / Schweitzer 2020

41 Anhut / Heitmeyer 2000

42 Täubig 2009

43 Collyer / Hinger / Schweitzer 2020

44 Heckmann / Schnapper 2016

45 Integrationspolitische Analysen erfolgen zunehmend ausdifferenzierter zu politischen Ebenen (lokal, regional, transnational), Akteur*innen (Berücksichtigung von Gerichten, NGOs etc.) sowie Teilbereichen (Arbeit, Bildung, Soziales, politische Teilhabe), siehe Penninx / Garcés-Mascareñas 2016.

46 Carrera 2006; Bertossi 2011

47 Castles 1995; Ataç / Rosenberger 2013

48 Fassmann / Münz 1996

49 Freiheitliche Partei Österreichs 2017

50 Fassmann / Münz 1996

51 Im Jahr 1910 machte der Anteil der ausländischen Wohnbevölkerung zwei Prozent der Bevölkerung in der österreichischen Reichshälfte aus (Faßmann / Münz 1992).

52 Neyer 1996; Faßmann 1996

53 Münz / Reiterer 2009, S. 34.

54 Neyer 1996, S. 17f.; Fassmann / Münz, 1996, S. 8.

55 Im Vergleich der beiden Volkszählungen 1951 und 1961 ergab sich ein Wanderungsverlust von 129.000 Personen (-1,9 %), die ausländische Wohnbevölkerung hatte sich von 323.300 Personen (4,7 %) auf 102.000 Personen (1,4 %) um mehr als zwei Drittel reduziert (Statistik Austria, Volkszählungen 1951–1961 sowie o. V. 1962).

56 Volf 1995; Götzelmann 2010

57 Münz / Zuser / Kytir 2003

58 Statistik Austria 2019

59 Rechtlich wird zwischen (temporärem) Aufenthalt und (dauerhafter) Niederlassung unterschieden. Personen, die einen temporären Aufenthalt von mehr als sechs Monaten (ansonsten sind sie visumspflichtig) bis max. 18 Monate anstreben, erhalten quotenfreie Aufenthaltsbewilligungen. Drittstaatsangehörige, die sich dauerhaft niederlassen, können dies über zweckgebundene Schienen tun, die Quoten unterliegen: Rot-Weiß-Rot-Karte bzw. Blaue Karte EU (v. a. für qualifizierte Erwerbstätigkeit sowie deren Familienangehörige), per Erteilung einer Niederlassungsbewilligung oder eines Aufenthaltstitels Familienangehöriger (Peyrl / Neugschwendtner / Schmaus 2015, S. 38).

60 Für eine Übersicht siehe Peyrl / Neugschwendtner / Schmaus 2015

61 Statistik Austria, Mikrozensus-Arbeitskräfteerhebung – Jahresdaten 2018

62 Reinprecht 2019

63 Hollifield 2008

64 Carrera 2006; Pascouau 2016

65 Für niederlassungsbewilligte Fremde wurde diese Hilfe ab 1998 unter dem Titel Integrationsförderung im Niederlassungs- und Aufenthaltsgesetz weitergeführt. Für Asylberechtigte wurde sie als Integrationshilfe im Asylgesetz (§ 68 AsylG) weitergeführt.

66 485/BNR (XXV.GP), vom 01.06.2017

67 Stadt Wien – Abteilung für Integration und Diversität (o. J.) Start Wien. URL: http://www.startwien.at/ [09.01.2020]

68 Güngör / Perchinig 2015

69 Land Steiermark – Amt der Steiermärkischen Landesregierung (o. J.). *Startpunkt Deutsch*. URL: https://www.soziales.steiermark.at/cms/ziel/108305614/DE/ [09.01.2020]

70 Michalowski / van Oers 2012

71 Neubacher u. a. 2019

72 Statistik Austria 2018, S. 51.

73 Keindl u. a. 2016

74 Ebda.

75 Berger u. a. 2016

76 Prettenthaler u. a. 2016

77 Mazal u. a. 2017. Für die Zuwanderung aus den EU-15-Staaten errechnet die Studie einen Real-BIP-Zuwachs von 0,8 % (bei konstantem Pro-Kopf-BIP) sowie einen Lohndämpfungseffekt von 0,35 %, fiskalisch ergäbe sich ein Anstieg des Saldos um 0,15 % des BIP / Jahr. Für die Gruppe der 13 Süd-Ost-Europäischen Erweiterungsländer kommt sie zu noch kräftigeren

ökonomischen Effekten von 1,8 % Real-BIP-Zuwachs (bei konstantem Pro-Kopf-BIP) sowie einem Lohndämpfungseffekt von 0,8 %, auch die fiskalischen Zuwächse würden um 0,3 % des BIP steigen. Aufgrund der bipolaren Bildungsstruktur der Migrant*innen aus Drittstaaten falle hier der Real-BIP-Zuwachs von 0,9 % (pro-Kopf-BIB-Senkung um 0,6 %) niedriger aus, der Lohndämpfungseffekt mit 0,5 % ebenfalls, fiskalisch tragen aber auch sie positiv zum Budget bei mit rund 0,1 % des BIP. Schließlich führe die niedrige Qualifizierung von Asylwerber*innen / -berechtigten zu einem Real-BIP-Zuwachs von 0,7 %, jedoch durch den hohen Bevölkerungszuwachs zu einer Reduktion des Pro-Kopf-BIP von 1 %. Fiskalisch gehe das BIP aufgrund der niedrigeren Arbeitsmarktintegration der Geflüchteten zunächst um 0,5 % zurück, verbessere sich aber ab 2018 infolge der steigenden Beschäftigung. Das Fazit der Studienautor*innen: Die Positiveffekte einer besseren Integration würden sich bei jeder Gruppe zeigen, in Summe leiste die Nettomigration im untersuchten Zeitraum einen positiven ökonomischen Beitrag zum Budget von rund € 1,4 Mrd. (d. h. 0,05 % des kumulativen BIP der Jahre 2013–2020).

78 van der Brug u. a. 2013

79 Rosenberger / Meyer 2013

80 Kriesi u. a. 2006; Hutter 2019

81 Perchinig 2009

82 Bauböck / Perchinig 2006

83 Gruber 2014

84 Mourão Permoser 2012

85 Gruber 2014

86 Hadj-Abdou / Rosenberger 2012

87 Buonfino 2004; Lazaridis / Wadia 2015

88 Österreichische Bundesregierung (2007). *Regierungsprogramm 2007–2010,* S. 143.

89 Gruber 2010; Rosenberger 2010, 2011; Gruber / Herczeg / Wallner 2012

90 Hess u. a. 2017

91 237/BNR (XXV.GP), vom 23.09.2015

92 Gruber 2017

93 Wie Diagramm 3 zeigt, war selbst 2015 der Anteil der EU-Zuwanderung höher als jener der Asylzuwanderung.

94 Perchinig / Valchars 2019

95 Plasser / Sommer 2018

96 Fallend 2019

97 Fallend 2019

98 Zandonella / Perlot 2019

99 Eurobarometer, Frühjahrserhebung 2019

100 Friesl / Polak / Hamachers-Zuba 2009

101 Rosenberger / Seeber 2011

102 Hofmann 2019

103 Aschauer u. a. 2019

104 Müller Kmet / Bodi-Fernandez 2019

105 Ebda.

106 Gruber / Walter 2013; Blatter / Schmid / Blättler 2017

107 Bendel / Borkowski 2016

108 Borbonus u. a. 2014; Gruber 2016; Pascouau 2016; Scholten / Collett / Petrovic 2016

109 Volf 1995

110 Schwarz 2010; Janda 2012

111 Wiesbrock 2013

112 Götzelmann 2010

113 Perchinig 2009, S. 235.

114 VfGH-Erkenntnis G 225–228/85, G 245–246/85 vom 12.12.1985 (ECLI:AT:VFGH:1985:G225.1985)

115 Perchinig 2009, S. 234.

116 Taubald 2018 bzw. § 3 Abs. 3 Fremdenpolizeigesetz, BGBl 1954/75 idF BGBl 1987/575

117 Bauböck 1996, S. 23.

118 § 11 Aufenthaltsgesetz BGBl 1992/466 bzw. Taubald 2018

119 Kraler 2011

120 Ebda.

121 Die Erläuterungen zur Novelle halten fest, dass »(i)m geltenden Recht sehr wenige Integrationsschritte für lang in Österreich niedergelassene Fremde gesetzt (werden)«. [Bundesgesetz über die Einreise, den Aufenthalt und die Niederlassung von Fremden (Fremdengesetz 1997 – FrG), Erläuterungen].

122 Das Integrationspaket umfasst Änderungen im Fremdengesetz, im Asylgesetz, im Gesetz über den Unabhängigen Bundesasylsenat sowie im Ausländerbeschäftigungs- und Arbeitslosenversicherungsgesetz. Eingeführt wurde das Prinzip der Aufenthaltsverfestigung, die Gewährleistung des Rechtes auf Familienleben nach Art. 8 EMRK (Familiennachzug) für Neuzuwanderer wurde verankert, Angehörige von EWR-Bürgern wurden mit Angehörigen von Österreichern gleichgestellt sowie eine vorsichtige Erhöhung der Familiennachzugszahlen wurde ermöglicht. Zugleich wurde jedoch die

Aufenthaltsbeendigung für Arbeitsmigrant*innen im Falle »gescheiterter Integration« in den Arbeitsmarkt verankert (das Gesetz spricht von einem »Niederlassungskontrakt« zwischen Zugewanderten und österreichischem Staat über ein regelmäßiges Erwerbseinkommen, was als Vorläufer der späteren *Integrationsvereinbarung* angesehen werden kann). [Bundesgesetz über die Einreise, den Aufenthalt und die Niederlassung von Fremden (Fremdengesetz 1997 – FrG)].

123 § 10 Abs. 5 Z 1 und § 11 Staatsbürgerschaftsgesetz 1985, idF BGBl. I 1998/124

124 BGBl. Nr. 452/1990

125 § 51 Fremdengesetz 1997, idF. BGBl. I Nr. 75/1997

126 o. V. 2001

127 Dabei handelte es sich nicht um eine Vereinbarung, sondern wie Pöschl (2006) anmerkt, a) um eine gesetzliche Vorgabe ohne anpassungsfähigen Vereinbarungsspielraum im Einzelfall, welche b) dem / der Zugewanderten an keinem Punkt einen formellen Vereinbarungspartner gegenüberstellte und die c) dem / der Zugewanderten keine Entscheidungsfreiheit (was eine Vereinbarung voraussetzen würde) zubilligte, sondern diese ex lege dazu verpflichtete.

128 Joppke 2007a. Unter Maßnahmen der »civic integration« werden Programme, Kurse, Informationsmaterialien oder Tests verstanden, mit denen Zugewanderten Aspekte der Geschichte, Institutionen, Gebräuche und Werte des Aufnahmelandes vermittelt, diese überprüft und ggf. zum Kriterium für Aufenthalt oder Teilhabeausmaß gemacht werden (Ebda.).

129 Götzelmann 2010; Kraler 2011

130 Wer die finanziellen Möglichkeiten hatte, konnte den Kurs zunächst auch bei einem Privatanbieter absolvieren und dann eine Prüfung (Sprachkenntnisnachweis) ablegen – eine Option, die später nicht mehr zur Verfügung stehen sollte (Pöschl 2006).

131 Österreichisches Parlament (2006). *Nationalrat debattiert über europäische Sicherheitspartnerschaft.* Parlamentskorrespondenz Nr. 514, 24.05.2006. URL: https://www.parlament.gv.at/PAKT/PR/JAHR_2006/PK0514/index.shtml [24.05.2006]; o. V. (2007). Prammer wünscht sich Staatssekretariat für Migration. *Der Standard,* 09.10.2007. URL: https://www.derstandard.at/story/3045901/prammer-wuenscht-sich-staatssekretariat-fuer-migration [26.07.2019]

132 Österreichische Bundesregierung (2007). *Regierungsprogramm 2007–2010,* S. 143. Auch wurde an dem 2006 von der schwarz-blauen Koalition mit den Stimmen der SPÖ beschlossenen Fremdenrechtspaket festgehalten. Dessen Maßnahmen seien auf Basis von »Best-Practice-Modellen im europäischen Vergleich zu verbessern und weiterzuentwickeln« (ebda.). Bereits der erste Bericht der Integrationsplattform 2008 nahm den Wunsch nach einem

Staatssekretariat für Migration und Integration in die Liste der Forderungen auf (Bundesministerium für Inneres 2008).

133 Österreichische Bundesregierung (2008). *Regierungsprogramm 2008–2013. Gemeinsam für Österreich,* S. 107.

134 Brünner u. a. 2011, S. 20f.

Stellvertretend für Stimmen, die Zweifel am tatsächlichen Ausmaß der Berücksichtigung von Expertenwissen äußerten, sei auf Herbert Langthaler verwiesen: »So zeichnet sich dieser hegemoniale politische Diskurs durch weitgehendes Fehlen der Rezeption von und Bezugnahme auf sozialwissenschaftliche Befunde aus. Das Zustandekommen des NAP-Integration war typisch für den Stellenwert, der den Sozial- und Kulturwissenschaften bei der Diskussion um Migration und Integration zugemessen wird. Zwar wurden einige handverlesene WissenschafterInnen zu den begleitenden ›Expertengesprächen‹ eingeladen, aber der Großteil der in diesem Bereich wissenschaftlich Arbeitenden konnte die Ergebnisse dieser Arbeit nicht in die Gestaltung des NAP-Integration einbringen, und auch die Beiträge der Eingeladenen wurden kaum zur Kenntnis genommen.« (Langthaler 2010, S. 7.).

135 Kilic / Biffl 2019

136 Bendel 2014

137 Biffl / Faustmann 2013, XVII, XXV

138 Brünner u. a. 2011

139 Gruber / Rosenberger 2015

140 Staatssekretär Sebastian Kurz im Gespräch mit Armin Wolf. *ORF – Zeit im Bild 2,* vom 27.04.2011. URL: https://www.youtube.com/watch?v=nRu8JiVLlkE [12.08.2019]

141 Gruber / Mattes / Stadlmair 2016

142 Gruber / Mattes / Stadlmair 2016

143 Siehe Anmerkung 10

144 Gruber / Rosenberger 2015, 2017

145 Mitterlehner 2019, S. 144.

146 Unabhängig von diesen Jahresberichten veröffentlichte der im Innenministerium angesiedelte Migrationsrat Ende 2016 einen Migrationsbericht. Obgleich institutionell und kompetenzmäßig getrennt, enthält dieser Bericht zahlreiche Aussagen zu Integrationsprozessen. Migration sei zwar von Integration zu unterscheiden, allerdings bestünden »bedeutende Überschneidungen und Wechselwirkungen, die Migrationspolitik von heute (habe) Einfluss auf das Integrationsausmaß von morgen«, so der Bericht (Migrationsrat für Österreich 2016).

147 Fallend 2019

148 Für eine detaillierte Analyse des Gesetzes siehe Taubald 2018.

149 Mit März 2014 wurden die »Agenden der Integration (VA-Stelle / Detailbudget 11.03.02.) (…) gem. BMG-Novelle 2014« in die Kompetenz des Bundesministeriums für Äußeres, Europa und Integration transferiert (Bundesministerium für Finanzen 2015. *Teilheft Bundesvoranschlag 2014. Untergliederung 11 Inneres,* S. 4. URL: https://service.bmf.gv.at/BUDGET/Budgets/ [17.11.2019], S. 4).

150 Budgetdienst des Österreichischen Parlaments (2017). *Anfragebeantwortung und Kurzstudie. Budgetbelastungen durch die Flüchtlingsmigration.* URL: https://www.parlament.gv.at/ZUSD/BUDGET/2017/BD_-_Anfragebeantwortung_zu_den_Budgetbelastungen_durch_die_Fluechtlingsmigration.pdf [14.01.2020]

151 Budgetdienst des Österreichischen Parlaments (2018). *Budgetanalyse 2018 und 2019,* S. 143. URL: https://www.parlament.gv.at/ZUSD/BUDGET/2018/BD_-_Budgetanalyse_2018_und_2019.pdf [16.01.2020]

152 Niessen / Huddleston / Citron 2007; Huddleston u. a. 2011; Huddleston u. a. 2015

153 Carrera 2006

154 Die Analyse inkludiert sowohl Rahmenbedingungen als auch politische Maßnahmen unmittelbar für Zugewanderte und gibt den Grad des Zugangs zu gleichen Rechten, Pflichten und Chancen wider. Die Beobachtung im Zeitverlauf erlaubt Aussagen über Veränderungen der Maßnahmen einzelner Staaten. Mit den Etappen wuchs die Zahl der untersuchten Länder sowie der im Index berücksichtigten Indikatoren (inzwischen 148 Indikatoren). Dies bedeutet, dass einige Aspekte nicht durchgängig vergleichbar sind. Dennoch erlauben die MIPEX-Daten eine vergleichende Einschätzung nationaler Integrationspolitiken.

155 Huddleston u. a. 2015

156 Gruber 2017; Fallend 2019

157 Strategiepapier »Strategische Grundlagen und Positionierung«, in: Tóth, B. / Redl, J. (2017). Dossier »Projekt Ballhausplatz«. *Falter,* 19.09.2017. URL: https://www.falter.at/zeitung/20170919/projekt-ballhausplatz [03.02.2019]

158 Ebda.

159 Tóth / Horaczek 2017; Ronzheimer 2018

160 Strategiepapier »Strategische Grundlagen und Positionierung«, in: Tóth, B. / Redl, J. (2017). Dossier »Projekt Ballhausplatz«. *Falter,* 19.09.2017. URL: https://www.falter.at/zeitung/20170919/projekt-ballhausplatz [03.02.2019]

161 Mitterlehner 2019, S. 160.

162 Ebda.

163 Strategiepapier »Strategische Grundlagen und Positionierung«, in: Tóth, B. / Redl, J. (2017). Dossier »Projekt Ballhausplatz«. *Falter,* 19.09.2017. URL: https://www.falter.at/zeitung/20170919/projekt-ballhausplatz [03.02.2019]

164 Wodak 2018

165 Liebhart 2019

166 Knill / Tosun 2015

167 Sämtliche Integrationsberichte sind auf der Website des Bundesministeriums für Europa, Integration und Äußeres abrufbar: https://www.bmeia.gv.at/integration/integrationsbericht/.

168 Die Stichworte umfassten sämtliche Begriffskomposita der folgenden Begriffe: Integration, Zuwanderer / Zuwanderung, Ausländer, Fremd, Migration / Migrant, Sprach*, Sprach*, Drittstaat / Drittland, Asyl, Flucht / Flüchtling, Staatsbürger, Aufenthalt, Religion, Islam, Muslim. Die übrigen Beschlüsse wurden per qualitativer Grobanalyse auf integrationspolitische Bezüge untersucht.

169 Die Zitation der Nationalratsbeschlüsse im Buch erfolgt durchwegs auf Basis der parlamentarischen Kurzschreibweise: Beschluss-Nr. / BNR (Gesetzgebungsperiode), Beschlussdatum im Nationalrat.

170 Die Untersuchungsdimensionen für politischen Wandel stützen sich auf Baumgartner 2013.

171 Geißler 2004

172 Allgemeine migrations-, aufenthalts- sowie asylverfahrensbezogene Änderungen des Fremden- bzw. Asylrechts mit nur mittelbarem Bezug zu Integration standen aus arbeitsökonomischen Gründen nicht im Fokus.

173 Knill / Tosun 2015, S. 208ff.

174 Österreichische Bundesregierung (2013). *Arbeitsprogramm der österreichischen Bundesregierung 2013–2018. Erfolgreich. Österreich,* S. 27ff.

175 Österreichische Bundesregierung (2017). *Zusammen. Für unser Österreich. Regierungsprogramm 2017–2022,* S. 37ff.

176 Shanahan / Jones / McBeth 2011

177 Für eine ausführliche Analyse des Leistungsnarrativs und seiner Bedeutung für die österreichische Integrationspolitik siehe Gruber / Mattes / Stadlmair 2016.

178 Diese Befragung wird seit 2010 vom GFK Austria Institut durchgeführt; befragt werden jeweils rund 1.000 österreichische Staatsbürger*innen sowie 1.000 ausländische Staatsbürger*innen aus ex-jugoslawischen Teilrepubliken oder der Türkei. Im Rahmen dieser Befragung sind zwischen 2010 bis 2014 die positiven Beurteilungen von Integration von 31 Prozent auf 49 Prozent angestiegen, der Anteil der »Integrationspessimist*innen« um 18 Prozent zurückgegangen.

179 Die Einladung war an die wirtschaftlich gewünschte Migration (Hochqualifizierte, Fachkräfte etc.) und nicht an Niedrigqualifizierte, Familienangehörige oder Geflüchtete gerichtet. Dennoch signalisiert der Begriff

»Willkommenskultur« eine Annäherung an die Aufgabe, Integration und Diversität politisch zu gestalten.

180 Der Minister spielte auf das türkische Verfassungsreferendum 2017 an.

181 Mitterlehner nun ein »Linker«. *Oberösterreichische Nachrichten,* 30.01.2019. URL: https://www.nachrichten.at/nachrichten/epaper/epa1458,23798,0,6, Mitterlehner [17.05.2019]

182 Mit der Rot-Weiß-Rot-Karte führte die SPÖ-ÖVP-Koalition 2011 auf Initiative der Sozialpartner ein Kriterien-geleitetes Punktesystem der Arbeitszuwanderung ein.

183 335/BNR (XXV.GP), vom 15.06.2016

184 500/BNR (XXV.GP), vom 28.06.2017

185 069/BNR (XXVI.GP), vom 05.07.2018

186 Weitere Aufenthalts- und Beschäftigungsrechtliche Eingriffe:

Für Ehepartner*innen von Personen, die für eine österreichische Körperschaft im Ausland tätig sind, wurden die Berechnungszeiträume für den notwendigen ununterbrochenen Aufenthalt in Österreich zur Erlangung eines Aufenthaltstitels gestreckt [177/BNR (XXV.GP), vom 03.06.2015]. In Umsetzung der EU-Richtlinie zur Berufsanerkennung von Gesundheitsberufen wurde bei der nationalen Gesundheitsberuferegistrierung ausländischer Antragsteller*innen die Überprüfung notwendiger Deutschkompetenzen verankert [294/BNR (XXV.GP), vom 11.02.2016; 357/BNR (XXV.GP), vom 07.07.2016]; Ärzte erhielten erleichterten Zugang zur Berufstätigkeit unabhängig von Staatsbürgerschaft, der Ärztekammer wurde die Überprüfung der notwendigen fachlichen und auch sprachlichen Kompetenzen zur Anerkennung und Gewährung des Berufszugangs übertragen [085/BNR (XXV.GP), vom 23.10.2014]. Asyl- und subsidiär Schutzberechtigten, denen die Belegdokumente fehlten, wurde die Möglichkeit eines direkten Zugangs zur Prüfung für Allgemeinmediziner/zum Facharzt oder zu einer (verkürzten) turnusärztlichen Ausbildung gewährt [398/BNR (XXV.GP), vom 14.12.2016].

187 177/BNR (XXV.GP), vom 03.06.2015

188 513/BNR (XXV.GP), vom 05.07.2017

189 177/BNR (XXV.GP), vom 03.06.2015

190 477/BNR (XXV.GP), vom 11.05.2017

191 477/BNR (XXV.GP), vom 11.05.2017

192 513/BNR (XXV.GP), vom 05.07.2017

193 504/A (XXVI.GP), vom 13.12.2018, Erläuterungen

194 069/BNR (XXVI.GP), vom 05.07.2018

195 124/ME (XXVI.GP), vom 01.03.2019

196 Allgemeine Verschärfungen des Fremdenrechts umfassten:

Ausgeweitete Befugnisse zur Sicherstellung und Auswertung von Daten von Geflüchteten; die Ausweitung der Schubhaftmöglichkeiten gegenüber Asylwerber*innen aufgrund von Gefährdung der öffentlichen Ordnung oder Sicherheit, genauere Gebietsbeschränkung für Drittstaatsangehörige (gemäß § 57 Abs. 3); die Informationspflicht für Krankenanstalten über den voraussichtlichen Zeitpunkt der Entlassung eines Fremden, dessen Abschiebung bevorsteht; die Strafe für rechtswidrigen Aufenthalt auch explizit für »Aufenthalt im Bundesgebiet»; die Spezifizierung der Festsetzungsmöglichkeiten von Asylwerber*innen im Zulassungsverfahren in Bundesunterkünften; die erleichterte Aberkennung des Asylstatus bei Vorliegen »konkreter Hinweise« auf Verfahrensverletzungen; die Festsetzung der Möglichkeit, die Verfahrenskarte (+ Information über die Staatsangehörigkeit) mit Datenträger zu versehen; die Ausweitung der Gründe für Aberkennung der aufschiebenden Wirkung einer Beschwerde; die Ausweitung der Ermächtigung zur Durchsuchung auf mitgeführtes Bargeld etc.; die Streichung der »absoluten Aufenthaltsverfestigung«, die in Österreich aufgewachsene Drittstaatsangehörige sowie jene mit bereits vorhandenem Anspruch auf Staatsbürgerschaft hätten und die vor einer Rückkehrentscheidung schützt [069/BNR (XXVI.GP), vom 05.07.2018]. Angehoben wurden im Konsulargebührengesetz die Gebühren für Visa-Anträge auch bei der Familienzusammenführung.

197 Peyrl / Neugschwendtner / Schmaus 2015, S. 317f. Die Autor*innen argumentieren, dass die Regelung nicht europarechtskonform ist, da die Aufnahmerichtlinie (RL 2013/33/EU) nach neun Monaten einen »effektiven Arbeitsmarktzugang« vorsieht (ebd., S. 318). Neben dem beschränkten Zugang zu unselbstständiger Beschäftigung steht Asylwerber*innen die Möglichkeit zu selbstständiger Beschäftigung offen. Allerdings sind die praktischen Hürden für die Eröffnung eines Gewerbes ungleich höher, was für viele der Geflüchteten eine Barriere bedeutet.

198 193/BNR (XXV.GP), vom 18.06.2015

199 Gaulhofer, K. (2018). Wie die Regierung die Lehre für Asylwerber neu regeln will. *Die Presse Online,* 26.08.2018. URL: https://www.diepresse.com/5486143/wie-die-regierung-die-lehre-fur-asylwerber-neu-regeln-will [14.06.2019]

200 o. V. (2018). Keine Ausnahmen bei Lehre für Asylwerber. *Wiener Zeitung Online,* 12.09.2018. URL: https://www.wienerzeitung.at/nachrichten/politik/oesterreich/988761-Keine-Ausnahmen-bei-Lehre-fuer-Asylwerber.html [14.06.2019]

201 Zu den wirtschaftlichen Folgen langzeitiger Arbeitsmarktzugangssperren von Asylwerber*innen im internationalen Vergleich siehe Marbach / Hainmueller / Hangartner 2018.

202 002/BNR (XXVII.GP), vom 11.12.2019

203 Diese Tätigkeiten im Auftrag der öffentlichen Hand sind zu unterscheiden von einfachen haushaltstypischen Arbeiten in einer Wohnung, in einem Haus oder in einem Garten, die von Asylwerber*innen ab dem vierten Monat des Verfahrens als selbstständige Dienstleistung mittels Dienstleistungsscheck verrichtet werden dürfen – jedoch bei einem Maximalverdienst von etwa € 630 / Monat und einem Mindeststundensatz von knapp € 12 / Stunde. Die Option zur selbstständigen Tätigkeit mittels Dienstleistungsscheck wurde 2017 per Verordnung des Arbeits- und Sozialministeriums eingeführt (BGBl. II Nr. 89/2017).

204 o. V. (2016). Kurz will verpflichtende Ein-Euro-Jobs für Asylberechtigte. *Die Presse Online,* 18.08.2016. URL: https://www.diepresse.com/5070804/kurz-will-verpflichtende-ein-euro-jobs-fur-asylberechtigte [05.02.2019]

205 o. V. (2019). Kritik an Kickls Plan, Asylwerber-Stundenlohn auf 1,50 Euro zu senken. *Der Standard Online,* 24.03.2019. URL: https://www.derstandard.at/story/2000100081223/kickl-will-stundenlohn-fuer-fluechtlinge-auf-1-50-euro [06.02.2019]

206 BGBl. II Nr. 131/2019

207 Anfragebeantwortung des Innenministers vom 12.07.2019 zu der schriftlichen Anfrage (3317/J) der Abgeordneten Nurten Yılmaz, Kolleginnen und Kollegen an den Bundesminister für Inneres betreffend »unmenschliche Kürzung des Anerkennungsbeitrages bei Asylwerber*innen für gemeinnützige Tätigkeiten«

208 Bundesministerium für Europa, Integration und Äußeres (2015). *50 Punkteplan zur Integration von Asylberechtigten und subsidiär Schutzberechtigten in Österreich.* URL: https://www.bmeia.gv.at/fileadmin/user_upload/Zentrale/Integration/Nationale_Integrationsfoerderung/50_Punkte-Plan.pdf [10.04.2018]

209 Dazu zählten die dreijährige Befristung des Asylstatus mit anschließender Neuüberprüfung, die Verlängerung der Wartefrist auf Familienzusammenführung für subsidiär Schutzberechtigte auf drei Jahre, Schubhaftverschärfungen, ausgeweitete Betretungsbefugnisse, beschleunigte Asylaberkennungsverfahren bei straffälligen Asylberechtigten, Wohnsitzbegrenzungen für Asylwerber*innen auf das jeweils Grundversorgung gewährende Bundesland sowie Wohnsitzauflagen beim Erlass von Rückkehrentscheidungen [305/BNR (XXV.GP), vom 12.05.2016; 513/BNR (XXV.GP), vom 05.07.2017; 560/BNR (XXV.GP), vom 04.10.2017].

210 398/BNR (XXV.GP), vom 14.12.2016

211 484/BNR (XXV.GP), vom 16.05.2017

212 069/BNR (XXVI.GP), vom 05.07.2018

213 173/BNR (XXVI.GP), vom 25.04.2019

214 069/BNR (XXVI.GP), vom 05.07.2018

215 SOS Mitmensch 2019, S. 8.

216 3873/AB (XXVI.GP), vom 30.8.2019

217 Österreichisches Parlament (2018). *Nationalrat beschließt Reform der Rot-Weiß-Rot-Karte samt Regionalisierung der Mangelberufsliste.* Parlamentskorrespondenz Nr. 1509, 13.12.2018. URL: https://www.parlament.gv.at/PAKT/PR/JAHR_2018/PK1509/ [18.06.2019]

218 Szigetvari, A. (2019). Jobbörse für Flüchtlinge: Bewerben hinter Metalldetektoren. *Der Standard Online,* 23.01.2019. URL: https://www.derstandard.at/story/2000096920422/jobboerse-fuer-fluechtlinge-vorstellungsgespraeche-hinter-metalldetektoren [17.10.2019]

219 Ebda.

220 Ebda., sowie Staudacher, A. (2020). 31.500 Asylberechtigte arbeitslos: Wie sinnvoll sind Jobbörsen? *Kurier Online,* 02.03.2020 [02.03.2020]

221 173/BNR (XXVI.GP), vom 25.04.2019

222 Ebda., Erläuterungen

223 Verfassungsgerichtshof Österreich (2019). *VfGH zu Sozialhilfe-Grundsatzgesetz: Höchstsatzsystem für Kinder sowie Arbeitsqualifizierungsbonus verfassungswidrig,* 17.12.2019. URL: https://www.vfgh.gv.at/downloads/VfGH-Presseinformation_vom_17._Dezember_2019.pdf [20.12.2019]

224 Bundesministerium für Europa, Integration und Äußeres (2017). *Integrationsprojekte 2017. Schwerpunkt »Frauen«.* URL: https://www.bmeia.gv.at/fileadmin/user_upload/Zentrale/Integration/Projektfoerderung/Frauenpaket_2017.pdf [05.12.2019]; Bundesministerium für Europa, Integration und Äußeres (2018). *Integrationsprojekte 2018. Schwerpunkt »Frauen«.* URL: https://www.bmeia.gv.at/fileadmin/user_upload/Zentrale/Integration/Projektfoerderung/Frauenpaket_2018.pdf [05.12.2019]

225 Österreichischer Integrationsfonds (2019). *ÖIF-Förderaufruf für Maßnahmen gegen Gewalt an Frauen im Kontext von Integration,* 17.01.2019. URL: https://www.ots.at/presseaussendung/OTS_20190117_OTS0121/oeif-foerderaufruf-fuer-massnahmen-gegen-gewalt-an-frauen-im-kontext-von-integration [12.12.2019]

226 Freiheitliche Partei Österreichs (1993). *Volksbegehren »Österreich zuerst«.* URL: https://www.parlament.gv.at/PAKT/VHG/XVIII/I/I_01015/imfname_262224.pdf [07.09.2019]

227 o. V. (2012). Angriff auf Schmied. *Kronen Zeitung Online,* 09.10.2012. URL: https://www.krone.at/336903 [22.07.2019]

228 Freiheitlicher Parlamentsklub (2018). *FPÖ-Gudenus: »Auch Wien hat die Deutschklassen konsequent umzusetzen«,* 06.06.2018. URL: https://www.ots.at/presseaussendung/OTS_20180606_OTS0125/fpoe-gudenus-auch-wien-hat-die-deutschklassen-konsequent-umzusetzen [27.08.2019]

229 Hummrich / Kramer 2017

230 Gruber 2018, 2019

231 074/BNR (XXV.GP), vom 10.07.2014; 252/BNR (XXV.GP), vom 15.10.2015; 341/BNR (XXV.GP), vom 16.06.2016

232 Hartel u. a. 2018

233 Rothmüller / Schnell 2019

234 Die Initiative Erwachsenenbildung stellt ein Instrument zur unentgeltlichen Bildungsintegration Erwachsener nach Beendigung der Schule dar, insbesondere, um Basisbildung und Pflichtschulabschlüsse nachzuholen. Sie ist inklusiv angelegt, da allen in Österreich wohnhaften Personen ab dem 15. Lebensjahr »ungeachtet ihrer Herkunft, ihrer Erstsprache und eventuell vorliegender Schulabschlüsse« der Zugang gewährt wird. Sie war für jeweils dreijährige Programmperioden (2012–2014, 2015–2017) finanziert, derzeit läuft die dritte – auf 4 Jahre angelegte – Programmperiode (2018–2021). Nicht Teil der IEB sind die Kurse des ÖIF für migrantische Zielgruppen (Werte- und Orientierungskurse sowie allgemeinsprachliche und z. T. fachsprachliche Deutschkurse) (Initiative Erwachsenenbildung, Selbstbeschreibung. URL: https://www.initiative-erwachsenenbildung.at/foerderbare-programmbereiche/basisbildung/ [29.09.2019]).

235 Perchinig / Valchars 2019, S. 423.

236 Szigetvari, A. / Danzer, A. (2018). Was das neue AMS-Budget für Flüchtlinge und Trainer bedeutet. *Der Standard Online,* 04.12.2018. URL: https://www.derstandard.at/story/2000093123969/einigung-auf-budget-beim-ams-fuer-das-jahr-2019 [07.08.2019]

237 Peternel, E. (2018). Länder-Protest, weil Kneissl keine Deutschkurse mehr zahlt. *Kurier Online,* 22.06.2018. URL: https://kurier.at/politik/inland/laender-protest-weil-kneissl-keine-deutschkurse-mehr-zahlt/400054784 [10.08.2019]; SOS Mitmensch 2019, S. 12.

238 069/BNR (XXVI.GP), vom 05.07.2018

239 Für einen Überblick siehe Fleck 2019.

240 341/BNR (XXV.GP), vom 16.06.2016

241 SOS Mitmensch 2019, S. 11.

242 Müller / Schweiger 2018.

243 Für einen Überblick der Kritikpunkte aller Stellungnahmen siehe SOS Mitmensch 2018.

244 Fassmann, H. (2018). Deutschförderung: »Weiter so« hilft nicht weiter. *Die Presse Online,* 07.06.2018. URL: https://www.diepresse.com/5442824/deutschforderung-bdquoweiter-soldquo-hilft-nicht-weiter [03.02.2019]

245 Müller, B. / Reitbrecht, S. / Schweiger, H. (2018). Deutschförderklassen: Weiter so? Ganz im Gegenteil! *Der Standard Online,* 06.07.2018. URL: https://apps.derstandard.at/privacywall/story/2000082965007/deutschfoerderklassen-weiter-soganz-im-gegenteil [16.04.2019]

246 Oswald, G./Riss, K. (2018). Deutschförderklassen: Wie viel Kritik muss ein Minister aushalten? *Der Standard Online,* 11.07.2018. URL: https://www.derstandard.at/story/2000083293855/wie-viel-beamtenkritik-muss-ein-minister-aushalten [13.04.2019]

247 o.V. (2018). Deutschklassen statt Native Speaker. *ORF Online,* 29.06.2018. URL: https://wien.orf.at/v2/news/stories/2921862/ [12.04.2019]

248 Rothmüller/Schnell 2019

249 So analysieren die Bildungsforscher Mario Steiner und Lorenz Lassnig: »Der Ausbau des differenzierten Schulsystems, die Wiedereinführung von Leistungsgruppen in den NMS, verschärfte Aufnahmekriterien in Gymnasien, die Stärkung von Sonderschulen und die Forcierung der ›Notenwahrheit‹ sind in diesem Zusammenhang zu nennen. (…).« (Steiner/Lassnigg 2019, S. 3).

250 o.V. (2017). FPÖ hat Wählerliste und will damit »nicht hinterm Berg halten«. *Die Presse Online,* 25.04.2017. URL: https://www.diepresse.com/5206700/fpo-hat-wahlerliste-und-will-damit-nicht-hinterm-berg-halten [09.08.2019]

251 o.V. (2018). Gesetzesvorschlag fordert Sozialleistungen für Südtiroler. *Der Standard Online,* 07.09.2018. URL: https://www.derstandard.at/story/2000086884906/gesetzesvorschlag-fordert-sozialleistungen-fuer-suedtiroler [09.08.2019]

252 Gruber/Walter 2013

253 Rosenberger 2017

254 Roth 2018

255 Ausnahmen sind Wahlen zu Interessensvertretungen (wie Kammern oder Betriebsräten), in denen mittlerweile sowohl aktives als auch passives Wahlrecht gewährt wird (Rosenberger 2017).

256 VfGH-Erkenntnis G 218/03 vom 30.06.2004.

257 Rosenberger 2017

258 Bauböck/Perchinig 2006

259 § 11a, Z. 6 StbG; Gruber/Mattes/Stadlmair 2016

260 Statistik Austria, Einbürgerungsstatistik

261 050/BNR (XXV.GP), vom 12.06.2014

262 o.V. (2016). Staatsbürgerschaft: ÖVP will längere Wartefrist für Flüchtlinge. *Die Presse Online,* 13.04.2016. URL: https://www.diepresse.com/4966526/staatsburgerschaft-ovp-will-langere-wartefrist-fur-fluchtlinge [05.08.2019]

263 069/BNR (XXVI.GP), vom 05.07.2018

264 140. Verordnung: Valorisierung von bestimmten festen Gebührensätzen des § 14 Gebührengesetz (GebG-ValV 2018) (Stadlmair 2015; Perchinig/Valchars, 2019)

265 020/BNR (XXVI.GP), vom 17.04.2018

266 VfGH-Erkenntnis E3717/2018; E3728/2018; E3753/2018, vom 11.12.2018.

267 Baltaci, K. (2019). Türkische Doppelstaatsbürger: Betroffene fordern Geld zurück. *Die Presse Online,* 09.04.2019. URL: https://www.diepresse.com/5609954/turkische-doppelstaatsburger-betroffene-fordern-geld-zuruck [19.09.2019]

268 Perchinig/Valchars 2019; Bauböck, R. (2019). Doppelpass-Deal vor No-Deal-Brexit. *Der Standard Online,* 02.08.2019. URL: https://www.derstandard.at/story/2000106954047/doppelpass-deal-vor-no-deal-brexit [13.09.2019]; Mittelstaedt, K. (2019). Österreichs gespaltenes Verhältnis zum Doppelpass. *Der Standard Online,* 10.01.2019. URL: https://www.derstandard.at/story/2000095795034/oesterreichs-gespaltenes-verhaeltnis-zum-doppelpass [07.06.2019]

Siehe auch: Anfragebeantwortung (GZ. BMEIA-AT.90.13.03/0112-II.4/2018) vom 16.11.2019 der parlamentarischen Anfrage (Zl. 1749/J-NR/2018) des Abgeordneten Herman Krist und Kolleg*innen betreffend »Expertengruppe zur Doppelstaatsbürgerschaft für Südtiroler«. URL: https://www.parlament.gv.at/PAKT/VHG/XXVI/AB/AB_01709/imfname_721755.pdf [07.02.2020]

269 Parlamentarische Anfrage Zl. 60/J-NR/2019 des Abgeordneten Wurm und weiterer Abgeordneter vom 13.11.2019 betreffend »Aktueller Status der Gespräche zur Doppelstaatsbürgerschaft für Tiroler«. URL: https://www.parlament.gv.at/PAKT/VHG/XXVII/J/J_00061/fnameorig_772019.html [06.02.2020]

270 Anfragebeantwortung (GZ. BMEIA-AT.90.13.03/0127-II.4/2019) vom 19.12.2019 der parlamentarischen Anfrage Zl. 60/J-NR/2019) des Abgeordneten Wurm und weiterer Abgeordneter betreffend »Aktueller Status der Gespräche zur Doppelstaatsbürgerschaft für Tiroler«. URL: https://www.parlament.gv.at/PAKT/VHG/XXVII/AB/AB_00070/imfname_776578.pdf [06.02.2020]

271 235/BNR (XXVI.GP), vom 19.09.2019

272 150/BNR (XXVI.GP), vom 27.02.2019

273 Österreichische Bundesregierung (2017). *Zusammen. Für unser Österreich. Regierungsprogramm 2017–2022,* S. 33.

274 Ebda., S. 40.

275 Rosenberger/Mourão Permoser 2012

276 145/BNR (XXV.GP), vom 25.02.2015

277 485/BNR (XXV.GP), vom 01.06.2017

278 485/BNR (XXV.GP), vom 01.06.2017, Erläuterungen

279 Hacker-Walton, P. (2015). Kurz: Viele Islam-Kindergärten »sollten wir sofort schließen«. *Kurier Online,* 05.12.2015. URL: https://kurier.at/politik/inland/

kurz-viele-islam-kindergaerten-sollten-wir-sofort-schliessen/167.826.741 [24.09.2019]

280 o.V. (2015). Wortgefecht zwischen Kurz und Wehsely. *ORF Online,* 10.12.2015. URL: https://wien.orf.at/v2/news/stories/2746835/ [22.08.2019]

281 Österreichische Agentur für Wissenschaftliche Integrität 2017

282 Hover-Reisner u.a. 2017. Die Autor*innen verweisen auf die Freiwilligkeit der Teilnahme an bestimmten Teilen dieser Studie als eine Einschränkung des Studiendesigns, jedoch habe man bei Teilnahmeverweigerung auf die (nicht freiwillige) Handaktenanalyse gesetzt. Dies führt die Autor*innen zu dem Schluss: »Die Befürchtung einer Indoktrinierung durch den Islam in elementarpädagogischen Einrichtungen und damit der Gefahr der Verletzung österreichischer Verfassungsgüter führt dazu, dass der Islam als Religion aus den Kindergärten / Kindergruppen, die sich bislang als in besonderer Beziehung zum Islam stehend beschrieben haben, verschwindet. Gerade damit aber wird das Verfassungsgut der positiven Religionsfreiheit zumindest tangiert. (…) Zwei widerstreitende Ansprüche, der nach Akzeptanz von Pluralität und der nach gesellschaftlicher Homogenität, treffen hier aufeinander und werden in ihrer Widersprüchlichkeit nicht thematisiert. Insbesondere aber in Bezug auf elementarpädagogische Einrichtungen mit besonderen Bezügen zum Islam scheint das Durchschlagen dieses gordischen Knotens erwartet, den die Gesamtgesellschaft auch nicht gelöst hat.« (Ebda., S.157).

283 Art. 3, Z. 1, Art. 15a B-VG über die Elementarpädagogik für die Kindergartenjahre 2018/19 bis 2021/22

284 Österreichisches Parlament 2019. *ÖVP und FPÖ sehen das Kopftuchverbot an Volksschulen als wichtige Maßnahme zum Schutz von Kinderrechten.* Parlamentskorrespondenz Nr. 535, 15.05.2019. URL: https://www.parlament.gv.at/PAKT/PR/JAHR_2019/PK0535/ [10.09.2019].

285 Kocina, E. (2019). Moscheen rechtswidrig geschlossen. *Die Presse Online,* 14.02.2019. URL: https://www.diepresse.com/5579752/moscheen-rechtswidrig-geschlossen [11.08.2019]

286 o.V. (2018). »Muslime gehören zu Österreich«. *Wiener Zeitung Online,* 03.04.2018. URL: https://www.wienerzeitung.at/nachrichten/politik/oesterreich/956464-Muslime-gehoeren-zu-Oesterreich.html [24.08.2019]

287 o.V. (2018). FPÖ-Klubchef Gudenus kündigt Gesetz gegen »politischen Islam« an. *Der Standard Online,* 15.08.2018. URL: https://www.derstandard.at/story/2000085393763/gudenus-kuendigt-gesetz-gegen-politischen-islam-an [24.09.2019]; o.V. (2019). Regierung plant Dokumentationsstelle für politischen Islam. *ORF Online,* 03.03.2019. URL: https://orf.at/stories/3113716/ [24.08.2019]

288 o. V. (2019). FPÖ nennt türkise Pläne gegen politischen Islam »scheinheilig«. *Die Presse Online,* 16.08.2019. URL: https://www.diepresse.com/5674815/fpo-nennt-turkise-plane-gegen-politischen-islam-scheinheilig [24.08.2019]

289 Bretschneider / GfK Austria 2017, S. 15.

290 Joppke 2007b

291 Mourão Permoser 2012

292 Messerschmidt 2009; Kalpaka / Mecheril 2010

293 Langthaler 2010, S. 7.

294 Sterkl, M. (2013). Der Mann, der Zuwanderern Österreichs Werte erklärt. *Der Standard Online,* 27.05.2013. URL: https://www.derstandard.at/story/1363711412017/der-mann-der-zuwanderern-oesterreichs-werte-erklaert [23.03.2019]

295 Mineva / Salgado 2019; Rieger, L. (2017). Deutschlehrer protestieren gegen Wertekurse des Integrationsfonds. *Kurier Online,* 26.10.2017. URL: https://kurier.at/chronik/wien/deutschlehrer-protestieren-gegen-wertekurse-des-integrationsfonds/294.294.783 [17.08.2019]

296 204/BNR (XXV.GP), vom 07.07.2015

297 100/BNR (XXVI.GP), vom 21.11.2018

298 100/BNR (XXVI.GP), vom 21.11.2018, Erläuterungen

299 Österreichische Bundesregierung (2017). *Zusammen. Für unser Österreich. Regierungsprogramm 2017–2022,* S. 39. Nimmervoll, L. (2019). Ethikunterricht, bitte warten. *Der Standard Online,* 04.11.2019. URL: https://www.derstandard.at/story/2000110624639/ethikunterricht-bitte-warten [20.11.2019]

300 Bundesministerium für Bildung, Wissenschaft und Forschung (o. J.). *Ethik – Pflichtgegenstand für alle Schülerinnen und Schüler, die keinen Religionsunterricht besuchen.* URL: https://www.bmbwf.gv.at/Themen/schule/zrp/ethik.html [10.01.2020]

301 o. V. (2020). Ethikunterricht für alle »würde Religion verdrängen«. *ORF Online,* 30.01.2020. URL: https://religion.orf.at/stories/2997952/ [02.02.2020]

302 Fritz 2017

303 o. V. (2018). Kickl attackiert Caritas & Co.: »Verfolgen ihre Geschäftsinteressen«. *Ö24 Online,* 01.12.2018. URL: https://www.oe24.at/oesterreich/politik/Kickl-attackiert-Caritas-Co-Verfolgen-ihre-Geschaeftsinteressen/358269204 [20.09.2019]

304 o. V. (2017). Kurz: »Der NGO-Wahnsinn muss beendet werden«. *Die Presse Online,* 24.03.2017. URL: https://www.diepresse.com/5189256/kurz-der-ngo-wahnsinn-muss-beendet-werden [19.08.2019]

305 Simsa, R. et al. (2020). *Civil Society Index – Update 2019. Rahmenbedingungen für die Zivilgesellschaft in Österreich.* URL: https://gemeinnuetzig.

at/2019/04/civil-society-index-update-2019-ist-der-politische-klimawandel-noch-zu-stoppen-2/ [22.03.2020]

306 FPÖ-Bildungsinstitut 2013

307 Ulbrich, C. / Reinfeldt, S. (2017). Integrationsfonds: Tiefschwarzer ideologischer Staatsapparat. *Semiosisblog,* 24.04.2017. URL: https://www.semiosis.at/2017/04/24/integrationsfonds-tiefschwarzer-ideologischer-staatsapparat/ [04.08.2019]; Trescher, T. / Morak, B. (2019). Politische Übernahme: Wer in Österreich Deutsch prüfen darf. *addendum.org,* 10.07.2019. URL: https://www.addendum.org/news/deutschpruefungen/ [04.08.2019]; o.V. (2015). Grüne erstatten Anzeige in Causa Integrationsfonds. *Der Standard Online,* 10.07.2015. URL: https://www.derstandard.at/story/2000018911493/gruene-erstatten-anzeige-in-causa-integrationsfonds [04.08.2019]; Bonavida, I. (2017). Alle Macht dem Integrationsfonds? *Die Presse Online,* 26.03.2017. URL: https://www.diepresse.com/5190265/alle-macht-dem-integrationsfonds [04.08.2019]

308 Zur Governance eines Politikfeldes siehe Knill / Tosun 2015.

309 European Migration Network 2019

310 SOS Mitmensch 2019

311 o.V. (2018). Edtstadler: Keine Privatquartiere für Asylwerber. *Kleine Zeitung Online,* 03.01.2018. URL: https://www.kleinezeitung.at/politik/innenpolitik/5347586/Asyl_Edtstadler_Keine-Privatquartiere-fuer-Asylwerber [19.06.2019]

312 Website des Österreichischen Integrationsfonds. URL: https://www.integrationsfonds.at/der-oeif/ueber-den-oeif/gesetzliche-auftraege-des-oeif [11.01.2020]

313 Jahresberichte des Österreichischen Integrationsfonds, 2010–2017. URL: https://www.integrationsfonds.at [23.04.2019]

314 Rieger, L. (2017). »Integrationsfonds hat marktbeherrschende Stellung durch neues Gesetz bekommen«. *Kurier Online,* 04.12.2017. URL: https://kurier.at/chronik/oesterreich/integrationsfonds-hat-marktbeherrschende-stellung-durch-neues-gesetz-bekommen/300.619.158 [05.07.2019]; Trescher, T. / Morak, B. (2019). Politische Übernahme: Wer in Österreich Deutsch prüfen darf. *addendum.org,* 10.07.2019. URL: https://www.addendum.org/news/deutschpruefungen/ [04.08.2019]

315 Österreichische Bundesregierung (2020). *Aus Verantwortung für Österreich. Regierungsprogramm 2020–2024,* S. 203f.

316 o.V. (2018). Italien lehnt Pläne für doppelte Staatsbürgerschaft in Südtirol ab. *Zeit Online,* 08.09.2018. URL: https://www.zeit.de/politik/ausland/2018-09/suedtirol-oesterreich-italien-doppelte-staatsbuergerschaft-streit [12.08.2019]; o.V. (2018). Italien protestiert gegen Pläne, die Südtiroler auch Österreicher werden zu lassen. *NZZ Online,* 08.09.2018. URL: https://www.nzz.ch/international/

italien-protestiert-gegen-plaene-die-suedtiroler-auch-oesterreicher-werden-zu-lassen-ld.1418437 [12.08.2019]; o. V. (2018). L'Austria ci riprova: passaporto agli altoatesini. L'Italia avverte: »Atto ostile, Vienna rinunci a iniziative elettorali«. *Il Fatto Quotidiano Online,* 23.07.2018. URL: https://www.ilfattoquotidiano.it/2018/07/23/italia-austria-fraccaro-doppio-passaporto-agli-altoatesini-da-vienna-atto-ostile-basta-strumentalizzazioni-elettorali/4510166/ [12.08.2019]

317 o. V. (2018). Doppelter Pass: Salvini kritisiert Pläne der Regierung in Wien. *Kleine Zeitung Online,* 13.10.2018. URL: https://www.kleinezeitung.at/politik/innenpolitik/5512618/Doppelstaatsbuergerschaft_Doppelter-Pass_Salvini-kritisiert [04.12.2019]

318 Europäische Kommission (2019). *Indexierung von Familienleistungen. Kommission leitet nächsten Schritt im Vertragsverletzungsverfahren gegen Österreich ein,* 25.07.2019. URL: https://ec.europa.eu/commission/presscorner/detail/de/IP_19_4253 [14.12.2019]

319 o. V. (2019).Familienbeihilfe: Regierung antwortet auf EU-Vertragsverfahren. In: *Der Standard,* 26.03.2019 URL: https://www.derstandard.at/story/2000100182354/familienbeihilfe-regierung-antwortet-auf-vertragsverletzungsverfahren [14.12.2019]

320 o. V. (2019). Familienbeihilfe: EU treibt Verfahren wegen Vertragsverletzung gegen Österreich voran. *Der Standard Online,* 25.07.2019. URL: https://www.derstandard.at/story/2000106679335/familienbeihilfe-eu-treibt-vertragsverletzungsverfahren-gegen-oesterreich-voran [04.12.2019]

321 Verfassungsgerichtshof Österreich (2019). *VfGH zu Sozialhilfe-Grundsatzgesetz: Höchstsatzsystem für Kinder sowie Arbeitsqualifizierungsbonus verfassungswidrig,* 17.12.2019. URL: https://www.vfgh.gv.at/downloads/VfGH-Presseinformation_vom_17._Dezember_2019.pdf [20.12.2019]

322 Hollauf, F. (2019). SPÖ nach Sozialhilfe-Urteil: »Schande aufgehoben«. *Kronen Zeitung Online,* 17.12.2019. URL: https://www.krone.at/2063955 [05.01.2020]

323 Freiheitlicher Parlamentsklub (2019). *FPÖ – Kickl: VfGH stellt Magnet für unqualifizierte Zuwanderung auf Maximalleistung,* 17.12.2019. URL: https://www.ots.at/presseaussendung/OTS_20191217_OTS0099/fpoe-kickl-vfgh-stellt-magnet-fuer-unqualifizierte-zuwanderung-auf-maximalleistung [05.01.2020]

324 Bundesministerium für Europa, Integration und Äußeres (2018). *Globaler Pakt für sichere, geregelte und planmäßige Migration; weitere Vorgangsweise. Vortrag an den Ministerrat, Bundesministerin für Europa, Integration und Äußeres. GZ. BMEIA-AT.4.15.10/0154-IV.5c/2018,* 30.10.2018. URL: https://www.bundeskanzleramt.gv.at/medien/ministerraete/ministerraete-bis-mai-2019/33-ministerrat-am-31-oktober-2018.html [17.12.2019]

325 Renner, G. (2018). FPÖ setzt sich durch. Österreich sagt Teilnahme an UN-Migrationspakt ab. *Kleine Zeitung Online,* 31.10.2018. URL: https://www.kleinezeitung.at/politik/aussenpolitik/5522007/FPOe-setzt-sich-durch_Oesterreich-sagt-Teilnahme-an [17.12.2019]

326 Akkerman 2012

327 Mudde 2007; Minkenberg 2018

328 Jagers / Walgrave 2007; Decker / Lewandowsky 2017; Gagnon u. a. 2018

329 Rooduijn 2014, S. 591.

330 Betz 1994

331 Pelinka 1998

332 de Cillia u. a. 2020

333 van Ostaijen / Scholten 2014

334 de Cillia u. a. 2020

335 Mattes 2018

336 Siehe dazu auch Spielhaus 2013.

337 Der Vorwurf richtete sich gegen ethnische ebenso wie gegen religiöse Gruppen. Siehe dafür o. V. (2018). »Kein Platz für Parallelgesellschaften« – Österreich schließt sieben Moscheen. *Welt Online,* 08.06.2018. URL: https://www.welt.de/politik/ausland/article177185002/Sebastian-Kurz-Kein-Platz-fuer-Parallelgesellschaften-Oesterreich-schliesst-sieben-Moscheen.html [04.09.2019].

338 CReAM 2019; SOS Mitmensch 2019

339 Zick 2017

340 Lowi 1972; Knill / Tosun 2015

341 Rheindorf 2017

342 Lakoff 2004; Hofinger u. a. 2018

343 173/BNR (XXVI.GP), vom 25.04.2019, Erläuterungen

344 Tálos / Obinger 2019

345 Ataç / Rosenberger 2012

346 Oliveri 2016

347 Ong 2006; Altreiter / Leibetseder 2015

348 Geißler 2012

349 Für eine Analyse von Stilmitteln des dünnen Populismus siehe Decker / Lewandowsky 2017.

350 Slaven / Boswell 2019

351 Ataç / Schütze 2020

352 Europäischer Rat 2004

353 Butterwegge 2018

354 Wodak 2017

355 Krutzler, D. (2016). SPÖ überrascht von Kurz' Vorstoß mit Ein-Euro-Jobs. *Der Standard Online,* 19.08.2016. URL: https://www.derstandard.at/story/2000043010224/kurz-will-pflicht-zu-ein-euro-jobs-fuer-fluechtlinge-und [14.07.2019]; o. V. (2016). SPÖ überrascht von Kurz' Vorstoß mit Ein-Euro-Jobs. *Der Standard Online,* 19.06.2016. URL: https://www.derstandard.at/story/2000043010224/kurz-will-pflicht-zu-ein-euro-jobs-fuer-fluechtlinge-und [07.09.2019]

356 Hadj-Abdou / Rosenberger 2012

357 Nach FPÖ-Abg. Mölzer sollte mit dem Kopftuchverbot ein Signal gegen den politischen Islam gesetzt werden. Der ÖVP-Abg. Taschner sagte, es gehe darum, muslimische Mädchen von einer Unterwerfung zu befreien (Rosenberger 2018).

358 Heinisch / Werner 2019

359 Decker / Lewandowsky 2017

360 o. V. (2018). Italien lehnt Pläne für doppelte Staatsbürgerschaft in Südtirol ab. *Zeit Online,* 08.09.2018. URL: https://www.zeit.de/politik/ausland/2018-09/suedtirol-oesterreich-italien-doppelte-staatsbuergerschaft-streit [12.08.2019]; o. V. (2018). Italien protestiert gegen Pläne, die Südtiroler auch Österreicher werden zu lassen. *NZZ Online,* 08.09.2018. URL: https://www.nzz.ch/international/italien-protestiert-gegen-plaene-die-suedtiroler-auch-oesterreicher-werden-zu-lassen-ld.1418437 [12.08.2019]; o. V. (2018). L'Austria ci riprova: passaporto agli altoatesini. L'Italia avverte: »Atto ostile, Vienna rinunci a iniziative elettorali«. *Il Fatto Quotidiano Online,* 23.07.2018. URL: https://www.ilfattoquotidiano.it/2018/07/23/italia-austria-fraccaro-doppio-passaporto-agli-altoatesini-da-vienna-atto-ostile-basta-strumentalizzazioni-elettorali/4510166/ [12.08.2019]

361 Akkerman 2012; Lange 2012; Mudde 2013; Wodak / Khosravinik / Mral 2013; Rooduijn 2015; Decker / Lewandowsky 2017; Panreck / Brinkmann 2019

362 Pelinka 2019; Wodak 2018; Liebhart 2019

363 o. V. (2014). Kurz: »Burka-Trägerinnen lassen viel Geld da«. *Die Presse Online,* 10.07.2014. URL: https://www.diepresse.com/3835808/kurz-burka-tragerinnen-lassen-viel-geld-da [07.08.2019]

364 Österreichische Volkspartei (2019). *Pressestatement der ÖVP zum Abschluss der Sondierungsgespräche,* 08.11.2019. URL: https://www.facebook.com/sebastiankurz.at/videos/jetzt-live-mein-statement-zum-abschluss-der-sondierungsgespräche/397549527789525/ [08.01.2020]

365 Akkerman 2012; Levitsky / Ziblatt 2018

366 Decker 2004

367 Uslucan / Yalcin 2012, S. 17.

368 Müller / Schweiger 2018

369 CReAM 2019

370 Zick / Preuß 2018

371 Treibel 2015

372 Krăstev 2017

373 Hofmann 2015

374 Wodak 2017

375 Damm 2019; Inglehart / Norris 2019

376 Gesemann / Roth 2018; Damm 2019

377 Hoser / Simon / Ogris 2018

378 Scholten / Collett / Petrovic 2016, S. 298.

379 Bendel u. a. 2019

380 o. V. (2018). Integration funktioniert, weil sich Gemeinden engagieren. *Kommunal*, 19.10.2018. URL: https://kommunal.at/integration-funktioniert-weil-sich-gemeinden-engagieren [13.09.2019]

381 Brickner, I. (2018). »Stimmung« im Land für Flüchtlingshelfer großes Problem. *Der Standard Online*, 20.09.2018. URL: https://www.derstandard.at/story/2000087680116/stimmung-in-bevoelkerung-fuer-fluechtlingshelfer-grosses-problem [17.04.2019]

382 Forschungsbereich beim Sachverständigenrat deutscher Stiftungen für Integration und Migration 2020

383 Verein Wirtschaft für Integration, Leitbild. URL: http://www.vwfi.at/ueber-uns/verein/ [19.01.2020]

384 Friedrichs / Leßke / Schwarzenberg 2019; Scherr 2019

385 Zick / Preuß 2018

386 Hanappi-Egger 2015

387 Das Instrument des Diversitätsmonitors der Stadt Wien hilft, Wissen sowohl über die sozialen Realitäten der Bevölkerung zu bekommen als auch deren Repräsentation im politisch-administrativen System zu erheben.

388 Schrodt 2014; Gruber 2019; Neubacher u. a. 2019

389 Hofer u. a. 2013; Schönherr u. a. 2019

390 Reinprecht 2013; Gächter 2016

391 Zur Kritik am Begriff des Migrationshintergrunds siehe Perching / Troger 2011; Horvath 2017; Hawlik 2019.

392 Lindner 2018; Herczeg 2019

393 Treibel 2015; Penninx / Garcés-Mascareñas 2016; Damm 2019

394 ZARA – Zivilcourage & Anti-Rassismus-Arbeit 2019

395 Anwaltschaft für Gleichbehandlung 2018

396 Huddleston u. a. 2015
397 Anwaltschaft für Gleichbehandlung 2018
398 ZARA – Zivilcourage & Anti-Rassismus-Arbeit 2019
399 Geißler 2012
400 Han 2016
401 OECD 2018
402 Lindner 2018
403 Haller 2010
404 Bierlein, B. (2019). *Antrittsrede von Bundeskanzlerin Brigitte Bierlein.* URL: https://www.youtube.com/watch?v=2uRVJFJCbj0 [12.09.2019]
405 European Migration Network 2019
406 Gruber / Walter 2013
407 Valchars 2006
408 Pedroza 2015; Arrighi / Bauböck 2017
409 El-Mafaalani 2018
410 Okin 1999

Literaturverzeichnis

Ager, A./Strang, A. (2008). Understanding Integration. A Conceptual Framework. *Journal of Refugee Studies 21*(2), 166–191.

Akkerman, T. (2012). Comparing Radical Right Parties in Government: Immigration and Integration Policies in Nine Countries (1996–2010). *West European Politics 35*(3), 511–529.

Altreiter, C./Leibetseder, B. (2015). Constructing inequality: Deserving and undeserving clients in Austrian social assistance offices. *Journal of Social Policy 44*(1), 127–145.

Anhut, R./Heitmeyer, W. (2000). Desintegration, Konflikt und Ethnisierung. Eine Problemanalyse und theoretische Rahmenkonzeption. In: Anhut, R./Heitmeyer, W. (Hrsg.) *Bedrohte Stadtgesellschaft*. Weinheim, München: Juventa, 17–75.

Anwaltschaft für Gleichbehandlung (2018). *Gleichbehandlungsbericht für die Privatwirtschaft 2016 und 2017*. Wien: Bundeskanzleramt. URL: https://www.gleichbehandlungsanwaltschaft.gv.at/taetigkeitsberichte [19.02.2020].

Arrighi, J.-T./Bauböck, R. (2017). A multilevel puzzle: Migrants' voting rights in national and local elections. *European Journal of Political Research 56*(3), 619–639.

Aschauer, W. u. a. (Hrsg.) (2019). *Die Lebenssituation von Migrantinnen und Migranten in Österreich. Ergebnisse einer Umfrage unter Zugewanderten.* Wiesbaden: Springer.

Ataç, I./Rosenberger, S. (Hrsg.) (2012). *Politik der Inklusion und Exklusion.* Göttingen: V&R Unipress.

Ataç, I./Schütze, T. (2020). Crackdown or symbolism? An analysis of post-2015 policy responses towards rejected asylum seekers in Austria. In: Spencer, S./Triandafyllidou, A. (Hrsg.) *Migrants with Irregular Status in Europe. Evolving Conceptual and Policy Challenges*. Cham: Springer, 21–31.

Bauböck, R. (1996). *»Nach Rasse und Sprache verschieden«. Migrationspolitik in Österreich von der Monarchie bis heute.* Wien: Institut für Höhere Studien. URL: https://www.ihs.ac.at/publications/pol/pw_31.pdf [05.07.2018].

Bauböck, R./Perchinig, B. (2006). Migrations- und Integrationspolitik. In: Dachs, H. u. a. (Hrsg.) *Politik in Österreich*. Das Handbuch. Wien: Manz, 726–742.

Baumgartner, F. R. (2013). Ideas and Policy Change. *Governance 26*(2), 239–258.

Bendel, P. (2014). *Coordinating Immigrant Integration in Germany. Mainstreaming at the Federal and Local Levels.* Brüssel: Migration Policy Institute Europe.

Bendel, P. et al. (2019). *Der Weg über die Kommunen. Empfehlungen für eine neue Schlüsselrolle der Kommunen in der Flüchtlings- und Asylpolitik der EU.* Berlin:

Heinrich-Böll-Stiftung. URL: https://heimatkunde.boell.de/sites/default/files/der_weg_uber_die_kommunen_2._auflage.pdf [30.11.2019].

Bendel, P./Borkowski, A. (2016). Entwicklung der Integrationspolitik. In: Brinkmann, H. U./Sauer, M. (Hrsg.) *Einwanderungsgesellschaft Deutschland.* Wiesbaden: VS Verlag für Sozialwissenschaften, 99–116.

Berger, J. et al. (2016). *Ökonomische Analyse der Zuwanderung von Flüchtlingen nach Österreich.* Krems: Donauuniversität Krems – Department für Migration und Globalisierung. URL: http://www.donau-uni.ac.at/de/forschung/projekt/U/_PROJEKT_4294969107 [14.03.2020].

Bertossi, C. (2011). National Models of Integration in Europe. A Comparative and Critical Analysis. *American Behavioral Scientist 55*(12), 1561–1580.

Bertossi, C./Duyvendak, J. W. (2012). National models of immigrant integration: The costs for comparative research. *Comparative European Politics 10*(3), 237–247.

Betz, H.-G. (1994). *Radical right-wing populism in Western Europe.* Basingstoke: Palgrave Macmillan.

Biffl, G./Faustmann, A. (2013). *Österreichische Integrationspolitik im EU-Vergleich. Zur Aussagekraft von MIPEX.* Krems: Donau Universität Krems – Department für Migration und Globalisierung.

Blatter, J./Schmid, S./Blättler, A. C. (2017). Democratic Deficits in Europe: The Overlooked Exclusiveness of Nation States and the Positive Role of the European Union. *Journal of Common Market Studies 55*(3), 449–467.

Bommes, M. (2007). Integration – gesellschaftliches Risiko und politisches Symbol. *Aus Politik und Zeitgeschichte* (22–23/2007), 3–5.

Borbonus, S. et al. (2014). Nachhaltigkeitsstrategien in Deutschland und auf EU-Ebene. In: Bertelsmann Stiftung (Hrsg.) *Nachhaltigkeitsstrategien erfolgreich entwickeln. Strategien für eine nachhaltige Zukunft in Deutschland, Europa und der Welt.* Gütersloh: Bertelsmann Stiftung, 21–300.

Bretschneider, R./GfK Austria (2017). *Integration und Zusammenleben. Was denkt Österreich?* Wien: Österreichischer Integrationsfonds. URL: https://www.integrationsfonds.at/fileadmin/user_upload/OEIF_Studie_Integration_und_Zusammenleben_Was_denkt_OEsterreich_Web.PDF [29.08.2019].

Brubaker, R. (1992). *Citizenship and nationhood in France and Germany.* Cambridge (MA): Harvard University Press.

Brünner, B. et al. (2011). Vom Nationalen Aktionsplan für Integration zum Integrationsbericht 2011. *SIAK-Journal – Zeitschrift für Polizeiwissenschaft und polizeiliche Praxis* (4/2011), 20–27.

Bundesministerium für Inneres (2008). *Gemeinsam kommen wir zusammen. Expertenbeiträge zur Integration.* Wien: Bundesministerium für Inneres. URL: https://www.integrationsstelle-ooe.at/Mediendateien/1gemeinsam_kommen_wir_zusammen_gesamt.pdf [09.05.2019].

Buonfino, A. (2004). Between unity and plurality: the politicization and securitization of the discourse of immigration in Europe. *New Political Science 26*(1), 23–49.

Butterwegge, C. (2018). Die soziale Spaltung und der Erfolg des Rechtspopulismus. In: Butterwegge, C./Hentges, G./Lösch, B. (Hrsg.) *Auf dem Weg in eine andere Republik? – Neoliberalismus, Standortnationalismus und Rechtspopulismus.* Weinheim, Basel: Beltz Verlag, 40–62.

Carrera, S. (2006). Integration of Immigrants versus Social Inclusion? A Typology of Integration Programmes in the EU. In: Balzacq, T./Carrera, S. (Hrsg.) *Security versus Freedom?* A Challenge for Europe's Future. Hampshire: Ashgate, 87–112.

Castles, S. (1995). How nation-states respond to immigration and ethnic diversity. *New Community 21*(3), 293–308.

Collyer, M./Hinger, S./Schweitzer, R. (2020). Politics of (Dis)Integration – An Introduction. In: Hinger, S. /Schweitzer, R. (Hrsg.) *Politics of (Dis)Integration.* Basel: Springer International Publishing, 1–18.

Center for Research & Analysis of Migration (CReAM) (2019). *Cutting refugees' benefits results in more crime and less education* London: CReAM Discussion Paper No. 05/19. URL: http://www.cream-migration.org/files/UCL_Press_Release_Curbing_access_to_welfare_for_refugees_linked_to_higher_crime_FINAL.pdf [23.03.2020].

Damm, A.-C. (2019). *Teilhabe und Vielfalt vor Ort – Kommunale Integrationskonzepte in Deutschland.* Dresden: Stiftung Mercator. URL: https://www.deutschplus.de/projekte/vom-ihr-zum-wir/ [23.03.2020].

de Cillia, R. et al. (2020). *Österreichische Identitäten im Wandel. Empirische Untersuchungen zu ihrer diskursiven Konstruktion 1995–2015.* Wiesbaden: VS Verlag für Sozialwissenschaften.

Decker, F. (2004). *Der neue Rechtspopulismus.* Wiesbaden: Springer.

Decker, F./Lewandowsky, M. (2017). Rechtspopulismus in Europa: Erscheinungsformen, Ursachen und Gegenstrategien. *Zeitschrift für Politik 64*(1), 21–38.

Eatwell, R./Goodwin, M. (2018). *National Populism. The Revolt Against Liberal Democracy.* London: A Pelican Book.

El-Mafaalani, A. (2018). *Das Integrationsparadox. Warum gelungene Integration zu mehr Konflikten führt.* Köln: Kiepenheuer & Witsch.

Europäischer Rat (2004). *Common Basic Principles for Immigrant Integration Policy in the European Union.* Brüssel: Europäischer Rat. URL: https://ec.europa.eu/migrant-integration/librarydoc/common-basic-principles-for-immigrant-integration-policy-in-the-eu?lang=de [11.05.2015].

European Migration Network (2019). *Annual Report on Migration and Asylum 2018.* Brüssel: European Migration Network. URL: https://www.emn.at/wp-content/uploads/2018/12/emn-annual-report-on-migration-and-asylum-2018.pdf [17.11.2019].

Fallend, F. (2019). Von Schwarz-Blau zu Türkis-Blau. Ursachen und Folgen der Koalitionsstrategien der ÖVP 1999/2000 und 2017. In: Tálos, E. (Hrsg.) *Die Schwarz-Blaue Wende in Österreich. Eine Bilanz.* Wien: LIT-Verlag, 5–28.

Faßmann, H. (1996). Auswanderung aus der österreichisch-ungarischen Monarchie 1869–1910. In: Horvath, T. / Neyer, G. (Hrsg.) *Auswanderung aus Österreich. Von der Mitte des 19. Jahrhunderts bis zur Gegenwart.* Wien, Köln, Weimar: Böhlau, 33–55.

Faßmann, H./Münz, R. (1992). *Einwanderungsland Österreich? Gastarbeiter – Flüchtlinge – Immigranten.* Wien: Institut für Demographie der Österreichischen Akademie der Wissenschaften.

Fassmann, H./Münz, R. (1996). Österreich – Einwanderungsland wider Willen. In: Fassmann, H. (Hrsg.) *Migration in Europa: historische Entwicklung, aktuelle Trends und politische Reaktionen.* Frankfurt am Main [u. a.]: Campus-Verlag.

Favell, A. (2005). Integration Nations: The Nation-State and Research on Immigrants in Western Europe. In: Bommes, M. /Morawska, E. (Hrsg.) *International Migration Research: Constructions, Omissions and the Promise of Interdisciplinarity.* London: Ashgate, 41–67.

Fleck, E. (2019). Vom interkulturellen Lernen zu den Deutschförderklassen. *ÖDaF-Mitteilungen 35*(1+2), 12–22.

Foroutan, N. (2019). *Die postmigrantische Gesellschaft. Ein Versprechen der pluralen Demokratie.* Bielefeld: transcript.

Forschungsbereich beim Sachverständigenrat deutscher Stiftungen für Integration und Migration (2020). *Zugang per Zufallsprinzip? Neuzugewanderte auf dem Weg in die berufliche Bildung.* Berlin. URL: https://www.svr-migration.de/wp-content/uploads/2020/01/SVR-FB-Zugang-Berufsbildung-3.pdf [26.03.2020].

FPÖ-Bildungsinstitut (2013). *Handbuch Freiheitlicher Politik. Ein Leitfaden für Führungsfunktionäre und Mandatsträger der Freiheitlichen Partei Österreichs.* 4. Auflage Wien: FPÖ-Bildungsinstitut.

Freiheitliche Partei Österreichs (2017). *Österreicher verdienen Fairness. Freiheitliches Wahlprogramm zur Nationalratswahl 2017.* URL: https://www.fpoe-wien.at/fileadmin/user_upload/Wahlprogramm_8_9_low.pdf [21.04.2019].

Friedrichs, J./Leßke, F./Schwarzenberg, V. (2019). Die Akzeptanz von Flüchtlingen. Eine vergleichende Studie sechs deutscher Wohngebiete. *Raumforschung und Raumordnung | Spatial Research and Planning 77*(4), 349–366.

Friesl, C./Polak, R./Hamachers-Zuba, U. (Hrsg.)(2009). *Die Österreicher innen. Wertewandel 1990–2008.* Wien: Czernin.

Fritz, T. (2017). Wertekurse im Kräftespiel von Nationalisierung und Globalisierung. Ein Plädoyer für eine bewusste politische Bildung im Migrationskontext. *Magazin erwachsenenbildung.at 31 /11/2017).*

Gächter, A. (2016). Die Wohnsituation von EinwanderInnen und ihren Kindern. In: Biffl, G. / Dimmel, N. (Hrsg.) *Wohnen im Zusammenwirken mit Migration und*

Integration. Wohnungsmarkt, Wohnbedingungen, Wohnungspolitik, Modelle, Wohnbau- und Wohlfahrtspolitik, Globalisierung. Bad Vöslau: Omninum, 97–110.

Gagnon, J.-P. et al. (2018). What is Populism? Who is the Populist? *Democratic Theory 5*(2), vi–xxvi.

Geddes, A. et al. (2005). *European Civic Citizenship and Inclusion Index.* Brüssel: British Council Brussels; Foreign Policy Centre; Migration Policy Group.

Geißler, R. (2004). Einheit-in-Verschiedenheit. Die interkulturelle Integration von Migranten – ein humaner Mittelweg zwischen Assimilation und Segregation. *Berliner Journal für Soziologie 14*(3), 287–298.

Geißler, R. (2012). Verschenkte Bildungsressourcen und ihre Ursachen. Leistungsfremder sozialer Filter, tendenzielle Unterschichtung und unterentwickelte Förderkultur. In: Friedrich Ebert Stiftung (Hrsg.) *Soziale Ungleichheit in der Einwanderungsgesellschaft. Kategorien, Konzepte, Einflussfaktoren.* Bonn, 12–28.

Gesemann, F./Roth, R. (Hrsg.) (2018). *Lokale Integrationspolitik in der Einwanderungsgesellschaft. Migration und Integration als Herausforderung von Kommunen.* Wiesbaden: VS Verlag für Sozialwissenschaften.

Glick Schiller, N. (2010). A global perspective on transnational migration. Theorising migration without methodological nationalism. In: Bauböck, R./Faist, T. (Hrsg.) *Diaspora and Transnationalism. Concepts, Theories and Methods.* Amsterdam: Amsterdam University Press, 109–129.

Gordon, M. M. (1964). *Assimilation in American life.* New York (NY): Oxford University Press.

Götzelmann, A. (2010). Die Rolle staatlicher AkteurInnen in der österreichischen Integrationspolitik. In: Langthaler, H. (Hrsg.) *Integration in Österreich. Sozialwissenschaftliche Befunde.* Innsbruck: Studienverlag, 181–208.

Gruber, O. (2010). Politisierte Zuflucht. Asyl im Brennpunkt politischer Öffentlichkeitsarbeit. In: Rosenberger, S. (Hrsg.) *Asylpolitik. Unterbringung – Politisierung – Verantwortung.* Wien: WUV, 62–82.

Gruber, O. (2014). *Campaigning in Radical Right Heartland. The politicization of immigration and ethnic relations in Austrian general elections, 1971–2013.* Münster: LIT Verlag.

Gruber, O. (2016). Institutionalising a cross-sectional policy area? Ministerial competences for migrant integration in EU member states. *Journal of Ethnic and Migration Studies 43*(11), 1923–1942.

Gruber, O. (2017). Refugees (no longer) welcome. Asylum discourse and policy in Austria in the wake of the 2015 refugee crisis. In: Barlai, M. u. a. (Hrsg.) *European Perspectives on the Migrant Crisis.* Münster: LIT Verlag, 39–57.

Gruber, O. (2018). Diversität und Integration im Schulsystem. Empirische Befunde zur Ungleichheit und ihre bildungspolitischen Konsequenzen. *GW-Unterricht 151*(3), 5–19.

Gruber, O. (2019). Ungleichheit und ethnisch-sprachliche Diversität im österreichischen Schulsystem. In: Czaika, M. u. a. (Hrsg.) *Migration & Integration 7 – Dialog zwischen Politik, Wissenschaft und Praxis.* Krems: Edition Donau-Universität Krems, 147–164.

Gruber, O./Herczeg, P./Wallner, C. (2012). Integration im öffentlichen Diskurs: Gesellschaftliche Ausverhandlungsprozesse in der massenmedialen Öffentlichkeit. Analysiert anhand des Fallbeispiels »Arigona Zogaj« in den österreichischen Medien. *Medien Journal (3/2012)*, 16–34.

Gruber, O./Mattes, A./Stadlmair, J. (2016). Die meritokratische Neugestaltung der österreichischen Integrationspolitik zwischen Rhetorik und Policy. *Österreichische Zeitschrift für Politikwissenschaft 45*(1), 65–79.

Gruber, O./Rosenberger, S. (2015). *Politikwandel durch Institutionalisierung? Die Österreichische Integrationspolitik und das Staatssekretariat für Integration (2011–2013).* Wien: Institut für Politikwissenschaft, Universität Wien. URL: http://politikwissenschaft.univie.ac.at/fileadmin/user_upload/inst_politikwiss/IPW_Working_Papers/workingpaper1_16.pdf [16.08.2019].

Gruber, O./Rosenberger, S. (2017). The effects of institutional change on Austrian integration policy and the contexts that matter. In: Bakir, C. / Jarvis, D. (Hrsg.) *Institutional Entrepreneurship and Policy Change.* Basingstoke: Palgrave Macmillan, 191–220.

Gruber, O./Walter, F. (2013). Politische Inklusion als Teilhabe am Demos. Aktuelle Herausforderungen und demokratietheoretische Antworten zum boundary problem. In: Ataç, I. / Rosenberger, S. (Hrsg.) *Politik der Inklusion und Exklusion.* Wien: V&R Unipress, 73–89.

Güngör, K./Perchinig, B. (2015). *Evaluation der Integrationsarbeit und -landschaft Vorarlbergs.* Wien: think.difference. URL: https://vorarlberg.at/documents/21336/144889/Evaluationsbericht.pdf/623a35e5-de6e-4a91-8f69-6deb98f89019 [11.01.2020].

Güngör, K. D./Doetsch, N. (2006). *Empirische Studie zu den integrationsrelevanten Handlungsfeldern, Aktivitäten und Perspektiven in den Gemeinden Oberösterreichs. Befragung der Bürgermeisterinnen und Bürgermeister.* Basel, Wien: [difference:]. URL: https://think-difference.com/wp-content/pdf/Gemeindestudie_ENDF.pdf [08.07.2019].

Hadj-Abdou, L. (2019). Immigrant integration. The governance of ethno-cultural differences. *Comparative Migration Studies 7*(15), OnlineOnly.

Hadj-Abdou, L./Rosenberger, S. (2012). Islam at Issue. Anti-Islamic Mobilisation of the Extreme Right in Austria. In: Mammone, A. / Godin, E. / Jenkins, B. (Hrsg.) *Varieties of Right-Wing Extremism in Contemporary Europe.* London: Routledge, 149–163.

Haller, M. (2010). Sprache – Sprache, Identität und sozialer Zusammenhalt. In: Becker, M. / Krätschmer-Hahn, R. (Hrsg.) *Fundamente sozialen Zusammenhalts.*

Mechanismen und Strukturen gesellschaftlicher Prozesse. Frankfurt, New York (NY): Campus Verlag, 21–42.

Han, P. (2016). *Soziologie der Migration. Erklärungsmodelle, Fakten, politische Konsequenzen, Perspektiven.* Konstanz, München: UVK Verlagsgesellschaft.

Hanappi-Egger, E. (2015). Diversitätsmanagement und CSR. In: Schneider, A. / Schmidpeter, R. (Hrsg.) *Corporate Social Responsibility. Verantwortungsvolle Unternehmensführung in Theorie und Praxis.* Berlin, Heidelberg: Springer, 211–223.

Hartel, B. et al. (2018). Elementarpädagogik in Österreich. Voraussetzungen und Wirkungen elementarer Bildung. In: Breit, S. u. a. (Hrsg.) *Fokussierte Analysen und Zukunftsperspektiven für das Bildungswesen.* Graz: Leykam, 183–224.

Hawlik, R. (2019). Ist »Migrationshintergrund« ein hintergründiger Begriff? In: Furch, E. u. a. (Hrsg.) *Impulse zu einem professionellen Umgang mit Flucht, Migration und Mehrsprachigkeit in Kindergarten und Volksschule sowie an ihrem Übergang (*ANKOMMEN – BLEIBEN – ZUKUNFT GESTALTEN. Migration und Flucht im Kindergarten- und Schulalltag 2). Wien: Kammer für Arbeiter und Angestellte, 91–98.

Heckmann, F./Schnapper, D. (Hrsg.) (2016). *The Integration of Immigrants in European Societies: National Differences and Trends of Convergence (Forum Migration, Band 7).* Berlin: De Gruyter Oldenbourg.

Heinisch, R./Werner, A. (2019). Who Do Populist Radical Right Parties Stand for? Representative Claims, Claim Acceptance and Descriptive Representation in the Austrian FPÖ and German AfD. *Representation* 55(4), 475–492.

Hense-Lintschnig, P./Matti, E./Wagner, A. (2018). Des-Integration. *juridikum* (3/2018), 332–333.

Herczeg, P. (2019). Diversity Kompetenz und Migration: Kommunikationswissenschaftliche Aspekte. In: Genkova, P. / Ringeisen, T. (Hrsg.) *Handbuch Diversity Kompetenz: Perspektiven und Anwendungsfelder.* Wiesbaden: Springer, 1–11.

Herzog-Punzenberger, B. (2007). Gibt es einen Staatsbürgerschafts-Bonus? Unterschiede in der Bildung und auf dem Arbeitsmarkt anhand der österreichischen Volkszählungsdaten 2001 – Ergebnisse für die zweite Generation der Anwerbegruppen. In: Fassmann, H. (Hrsg.) *2. Österreichischer Migrations- und Integrationsbericht.* Klagenfurt/Celovec: Drava, 242–245.

Hess, S. u. a. (Hrsg.) (2017). *Der lange Sommer der Migration.* 2. Auflage. Berlin, Hamburg: Assoziation A.

Hofer, H. et al. (2013). *Diskriminierung von MigrantInnen am österreichischen Arbeitsmarkt.* Wien: Institut für Höhere Studien. URL: http://www.forschungsnetzwerk.at/downloadpub/diskriminierung_migrantinnen_arbeitsmarkt.pdf [09.01.2020].

Hofinger, C. et al. (2018). Neue Rahmen für alte Themen. In: Tóth, B. /Hofer, T. (Hrsg.) *Wahl 2017. Loser, Leaks & Leadership. ÄrzteVerlag, Wien 2017.* Wien: ÄrzteVerlag, 188–199.

Hofmann, J. (2015). Abstiegsangst und Tritt nach unten? Die Verbreitung von Vorurteilen und die Rolle sozialer Unsicherheiten bei der Entstehung dieser. In: Aschauer, W./Donat, E./Hofmann, J. (Hrsg.) *Solidaritätsbrüche in Europa. Konzeptuelle Überlegungen und empirische Befunde.* Wiesbaden: VS Verlag, 237–262.

Hofmann, J. (2019). Einstellungen und Vorurteile in Bezug auf Migration sowie Migrantinnen und Migranten in Österreich. In: Aschauer, W. u.a. (Hrsg.) *Die Lebenssituation von Migrantinnen und Migranten in Österreich. Ergebnisse einer Umfrage unter Zugewanderten.* Wiesbaden: Springer, 271–294.

Hollifield, J. F. (2008). The Liberal Paradox: Immigrants, Markets and Rights in the United States. *SMU Law Review 61*(1), 67–91.

Horvath, K. (2017). Migrationshintergrund. In: Miethe, I./Tervooren, A./Ricken, N. (Hrsg.) *Bildung und Teilhabe.* Zwischen Inklusionsforderung und Exklusionsdrohung. Wiesbaden: Springer, 197–216.

Hoser, B./Simon, J./Ogris, G. (2018). *Integration von geflüchteten Menschen in Österreichs Gemeinden. Perspektive der BürgermeisterInnen.* Wien: SORA Institute for Social Research and Consulting.

Hover-Reisner, N. et al. (2017). *Pluralität in Wiener Kindergärten und Kindergruppen unter besonderer Berücksichtigung sogenannter »islamischer« Einrichtungen. Abschlussbericht des Projektteils zur Untersuchung von Orientierungs- und Prozessqualität.* Wien. URL: https://medienportal.univie.ac.at/uploads/media/Abschlussbericht-PLUKI-Wien-Islam-Qualitaet-Final2.pdf [19.08.2019].

Huddleston, T. et al. (2011). *Index Integration und Migration III: MIPEX III.* Brüssel: Migration Policy Group.

Huddleston, T. et al. (2015). *Migrant Integration Policy Index 2015.* Barcelona, Brüssel: Barcelona Centre for International Affairs (CIDOB); Migration Policy Group (MPG).

Hummrich, M./Kramer, R.-T. (2017). *Schulische Sozialisation.* Wiesbaden: VS Verlag für Sozialwissenschaften.

Hutter, S. (2019). Integration versus Abgrenzung: Die Schweizerische Volkspartei und die Politisierung der Einwanderungs- und Europapolitik. In: Brinkmann, H. U./Panreck, I.-C. (Hrsg.) *Rechtspopulismus in Einwanderungsgesellschaften. Die politische Auseinandersetzung um Migration und Integration.* Wiesbaden: Springer, 159–186.

Inglehart, R./Norris, P. (2019). *Cultural Backlash: Trump, Brexit and Authoritarian Populism.* Cambridge (NY): Cambridge University Press.

Jagers, J./Walgrave, S. (2007). Populism as political communication style: An empirical study of political parties' discourse in Belgium. *European Journal of Political Research 46*(3), 319–345.

Janda, A. (2012). *Abschied von der Parallelgesellschaft. Wie sich Österreich bei der Integration selbst im Weg steht.* Graz: Styria Verlag.

Joppke, C. (2007a). Immigrants and Civic Integration in Western Europe. In: Banting, K. / Courchene, T. J./Seidle, F. L. (Hrsg.) *Belonging? Diversity, Recognition and Shared Citizenship in Canada.* Montreal: McGill-Queen's University Press, 321–350.

Joppke, C. (2007b). Transformation of Immigrant Integration in Western Europe: Civic Integration and Antidiscrimination Policies in the Netherlands, France, and Germany. *World Politics 59*(2), 243–273.

Joppke, C./Morawska, E. (2003). Integrating Immigrants in Liberal Nation-States: Policies and Practices. In: Joppke, C. / Morawska, E. (Hrsg.) *Toward Assimilation and Citizenship: Immigrants in Liberal Nation-States.* Basingstoke: Palgrave Macmillan, 1–36.

Judis, J. B. (2018). *The Nationalist Revival. Trade, Immigration, and the Revolt Against Globalization.* New York (NY): Columbia Global Reports.

Kalpaka, A./Mecheril, P. (2010). »Interkulturell«. Von spezifisch kulturalistischen Ansätzen zu allgemein reflexiven Perspektiven. In: Mecheril, P. u. a. (Hrsg.) *Migrationspädagogik.* Weinheim, Basel: Beltz Verlag, 77–98.

Keindl, S. et al. (2016). *AusländerInnen und der Sozialstaat Österreich: Was tragen AusländerInnen bei und was bekommen sie?* Wien: Bundesministerium für Arbeit, Soziales und Konsumentenschutz.

Kilic, H./Biffl, G. (2019). Turkish Policy Developments towards Highly Skilled Immigration and the position of Austria. In: Altenburg, F. u. a. (Hrsg.) *Migration & Integration 8 – Dialog zwischen Politik, Wissenschaft und Praxis.* Krems: Edition Donau-Universität Krems, 217–222.

Knill, C./Tosun, J. (2015). *Einführung in die Policy-Analyse.* Opladen, Toronto: Verlag Barbara Budrich.

Kraler, A. (2011). Immigrant and Immigration Policy Making in Austria. In: Zincone, G. / Penninx, R. /Borkert, M. (Hrsg.) *The Making of Migration and Integration Policies in Europe. Processes, Actors and Contexts in Past and Present.* Amsterdam: Amsterdam University Press, 21–59.

Krăstev, I. (2017). *Europadämmerung. Ein Essay.* Berlin: Suhrkamp.

Kriesi, H. et al. (2006). Globalization and the transformation of the national political space: Six European countries compared. *European Journal of Political Research 45*(6), 921–956.

Kunz, T. (2018). Was meint eigentlich »Integration»? Nachdenken über einen scheinbar selbstverständlichen Begriff. *Zeitschrift für Ausländerrecht und Ausländerpolitik (3/2018)*, 107–113.

Kymlicka, W. (1995). *Multicultural Citizenship: A Liberal Theory of Minority Rights.* Oxford: Clarendon Press.

Lakoff, G. (2004). *Don't Think of an Elephant: Know Your Values and Frame the Debate.* White River Junction (VT): Chelsea Green Publishing.

Lange, S. L. de (2012). New Alliances: Why Mainstream Parties Govern with Radical Right-Wing Populist Parties. *Political Studies 60*(4), 899–918.

Langthaler, H. (Hrsg.) (2010). *Integration in Österreich. Sozialwissenschaftliche Befunde.* Innsbruck: Studienverlag.

Lazaridis, G./Wadia, K. (2015). *The Securitisation of Migration in the EU. Debates Since 9/11.* Basingstoke: Palgrave Macmillan.

Levitsky, S./Ziblatt, D. (2018). *How democracies die.* New York (NY): Viking.

Liebhart, K. (2019). The Normalization of Right-Wing Populist Discourses and Politics in Austria. In: Wöhl, S. u. a. (Hrsg.) *The State of the European Union. Fault Lines in European Integration.* Wiesbaden: Springer, 79–101.

Lindner, U. (2018). Gleichstellungs- und Diversitätspolitik: Demokratische Gleichheit als gemeinsamer Bezugsrahmen. *Zeitschrift für Diversitätsforschung und -management 3*(2), 178–182.

Lowi, T. (1972). Four Systems of Policy, Politics, and Choice. *Public Administration 32*(4), 298–310.

Mammey, U. (2005). Der Integrationsbegriff in der deutschsprachigen Sozial- und Politikwissenschaft. In: Haug, S. / Diehl, C. (Hrsg.) *Aspekte der Integration. Eingliederungsmuster und Lebenssituation italienisch- und türkischstämmiger junger Erwachsener in Deutschland.* Wiesbaden: VS Verlag für Sozialwissenschaften, 23–49.

Marbach, M./Hainmueller, J./Hangartner, D. (2018). The long-term impact of employment bans on the economic integration of refugees. *Science Advances 4*(9).

Mattes, A. (2018). How religion came into play: ›Muslim‹ as a category of practice in immigrant integration debates. *Religion, State & Society 46*(3), 186–205.

Mazal, W. et al. (2017). *Fiskalische und ökonomische Effekte verschiedener Migrationsformen. Analyse der Migrationsströme der Jahre 2013–2018.* Wien: Österreichischer Integrationsfonds.

Mecheril, P. (2003). *Prekäre Verhältnisse. Über natio-ethno-kulturelle (Mehrfach-) Zugehörigkeit.* Münster: Waxmann.

Messerschmidt, A. (2009). *Weltbilder und Selbstbilder.* Frankfurt am Main: Brandes & Apsel.

Michalowski, I. (2007). *Integration als Staatsprogramm. Deutschland, Frankreich und die Niederlande im Vergleich.* Münster: LIT-Verlag.

Michalowski, I./van Oers, R. (2012). How Can We Categorise and Interpret Civic Integration Policies? *Journal of Ethnic and Migration Studies 38*(1), 163–171.

Migrationsrat für Österreich (2016). *Migration verstehen – Migration steuern. Bericht des Migrationsrats.* Wien: Bundesministerium für Inneres. URL: https://www.bmi.gv.at/Downloads/files/Migrationsratsbericht_Deutsch.pdf [22.07.2019].

Mineva, G./Salgado, R. (2019). Und nun, Kolleg_innen, was tun? In: Heinemann, A. M. B./Khakpour, N. (Hrsg.) *Pädagogik sprechen. Die sprachliche Reproduktion gewaltvoller Ordnungen in der Migrationsgesellschaft.* Berlin: J. B. Metzler, 189–204.

Minkenberg, M. (2018). Was ist Rechtspopulismus? *Politische Vierteljahresschrift 59(2)*, 337–352.

Mitterlehner, R. (2019). *Haltung. Flagge zeigen in Leben und Politik.* Salzburg, München: ecowin.

Mourão Permoser, J. (2012). Civic Integration as Symbolic Politics: Insights from Austria. *European Journal of Migration and Law 14(2)*, 173–198.

Mudde, C. (2007). *Populist radical right parties in Europe.* Cambridge (NY): Cambridge University Press.

Mudde, C. (2013). Three decades of populist radical right parties in Western Europe: So what? *European Journal of Political Research 52*(1), 1–19.

Müller, B./Schweiger, H. (Hrsg.) (2018). *Stellungnahme des Arbeitsbereichs Deutsch als Zweitsprache am Institut für Germanistik der Universität Wien.* Wien: Institut für Germanistik, Universität Wien. URL: https://www.parlament.gv.at/PAKT/VHG/XXVI/SNME/SNME_00688/imfname_689417.pdf [07.12.2018].

Müller Kmet, B./Bodi-Fernandez, O. (2019). Emotionale Integration, nationale oder duale Identitäten? Zugehörigkeitsgefühle von Migrantinnen und Migranten zu Österreich und zum Herkunftsland. In: Aschauer, W. u. a. (Hrsg.) *Die Lebenssituation von Migrantinnen und Migranten in Österreich. Ergebnisse einer Umfrage unter Zugewanderten.* Wiesbaden: Springer, 241–269.

Münz, R./Reiterer, A. F. (2009). Demografische Entwicklung im 20. Jahrhundert. In: Bundesministerium für Wirtschaft, Familie und Jugend (Hrsg.) *5. Familienbericht, 1999 bis 2009. Die Familie an der Wende zum 21. Jahrhundert.* Wien, 1–90.

Münz, R./Zuser, P./Kytir, J. (2003). Grenzüberschreitende Wanderungen und ausländische Wohnbevölkerung. Struktur und Entwicklung. In: Fassmann, H./Stacher, I. (Hrsg.) *Österreichischer Migrations- und Integrationsbericht. Demographische Entwicklungen – sozio-ökonomische Strukturen – rechtliche Rahmenbedingungen.* Klagenfurt/Celovec: Drava, 20–61.

Neubacher, M. et al. (2019). D: Output – Ergebnisse des Schulsystems. In: Oberwimmer, K. u. a. (Hrsg.) *Nationaler Bildungsbericht Österreich 2018. Band 1. Das Schulsystem im Spiegel von Daten und Indikatoren.* Graz: Leykam, 197–269.

Neyer, G. (1996). Auswanderungen aus Österreich. Ein Streifzug durch die »andere« Seite der österreichischen Migrationsgeschichte. In: Horvath, T./Neyer, G. (Hrsg.) *Auswanderung aus Österreich. Von der Mitte des 19. Jahrhunderts bis zur Gegenwart.* Wien, Köln, Weimar: Böhlau, 13–29.

Niessen, J./Huddleston, T./Citron, L. (2007). *Migrant Integration Policy Index.* Brüssel: Migration Policy Group.

o. V. (1962). Entwicklungstendenzen der österreichischen Bevölkerung. *WIFO-Monatsberichte 35*(11), 496–503.

o. V. (2001). Asylbeirat: Neue Wege gehen. *Öffentliche Sicherheit* (3–4/2001).

OECD (2018). *A Broken Social Elevator? How to Promote Social Mobility.* Paris: OECD Publishing. URL: http://dx.doi.org/10.1787/9789264301085-en [5.12.2019].

Okin, S. M. (1999). Is multiculturalism bad for women? In: Okin, S. M. / Cohen, J. / Howar, M., Nussbaum, M (Hrsg.) *Is multiculturalism bad for women?* Princeton (NJ): Princeton University Press, 7–25.

Oliveri, F. (2016). Struggles at the Boundaries of Neoliberal Citizenship: Theorizing Immigrant-Led Movements in Contemporary Europe. In: Amelina, A. / Horvath, K. / Meeus, B. (Hrsg.) *An Anthology of Migration and Social Transformation. European Perspectives.* Cham: Springer International Publishing, 263–279.

Ong, A. (2006). *Neoliberalism as exception. Mutations in citizenship and sovereignty.* Durham (NC): Duke University Press.

Österreichische Agentur für Wissenschaftliche Integrität (2017). *Stellungnahme der Kommission für Wissenschaftliche Integrität der Österreichischen Agentur für Wissenschaftliche Integrität (OeAWI) zur »Kindergartenstudie«.* Wien. URL: https://medienportal.univie.ac.at/uploads/media/Stellungnahme_OeAWI_Kindergartenstudie_20180424.pdf [18.09.2019].

Panreck, I.-C./Brinkmann, H. U. (2019). Migration und Rechtspopulismus – zwei Seiten einer Medaille? Eine gängige These der Rechtspopulismusforschung auf dem Prüfstand. In: Brinkmann, H. U./Panreck, I.-C. (Hrsg.) *Rechtspopulismus in Einwanderungsgesellschaften. Die politische Auseinandersetzung um Migration und Integration.* Wiesbaden: Springer, 1–21.

Pascouau, Y. (2016). *Measures and rules developed in the EU member states regarding integration of third country nationals – Comparative Report.* Brüssel: European Policy Centre.

Pedroza, L. (2015). The Democratic Potential of Enfranchising Resident Migrants. *International Migration 53*(3), 22–35.

Pelinka, A. (1998). *Austria: out of the shadow of the past.* Boulder (CO): Westview Press.

Pelinka, A. (2019). Rechtspopulismus in Österreich. In: Brinkmann, H. U./Panreck, I.-C. (Hrsg.) *Rechtspopulismus in Einwanderungsgesellschaften. Die politische Auseinandersetzung um Migration und Integration.* Wiesbaden: Springer, 133–158.

Penninx, R. (2019). Problems of and solutions for the study of immigrant integration. *Comparative Migration Studies 13*(7), 1–11.

Penninx, R./Garcés-Mascareñas, B. (2016). The Concept of Integration as an Analytical Tool and as a Policy Concept. In: Penninx, Rinus/Garcés-Mascareñas, Blanca (Hrsg.) *Integration processes and policies in Europe. Contexts, Levels and Actors.* Heidelberg: Springer, 11–30.

Perchinig, B. (2009). Von der Fremdarbeit zur Integration? (Arbeits)migrations- und Integrationspolitik in der Zweiten Republik. *Österreich in Geschichte und Literatur 53(3)*, 228–246.

Perchinig, B./Troger, T. (2011). Migrationshintergrund als Differenzkategorie. Vom notwendigen Konflikt zwischen Theorie und Empirie in der Migrationsforschung. In: Polak, R. (Hrsg.) *Zukunft. Werte. Europa. Die Europäische Wertestudie 1990–2010: Österreich im Vergleich.* Vienna, Cologne, Weimar: Böhlau, 283–319.

Perchinig, B./Valchars, G. (2019). Einwanderungs- und Integrationspolitik. In: Tálos, E. (Hrsg.) *Die Schwarz-Blaue Wende in Österreich. Eine Bilanz.* Wien: LIT-Verlag, 413–442.

Peyrl, J./Neugschwendtner, T./Schmaus, C. (2015). *Fremdenrecht. Asyl – Ausländerbeschäftigung – Einbürgerung – Einwanderung.* Wien: ÖGB-Verlag.

Plasser, F./Sommer, F. (2018). *Wahlen im Schatten der Flüchtlingskrise. Parteien, Wähler und Koalitionen im Umbruch.* Wien: Facultas.

Pöschl, M. (2006). Integrationsvereinbarung alt und neu. *Migralex* (2/2006), 42–54.

Prettenthaler, F. et al. (2016). *Ökonomische Effekte von Asylberechtigten in Österreich. Analyse der arbeitsmarktrelevanten Zahlungsströme.* Graz: Joanneum Research.

Reinprecht, C. (2013). Ausgrenzung durch sozialräumliche Segregation: Soziologische Betrachtungen zur Verräumlichung sozialer Ungleichheiten. In: Ataç, I./ Rosenberger, S. (Hrsg.) *Politik der Inklusion und Exklusion.* Wien: V&R Unipress, 53–70.

Reinprecht, C. (2019). Innereuropäische Migration: Zwischen Personenfreizügigkeit und arbeitsmarktbedingter Mobilität. *Kurswechsel: Zeitschrift für gesellschafts-, wirtschafts- und umweltpolitische Alternativen* 3/2019, 32–41.

Rheindorf, M. (2017). Integration durch Strafe? Die Normalisierung paternalistischer Diskursfiguren zur »Integrationsunwilligkeit«. *Zeitschrift für Diskursforschung* (2/2017), 182–206.

Ronzheimer, P. (2018). *Sebastian Kurz: Die Biografie.* Freiburg: Herder.

Rooduijn, M. (2014). The Nucleus of Populism: In Search of the Lowest Common Denominator. *Government and Opposition 49*(4), 573–599.

Rooduijn, M. (2015). The rise of the populist radical right in Western Europe. *European View 14*(3), 3–11.

Rosenberger, S. (Hrsg.) (2010). *Asylpolitik. Unterbringung – Politisierung – Verantwortung.* Vienna: WUV.

Rosenberger, S. (2011). Integration von AsylwerberInnen? Zur Paradoxie individueller Integrationsleistungen und staatlicher Desintegration. In: Dahlvik, J./Fassmann, H./Sievers, W. (Hrsg.) *Migration und Integration – wissenschaftliche Perspektiven aus Österreich. Jahrbuch 1/2011.* Wien: V&R Unipress, 91–106.

Rosenberger, S. (2017). Inklusive Demokratie? Politische, soziale und religiöse Rechte von Nicht-StaatsbürgerInnen. In: Helms, L./Winerroither, D. M. (Hrsg.) *Die österreichische Demokratie im Vergleich.* Baden-Baden: Nomos Verlag, 479–501.

Rosenberger, S. (2018). Gesichtsverhüllung. In: Konstatzky, S./Feigl, S. (Hrsg.) *Auf dem Weg zur Gleichbehandlung.* Wien: ÖGB Verlag, 241–250.

Rosenberger, S./Meyer, S. (2013). Politicization of Immigration in Austria. In: van der Brug, W. u. a. (Hrsg.) *Understanding the Politicization of Immigration.* Oxford (NY): Oxford University Press.

Rosenberger, S./Mourão Permoser, J. (2012). Religiöse Staatsbürgerschaft: Widersprüche der Governance von Diversität. In: Appel, K. u. a. (Hrsg.) *Religion in Europa heute*. Wien: Vienna University Press, 67–84.

Rosenberger, S./Seeber, G. (2011). Kritische Einstellungen: BürgerInnen zu Demokratie, Politik, Migration. In: Polak, R. (Hrsg.) *Zukunft. Werte. Europa. Die Europäische Wertestudie 1990–2010: Österreich im Vergleich*. Wien, Köln, Weimar: Böhlau, 165–190.

Roth, R. (2018). Integration durch politische Partizipation. In: Gesemann, F./ Roth, R. (Hrsg.) *Lokale Integrationspolitik in der Einwanderungsgesellschaft. Migration und Integration als Herausforderung von Kommunen*. Wiesbaden: VS Verlag für Sozialwissenschaften, 629–658.

Rothmüller, B./Schnell, P. (2019). Bildungspolitik in Schwarz-Blau. In: Tálos, Emmerich (Hrsg.) *Die Schwarz-Blaue Wende in Österreich. Eine Bilanz*. Wien: LIT-Verlag, 328–345.

Schain, M.A. (2010). Managing Difference: Immigrant Integration Policy in France, Britain, and the United States. *social research 77*(1), 205–237.

Scherr, A. (2019). Soziale Distanz und Diskriminierung. In: Röder, A. / Zifonun, D. (Hrsg.) *Handbuch Migrationssoziologie*. Wiesbaden: Springer.

Schinkel, W. (2017). *Imagined Societies. A Critique of Immigrant Integration in Western Europe*. Cambridge: Cambridge University Press.

Schinkel, W. (2018). Against ›immigrant integration‹. For an end to neocolonial knowledge production. *Comparative Migration Studies 6(1)*, 6–31.

Scholten, P./Collett, E./Petrovic, M. (2016). Mainstreaming migrant integration? A critical analysis of a new trend in integration governance. *International Review of Administrative Science 82*(2), 283–302.

Schönherr, D. et al. (2019). *Diskriminierungserfahrungen in Österreich. Erleben von Ungleichbehandlung, Benachteiligung und Herabwürdigung in den Bereichen Arbeit, Wohnen, medizinische Dienstleistungen und Ausbildung*. Wien: SORA – Institute for Social Research and Consulting. URL: https://www.arbeiterkammer.at/interessenvertretung/arbeitundsoziales/gleichbehandlung/Diskriminierungsstudie_2019_Langfassung.pdf [12.01.2020].

Schrodt, H. (2014). *Sehr gut oder Nicht genügend? Schule und Migration in Österreich*. Wien, Graz, Klagenfurt: Molden.

Schwarz, V. (2010). Integration fördern. *Öffentliche Sicherheit* (7–8/2010), 67.

Shanahan, E. A./Jones, M. D./McBeth, M. K. (2011). Policy Narratives and Policy Processes. *Policy Studies Journal 39*(3), 535–561.

Slaven, M./Boswell, C. (2019). Why symbolise control? Irregular migration to the UK and symbolic policy-making in the 1960s. *Journal of Ethnic and Migration Studies 45*(9), 1477–1495.

SOS Mitmensch (2018). *Zusammenfassung der kritischen Stellungnahmen zum Separierungsgesetz des Bildungsministeriums*. Wien: SOS Mitmensch. URL: https://

www2.sosmitmensch.at/dl/rlmMJKJKmolJqx4KJK/Zusammenfassung_der_Stellungnahmen_zum_Separierungsgesetz_.pdf [07.09.2019].

SOS Mitmensch (2019). *Integrationspolitik auf dem Rückzug? Expertinnen und Experten analysieren integrative und desintegrative Maßnahmen der Bundesregierung.* Wien: SOS Mitmensch. URL: https://www.sosmitmensch.at/dl/LlnLJKJKnooJqx-4KJK/SOS_Mitmensch_ExpertInnen_Bericht_Integrationspolitik_Maerz2019.pdf [05.05.2019].

Spielhaus, R. (2013). Vom Migranten zum Muslim und wieder zurück. Die Vermengung von Integrations- und Islamthemen in Medien, Politik und Forschung. In: Halm, D. /Meyer, H. (Hrsg.) *Islam und die deutsche Gesellschaft.* Wiesbaden: VS Verlag für Sozialwissenschaften, 169–194.

Stadlmair, J. (2015). Ökonomische Einbürgerungsvoraussetzungen im europäischen Vergleich: Irland, Dänemark und Österreich. In: Schnebel, K. B. (Hrsg.) *Europäische Minderheiten. Im Dilemma zwischen Selbstbestimmung und Integration.* Wiesbaden: VS Verlag für Sozialwissenschaften, 165–200.

Statistik Austria (2018). *Migration & Integration. Zahlen. Daten. Indikatoren 2018.* Wien: Statistik Austria.

Statistik Austria (2019). *Migration & Integration. Zahlen. Daten. Indikatoren 2019.* Wien: Statistik Austria.

Steiner, M./Lassnigg, L. (2019). *Selektion, Dropout und früher Bildungsabbruch. Policy Brief Nr. 2/2019.* Wien: Institut für Höhere Studien.

Tálos, E./Obinger, H. (2019). Schwarz-Blaue Sozialpolitik. Der österreichische Sozialstaat unter Druck. In: Tálos, E. (Hrsg.) *Die Schwarz-Blaue Wende in Österreich. Eine Bilanz.* Wien: LIT-Verlag, 231–257.

Taubald, J. (2018). Vom Fordern und Fördern im Integrationsgesetz. *juridikum* (3/2018), 334–339.

Täubig, V. (2009). *Totale Institution Asyl. Empirische Befunde zu alltäglichen Lebensführungen in der organisierten Desintegration.* München: Juventus Verlag.

Tóth, B./Horaczek, N. (2017). *Sebastian Kurz: Österrreichs neues Wunderkind?* Salzburg, Wien: Residenz Verlag.

Treibel, A. (2015). *Integriert Euch! Plädoyer für ein selbstbewusstes Einwanderungsland.* Frankfurt am Main: Campus.

Uslucan, H.-H./Yalcin, C. S. (2012). *Wechselwirkung zwischen Diskriminierung und Integration – Analyse bestehender Forschungsstände.* Essen: Zentrum für Türkeistudien und Integrationsforschung.

Valchars, G. (2006). *Defizitäre Demokratie. Staatsbürgerschaft und Wahlrecht im Einwanderungsland Österreich.* Wien: Braumüller.

Valchars, G. (2017). »…was wir uns von einem Zuwanderer erwarten« – Die österreichische Staatsbürgerschaftspolitik als Migrationsmanagement. *Journal für Entwicklungspolitik 33*(1), 47–74.

van der Brug, W. u. a. (Hrsg.) (2013). *Understanding the Politicization of Immigration.* Oxford (NY): Oxford University Press.

van Ostaijen, M./Scholten, P. (2014). Policy populism? Political populism and migrant integration policies in Rotterdam and Amsterdam. *Comparative European Politics 12(6)*, 680–699.

Volf, P. / Bauböck, R. (2001). *Wege zur Integration. Was man gegen Diskriminierung und Fremdenfeindlichkeit tun kann.* Klagenfurt: Drava.

Volf, P.-P. (1995). Der politische Flüchtling als Symbol der Zweiten Republik. Zur Asyl- und Flüchtlingspolitik seit 1945. *Zeitgeschichte (11–12/1995)*, 415–435.

Walgenbach, K. (2011). Intersektionalität als Analyseparadigma kultureller und sozialer Ungleichheiten. In: Bilstein, J. / Ecarius, J. /Keiner, E. (Hrsg.) *Kulturelle Differenzen und Globalisierung. Herausforderungen für Erziehung und Bildung.* Wiesbaden: VS Verlag für Sozialwissenschaften, 113–130.

Wiesbrock, A. (2013). Guest workers, 1970s to present. In: Ness, I. (Hrsg.) *The Encyclopedia of Global Human Migration.* St. Albans: Blackwell Publishing.

Wodak, R. (2017). *Politik mit der Angst. Zur Wirkung rechtspopulistischer Diskurse.* Wien: Edition Konturen.

Wodak, R. (2018). Vom Rand in die Mitte – »Schamlose Normalisierung«. *Politische Vierteljahresschrift 59*(2), 323–335.

Wodak, R./Khosravinik, M./Mral, B. (2013). *Rightwing Populism in Europe: Politics and Discourse.* London: Bloomsbury.

Zandonella, M./Perlot, F. (2019). *Wahltagsbefragung und Wählerstromanalyse. Nationalratswahl 2019.* Wien: SORA – Institute for Social Research and Consulting, Institut für Strategieanalysen (ISA). URL: https://www.sora.at/fileadmin/downloads/wahlen/2019_NRW_Grafiken-Wahltagsbefragung.pdf [02.12.2019].

ZARA – Zivilcourage & Anti-Rassismus-Arbeit (2019). *Rassismus Report 2018. Einzelfall-Bericht über rassistische Übergriffe und Strukturen in Österreich.* Wien: ZARA – Zivilcourage & Anti-Rassismus-Arbeit. URL: https://www.zara.or.at/de/wissen/publikationen/rassismusreport [27.02.2020].

Zick, A. (2017). Zwischen Elitenkritik und Menschenfeindlichkeit. Rechtspopulistische Orientierungen in der Bevölkerung. In: Brömmel, W. / König, H. / Sicking, M. (Hrsg.) *Populismus und Extremismus in Europa. Gesellschaftswissenschaftliche und sozialpsychologische Perspektiven.* Bielefeld: transcript, 119–148.

Zick, A./Preuß, M. (2018). *Einstellungen zur Integration in der deutschen Bevölkerung. Dritte Erhebung im Projekt »ZuGleich – Zugehörigkeit und Gleichwertigkeit«.* Essen: Stiftung Mercator. URL: https://www.stiftung-mercator.de/media/downloads/3_Publikationen/2019/2019_01/ZugleichIII_Stiftung_Mercator_Langfassung.pdf [22.06.2019].

Über die Autorin und den Autor

Dr. Sieglinde Rosenberger

Universitätsprofessorin für Politikwissenschaft an der Universität Wien. Zu den Schwerpunkten in Forschung und Lehre zählen Migration, Asyl, Integration sowie politische Beteiligungsformen.

Dr. Oliver Gruber

Universitätslektor an der Universität Wien. Forschungs- und Lehrtätigkeit umfassen Migrations- und Integrationspolitik, Parteienwettbewerb und politische Kommunikation sowie Bildungspolitik.